新时代大学生素质教育系列教材

创新思维与创业实践

——商科虚拟仿真综合实训教程

许明　卫静静　主编

杨涛　范瑞雅　副主编

西安交通大学出版社
XI'AN JIAOTONG UNIVERSITY PRESS

国家一级出版社
全国百佳图书出版单位

图书在版编目(CIP)数据

创新思维与创业实践:商科虚拟仿真综合实训教程／许明,卫静静主编
. — 西安 :西安交通大学出版社,2022.5
ISBN 978-7-5693-2053-4

Ⅰ.①创… Ⅱ.①许… ②卫… Ⅲ.①大学生-创业-高等学校-教材
Ⅳ.①G647.38

中国版本图书馆 CIP 数据核字(2021)第 190751 号

书　　名	创新思维与创业实践——商科虚拟仿真综合实训教程
	CHUANGXIN SIWEI YU CHUANGYE SHIJIAN——SHANGKE
	XUNI FANGZHEN ZONGHE SHIXUN JIAOCHENG
主　　编	许　明　卫静静
责任编辑	祝翠华
责任校对	王建洪
装帧设计	程文卫　伍　胜
出版发行	西安交通大学出版社
	(西安市兴庆南路 1 号　邮政编码 710048)
网　　址	http://www.xjtupress.com
电　　话	(029)82668357　82667874(市场营销中心)
	(029)82668315(总编办)
传　　真	(029)82668280
印　　刷	陕西奇彩印务有限责任公司
开　　本	787mm×1092mm　1/16　印张　16.5　字数　410 千字
版次印次	2022 年 5 月第 1 版　　2022 年 5 月第 1 次印刷
书　　号	ISBN 978-7-5693-2053-4
定　　价	49.80 元

发现印装质量问题,请与本社市场营销中心联系调换。
订购热线:(029)82665248　(029)82667874
投稿热线:(029)82665379　QQ:793619240
读者信箱:xj_rwjg@126.com

前　言

　　建构主义理论认为,学习和知识的获取过程要强调学习者的主动性;还认为学习是学习者基于原有的知识经验生成意义、建构理解的过程,而这一过程常常是在社会文化互动中完成的。在现代教育教学中,商科类专业属于综合应用型学科,注重理论联系实际、总结实践经验和调查研究,而仿真的环境、必要的资料等外部因素可以更好地使学习者迅速、牢固地掌握所学知识。同时,商科类专业具有知识内隐化的特点,如何使内隐知识显性化,实践在其中充当着非常重要的角色。

　　在新文科建设全面推进背景下,要持续推进双创教育,创新学科交叉融合成为培养大学生创新思维和创业能力的风向标。从2016年开始,兰州工商学院(原兰州财经大学陇桥学院)就开始通过虚拟仿真实训来培养学生的创新思维和创业能力,并开设了"商科综合仿真实训"课程。编者通过6年的教学经验总结,以及学生的反馈情况,组织全体授课教师编写了这本教材。

　　本教材是按照《甘肃省高等学校本科教学指导、专业认证与教材建设委员会章程》中甘肃省2021—2025年高等学校创新创业教育教学指导与教材建设委员会对创新创业类课程教材的最新指导意见和要求编写的,旨在通过深入分析实践教学发展历程、现代行业与企业发展、学科发展与现代信息技术的应用,针对不同的培养方向,设计多行业、多业态的模拟企业作为实习主体,以现代服务业为实训环境,引导学生开展服务业与制造业协同、供应链竞合,生产业务链、流通业务链、资本运作业务链相互交织和高度整合的网络状仿真综合专业实践;在相应软件平台的支撑辅助下,引导训练学生进行多角色地模拟企业实际经营活动,构建培养应用型、创新型、复合型人才的新模式。

　　本教材的特点主要体现在以下几个方面:

　　(1)跨专业协同性。本教材内容突破了现有经管类各专业实践教学各自为政的分割局面,充分体现了各专业实践教学创新性互动,集成经管类各专业知识体系,实现生产物流链、信息链以及资本运作链的高度协同整合。

　　(2)全方位仿真性。基于机构、环境、流程、业务以及用具等全方位的全景仿真呈现,实现工作任务实战化、管理规范企业化、运营过程全仿真化、实训内容触发化,将模拟运营与现实工作相衔接,对学生进行有效的职业熏陶,进而增强学生的社会适应能力。

　　(3)多元化对抗性。与传统静止、单一、片段式的实训模式不同,本教材内容设有柔性化的自主经营模块,实现"运营柔性化、制造柔性化、物流柔性化",并将创新、效率、效益三者有机结合起来,营造多元化的对抗性竞争环境,有利于实现商科综合仿真实训数据由静态化向动态化转变。

　　(4)多层次开放性。本教材建立多层次、多模块衔接紧密的开放性实践教学体系,将教学工具、团队训练、柔性教学、自主学习以及网络开放教学等多种模式有机整合。

　　本教材由多年在虚拟仿真实训实践教学一线的教师编写完成,也是以下项目的阶段性研究成果:甘肃省2019年高等学校教学成果培育项目"以创新驱动为支撑,提升职业素养为目标的商科仿真实训平台构建与应用"、甘肃省2020年高等学校质量提高和创新创业教育改革项目"基于 CDIO 理念的专创融合商科人才培养模式探索——虚拟创业实训平台精准构建"、甘肃省委组织部 2021 年陇原青年创新创业人才(团队)项目"高校双创教育对接巩固脱贫攻坚成果模式探索",还是甘肃省 2019 年高等学校教学成果培育项目"陇桥学院大学生创新创业一体化实践平台"、甘肃省 2020 年省级一流本科课程"商科综合仿真实训"、甘肃省 2020 年省级教学团队"商科综合仿真实训教学团队"、甘肃省 2021 年省级双创教学团队"模拟企业运营管理创新创业课程教学团队"的建设成果。

本教材的编写分工如下:许明编写第一、二、八章;卫静静编写第四、五章;杨涛编写第六、七章;范瑞雅编写第三、九、十、十一章。全书由许明、卫静静审阅、统稿并修改完善。

本教材在编写过程中,吸收和借鉴了国内外专家、学者的研究成果及著作,参考了现有的一些经典教材,尤其是得到了北京方宇博业科技有限公司在教材编写方面的大力支持,在此向这些专家及合作单位表示诚挚感谢。由于编者理论水平和实践知识有限,疏漏之处在所难免,恳请广大读者批评指正,以便我们修订再版时完善。

编 者
2022 年 5 月

作者简介

许明

兰州工商学院教授,2021—2025 年甘肃省高等学校创新创业教育教学指导与教材建设委员会委员,甘肃省科技专家库专家,省级教学团队、省级双创教学团队带头人,省级一流课程建设点负责人;主要研究方向为金融理论与实务及经管类实验实践教学;主持及参与中共甘肃省委组织部及甘肃省教育厅高等学校科研项目、高校创新创业教育教学改革研究项目共 5 项,高等教育教学成果培育项目 2 项,研究成果获甘肃省教育教学成果二等奖 1 项、省教育厅高等教育教学成果奖 1 项;参与编写教材多部,其中参与教育部成教司"十二五"规划教材 1 部;在《实验室研究与探索》等期刊上发表多篇文章;获实用新型专利 2 项;曾获甘肃省普通高等学校青年教师成才奖;在全国各级各类创新创业比赛及学科竞赛中多次指导学生获奖并获评优秀指导教师称号。

卫静静

三亚学院副教授,2007 年毕业于南京财经大学,获经济学硕士学位,曾担任兰州工商学院经管实验中心专任教师;主要研究方向为现代服务化、贸易经济、农村土地改革等;主持及参与甘肃省哲学社会科学规划项目、甘肃省教育厅高校创新创业教育教学改革研究项目、兰州市哲学社会科学规划项目以及甘肃省委组织部、商务厅等各类科研项目 10 余项;在《草业科学》《实验室研究与探索》《甘肃金融》《金融经济》等刊物上发表学术论文多篇;在全国各级各类创新创业比赛及学科竞赛中多次指导学生获奖并获评优秀指导教师称号。

目　录

第一章 商科虚拟仿真综合实训概述

第一节 商科虚拟仿真综合实训及平台介绍

一、商科虚拟仿真综合实训的开设背景

(一)社会背景

近几年来,由于国际、国内经济发展增速放缓,加上高等院校多年扩招,导致就业人数增多,经济管理类专业学生的就业压力不断增加。如何解决这一问题,可以从以下几方面进行思考。

(1)从经济形式来看。目前,服务业在经济结构中的地位迅速上升,这主要表现在服务业产值和就业人数不断增加。随着世界经济进入服务经济时代,专业服务业、信息服务业、研发及科技服务业等新兴服务行业崛起,它们具有知识密集、技术密集、信息密集、人才密集的特点,是知识经济的先导产业,代表着服务业乃至各大产业的未来发展方向,已成为很多国家的支柱产业。服务业是国民经济的重要组成部分,服务业的发展水平是衡量现代社会经济发达程度的重要指标。现代服务业是以"人"为本的行业,因此,服务经济时代的特征对人才培养也提出了更高的要求。

(2)从信息技术发展的形式来看。随着以计算机网络、多媒体和现代通信技术为核心的信息技术迅速发展和广泛应用,信息资源得到进一步开发、利用和共享,并大大推动了社会各个方面的发展。同时,信息和信息技术也对教育产生了深刻的影响。通过信息技术的使用,学习内容更加丰富,教学形式更加多样,所有学生都可以线上共享学习内容,学习群体更方便联系。信息化教育通过教学模式的变革,使学校不仅实现了教学设计、教学过程管理、教学资源的信息化,而且能够更加及时、有效地完成现代教育的人才培养目标。

(3)从对 T 型人才的需求来看。现代服务业是依托信息技术和现代化管理理念发展起来的,是一种信息和知识相对密集的行业,也是一种以市场调节为基础和主导的、对社会资源进行配置的经济部门。市场调节、等价交换、竞争机制是其基本要素。市场经济条件下的企业需要在不断变化的市场中求生存、求发展,所以对人才的需求更重视其综合素质和应变能力。因此,现代服务业的发展,除了需要一部分从事基础研究和技术开发的专业人才(即 I 型人才①)外,更需要大量复合型人才(即 T 型人才②)。T 型人才对提升服务业企业的竞争力具有重要作用,大力培养 T 型人才是我国现代化建设的迫切需要,也是发展现代服务业的强烈呼唤。

---

① I 型人才,是指某方面专业知识相当精深,但知识面较窄、整体素质缺乏的人才,又称为专业型人才或有一技之长的人,可简单理解为专才。

② T 型人才,是指不仅具有某一方面精深的专业知识技能,同时还具有相当广泛的通用能力的人才,可简单理解为在 I 型人才的基础上多加了一些通用才能的人才。

综上所述,由于信息技术的迅猛发展,经济结构发生了较大变化,服务业在国民经济中的比重越来越大,尤其是现代服务业的发展,更是对人才的需求提出了新的要求。作为培养高素质、全面发展人才的基地,高等院校无论是教学模式还是教学内容以及教学形式都要相应地发生变革,这样才能培养出适合社会发展的优质人才。

(二)学科背景

(1)从商科类学科的性质来看。商科专业属于综合应用性学科,注重理论联系实际、总结实践经验和调查研究。同时,商科类专业具有知识内隐化的特点,如何使内隐知识显性化,实践在其中充当着非常重要的角色。

(2)从商科类学科的教学内容来看。在本科教育阶段,一般开设的课程内容以书本知识为主,较为枯燥,如果缺少实验实训环节会较难理解;再加上学生学习自主性较差,进入社会后难免由于实践经验不足,使其就业受到影响。应用型本科院校是为了适应社会职业岗位对应用型复合人才需要而产生和发展起来的,而其商科类专业是为了适应社会的商科类职业岗位对从事商业经营的应用型复合人才而设置的。应用型本科院校商科类专业人才培养目标是培养具有从事企业商业运营实际工作的综合素质和综合职业能力的应用型复合人才。由于其培养目标的特殊性,应用型本科院校商科类专业的课程设置要从相应的职业岗位群或相应的技术领域要求出发,按照这类人员应具备的理论知识、实践技术、职业技能和综合素质来设计,必须突破学科本位的逻辑体系来设计课程,强调以能力为本位。要按照培养对象未来从事职业的需要来设计教学内容,而不是按学科体系来设计;专业课程要紧紧围绕专业能力培养目标设置,培养品学兼优的高素质人才。具体来讲,在课程体系建设和教学内容设计时,基础类课程要按教学需要、职业需要和发展需要开设;实验课程的开设应围绕专业特点加以选择,要加强调查研究,保证开设的课程能促进学生职业能力的提高,同时缩小理论与现实的差距,符合用人单位对人才的要求;实训课程的开设要系统,要向整体性、综合性方向发展。

(3)从商科类学科的教学方法来看。当前学生普遍不会收集和处理数据,缺乏创新精神,这是因为传统的商科类教育课程体系以课堂传授为主,对商科实训过于忽视,导致学生养成只会接受现成结论的习惯,而不关注如何提出问题、如何分析问题和解决问题,学生往往只会用书本上现成的结论解释现象,而不会对各种问题作出深入的剖析和大胆探索。因此,必须改革传统的教学模式,加大实训和实践环节的教学力度,提高学生了解、接触和从事实际工作的意识和能力,使商科人才培养符合社会需要。

(4)从学生的学习方法来看。大学教育要研究教师如何教,更要研究学生如何学。全面推进素质教育要求我们多研究一些"学"的问题。在"教"与"学"这对矛盾中,"教"虽然重要,但毕竟是外在的东西,"学"才是内在的。学生要获得知识、培养能力、身心得到健康的发展,归根结底要依靠自己的努力。因此,要树立"以学为本""教是为了不教"的观念,强调学生学习的主动性和积极性以及构建知识与能力结构的自主性;强调学习上的责任感,培养学生独立学习的能力和方法。

综上所述,现阶段高校开设实验实训课程非常有必要,这样不仅能有效地提高学生自主学习的积极性,而且能够反哺课堂学过的内容,为学生以后步入社会奠定良好的基础。

二、商科虚拟仿真综合实训平台的经营环境及背景

(一)经营模拟的行业及产品

企业是社会经济的基本单位,企业的发展受诸多外部环境和条件的约束。企业的经营不

仅要遵守国家的各项法规及行政管理规定,还要遵守行业内的各种规定。

企业经营所必须遵循的规则,也是商科专业综合实训中制造企业和经贸企业开展生产经营活动时必须遵守的规则。在学生开始模拟经营前,所有参与者必须熟悉模拟企业的经营环境,掌握经营规则,这样才能做到合法经营,在竞争中求生存、谋发展。

本书的商科综合仿真实训是以手机行业为背景,模拟企业围绕手机制造和销售展开经营。手机是目前人们接触最多、使用最频繁的通信工具。因此,实训背景选择手机行业作为载体,是为了方便学生理解业务流程。注意:实训载体可以是手机行业,也可以是其他行业。

现代服务业环境下的制造业已经不再像传统制造业那样封闭,对企业的信息化水平,企业的组织形式、经营的开放性与全球性,企业的研究开发能力与产品的技术含量都有较高的要求。本书假定实训虚拟系统的所属行业是一个从生产技术水平相对较低并正在向研发、生产高技术产品发展的行业;假定该行业技术进步较快,所生产的产品正朝着多功能化、复合化、轻便化、智能化的方向发展;假定该行业所生产的产品应用范围广,在模拟时可以将具体产品限定在某一特定领域,甚至是某几种代表性的产品上,以便具有可操作性。基于此,本书选择手机制造业作为经营模拟的行业,以手机作为行业生产的主要产品。制造企业可以生产多种手机产品,各种类型手机产品的原材料不尽相同。

(二)现实行业背景分析

我国的手机市场经过多年的发展,已从原来的需求推动型逐步转向产品拉动型,消费者对手机的要求越来越高。企业正面临手机更新周期变短、价格持续走低、产品设计复杂度不断提升、结构性库存大等种种压力。一方面,手机更新换代加快,功能全、价格高的新型高端手机深受成熟消费者的青睐,销量稳步上升,对企业利润的贡献也较大;另一方面,新兴市场的低端产品呈现明显增长的势头。另外,中西部地区市场发展迅速,西部地区新增用户增速明显。

随着移动互联网的发展,智能手机在我国迅速得到了普及。我国的智能手机市场已经由增量市场变为存量市场。国内的智能手机生产商越来越注重科技研发和售后服务,以满足不同用户需求。

综上所述,在现代商业环境下,本书的综合实训平台以模拟手机制造行业为主,能够较好地贴近实际生活并且容易被学生接受,且该类产品的生产经营不受气候等因素干扰,是较合适的实验实训对象。

三、商科虚拟仿真综合实训平台的特点

商科虚拟仿真综合实训平台是一个全方位、立体化、具有广泛受益面的经管类综合实习平台,其采用虚拟现实技术,使学生在视觉和听觉上真实体验经济环境、熟悉企业经营的环境特征,通过多种方式和方法与虚拟环境中的对象进行交互作用、相互影响,从而产生等同真实环境的感受和体验。

商科虚拟仿真综合实训平台可以使学生在一种仿真的环境下,将自己以往所学的理论知识、专业技能应用到企业仿真经营中去,达到"学、训、做"的目的。"学"即主要以理论知识为主;"训"即专业技能的训练;"做"即在没有案例的前提下,在没有老师督促的情况下,学生可以进行自主学习。

具体而言,商科虚拟仿真综合实训平台具有以下九个方面的特点。

(1)多实习环境:平台设置了多产业内核企业模型,可以根据区域经济差异条件下不同人

才培养目标、不同院校特色设置多产业内核企业模型。同时,平台可进行动态外部环境设置,可设置政务服务业、生产性服务业、公共服务业等多种类型的服务业机构和任务。

(2)多实习机构:平台设置了核心企业、市场监督管理局、税务、银行等多个外围机构,可进行商业环境的仿真互动。

(3)多层级的训练内容:平台能够体现企业创建训练、经营决策训练、岗位技能训练与信息化系统操作的多层次训练内容。

(4)多套企业经营数据:平台可内置多套离散型制造企业的经营数据。

(5)多进程任务并发系统:平台可实现多进程任务发布,以平衡教学现场不同岗位的训练饱和度。

(6)多维度评价体系:平台系统支持多维度、多方式、不同权重的自定义评价体系。

(7)多个训练起点:平台具有多起点经营数据,能够自选企业创立或持续经营等多起点的实习数据。

(8)多层次训练:平台可通过调节参数实现不同难度、不同层次的训练要求,从而达到多级竞争协同,能够实现岗位级、部门级、供应链级及产业级的多级竞争与协同。

(9)多种训练模式:平台支持系统自动生成、专业财务软件操作、手工做账等多种训练模式;支持教学设计、教学过程、教学评价、教学资源、教学观测的全过程信息化教学管理。

四、商科虚拟仿真综合实训的目标及意义

(一)商科虚拟仿真综合实训的目标

商科虚拟仿真综合实训平台是与教学相适应的综合实训、实习、实践服务的平台,能从根本上提高实践教学质量,整体提高学生综合素质,真实提升学生的就业率,并能成为区域、行业、企业人力资源开发和各类岗前、在岗、转岗、下岗服务的职业人才培训基地。

商科虚拟仿真综合实训的目标具体有以下四点。

(1)创新人才培养模式:以现代教育理论为指导,构建复合型、应用型、创新型人才培养的新模式。

(2)完善实践教学体系:以商科虚拟仿真综合实训平台建设为核心,完善现有实训教学体系,培育实训创新项目。

(3)提升实训教学水平:以现代信息技术改造和提升现有实训教学水平。

(4)完善实践教学评价:以人才培养质量工程建设为契机,建设实训教学的考核与评价机制。

(二)商科虚拟仿真综合实训的意义

商科虚拟仿真综合实训平台是以现代信息技术为依托,模拟社会真实经济环境,即通过构建模拟供应链下各企业运作的仿真环境,让学生在仿真环境中运用已掌握的专业知识进行企业运作的模拟演练,熟悉各企业的运作及各企业间的对抗。

在校内组织这样的虚拟仿真综合实训,除了可以解决财经类院校普遍存在的学生在企业实习无法接触到核心业务难以体现实习作用以及实习基地的不足问题外,还对培养和提高学生综合素质有着以下特殊的意义。

(1)检验和巩固专业知识。通过商科虚拟仿真综合实训平台对企业运作的仿真演练,可将

学生掌握的理论知识与处理企业(或各现代服务业部门)实际经济业务相结合,领悟经济管理规律,全方位体验和实践企业的管理理念和核心管理思想,检验学生掌握知识的宽度、深度和对知识的综合运用能力。

(2)提高学生的综合素质和能力。通过商科虚拟仿真综合实训,可将不同专业的学生置身于仿真环境下的企业和经济管理部门之中,使学生像经营一家真正的公司(或担任管理者)那样作出市场应对反应,完成彼此关联的一系列经营决策,并为此承担责任。这一过程,可以使学生感受到经营环境的复杂性和多变性、决策的科学性与灵活性,以及经营管理的整体性、协同性和有效性;可以使学生认识和体验企业经营管理活动过程和主要业务流程及其相互之间的关联关系;可以促进学生所学知识的整合与融会贯通;可以使学生真切地感受到成功与失败,理解竞争意识、团队精神、职业素养的意义。

第二节 商科虚拟仿真综合实训基本流程及课程设计

一、商科虚拟仿真综合实训的基本流程

商科虚拟仿真综合实训的基本流程是:召开动员会→CEO竞选→招聘海报制作→召开现场招聘会→企业宣传海报绘制和办公用品领用→企业注册期讲解→企业注册期→企业经营期讲解→企业经营期一至六季度(根据每期学生人数会动态调整2轮次,最多经营12个季度)→召开总结大会→结束,见图1-1。

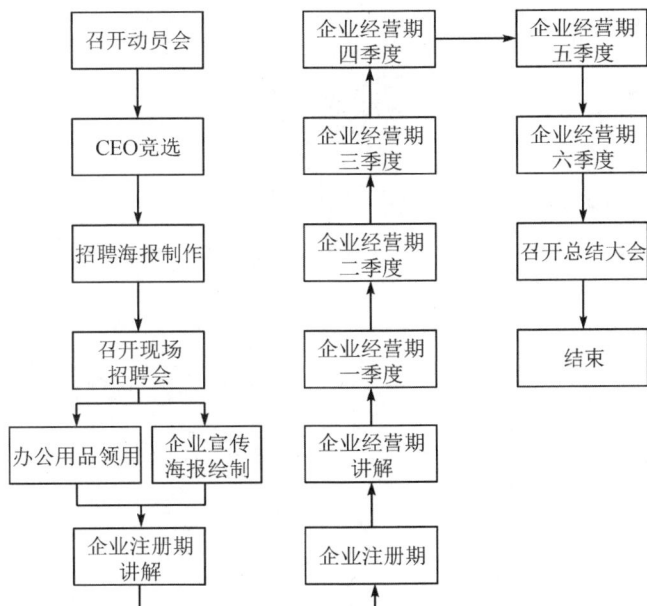

图1-1 商科虚拟仿真综合实训的基本流程

二、商科虚拟仿真综合实训的课程安排及成绩考核

(一)课程安排

商科虚拟仿真综合实训的教学安排应具有连续性,这样才能逼真地模拟企业现实运营,强

— 5 —

化学生的体验效果。为了让学生有更多的实训体验机会,也考虑到对学生评价的全面和均衡,企业运营管理模拟实训的单次课进行一次轮岗。因此课程集中在两周(10天,不含周末),实训课表的内容设计具体见二维码1-1。

(二)成绩考核

为了能够综合评价学生在商科虚拟仿真综合实训课中的总体表现,该课程不仅对学生的经营成绩进行评价,同时还对学生在综合过程中的表现进行评价,从而使学生成绩考核更具有综合性。

成绩考核分为两个部分:对核心企业的考核和对模拟服务机构的考核,具体见二维码1-2、二维码1-3。

二维码1-1　商科虚拟仿真综合实训课程安排表(10天)

二维码1-2　制造、供应、贸易企业考核表

二维码1-3　模拟服务机构考核表

第二章　组织架构管理实训

第一节　实训平台账号注册与登录

一、实训平台账号注册

学生首先找到商科虚拟仿真综合实训平台图标,点击进入平台系统界面,见图 2-1。

图 2-1　平台系统界面

点击图 2-1 标识的人头图标,出现如图 2-2 所示界面。

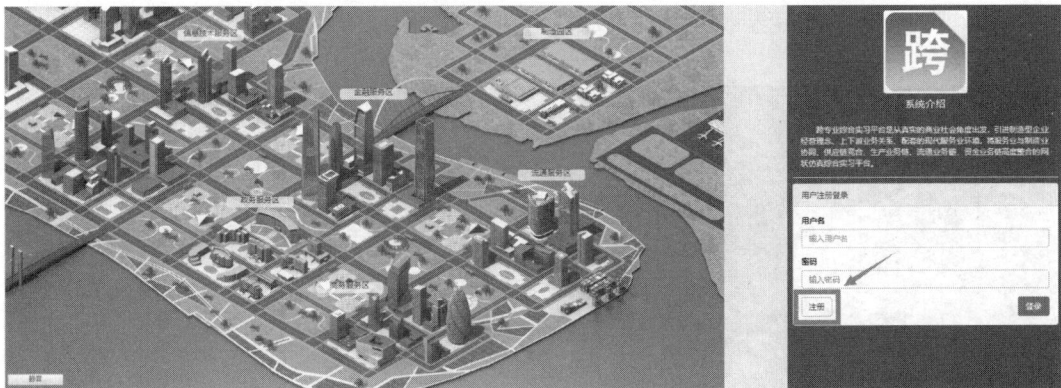

图 2-2　登录注册界面

点击"注册",进入注册界面,如图 2-3 所示。正确地填写用户名邮箱、密码、姓名。用户名邮箱的要求格式是"学号+邮箱格式",如 20151235678@163.com,其中"20151235678"是学生的学号,"@163.com"是邮箱格式。正确输入教师提供的每个小组独有的小组注册码;区分CEO 注册码和员工注册码,应注意保管好自己的注册码,尤其注意 CEO 注册码只能由 CEO注册时使用,其他人员不得使用。

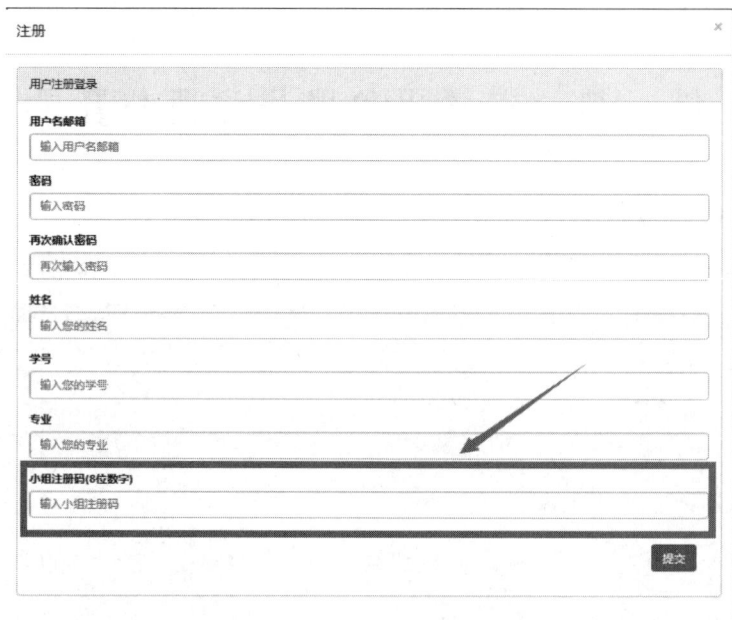

图 2-3　注册界面

填写完注册信息后,点击"提交"之后自动登录。

二、实训平台登录

完成注册后,再次登录实训平台,即可直接在登录界面输入用户名、密码,点击"登录"进入实训,见图 2-4。

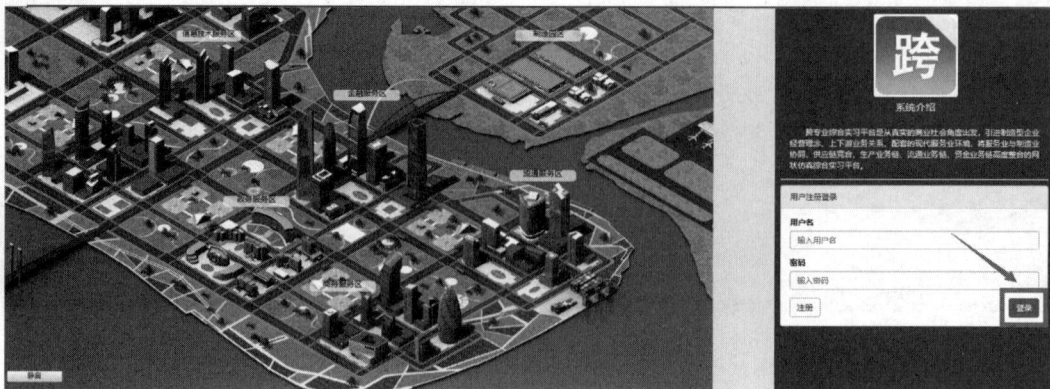

图 2-4　日常登录

第二节　实训目的、内容及操作

本部分的组织架构管理实训主要适用于模拟实训中的核心企业,即制造企业、供应商企业以及贸易公司。

一、实训目的

通过实训,学生可以为自己创建的模拟企业进行公司人员岗位设置,并制作岗位职责及要求,拟定公司规章制度,制定员工管理制度,与员工签订劳动合同,制作公司 Logo。这一过程可以充分发挥学生的积极性和创造性,提升学生的管理能力。

二、实训内容

实训内容为:模拟企业进行组织机构管理,由选定的 CEO 在系统平台中,通过"我的办公室"的组织机构管理功能进行员工岗位的设置,并根据员工招聘情况,将学生模拟的员工角色分配到相应的岗位上,分配到岗位上的人员根据任职岗位书填写岗位职责说明书,同时,CEO 和各部门经理共同制定公司规章制度,并与所有员工一起为企业设计 Logo。

三、实训操作

本部分岗位设置内容适用于平台系统中制造企业、供应商企业及贸易公司的岗位设置。

(一)岗位添加

CEO 登录系统后,从"快速进入"选项切换到企业操作界面,然后点击右上角的"我的办公室"(见图 2-5),进入企业的办公场景。

图 2-5　选择"我的办公室"

点击"组织机构管理"(见图 2-6),再点击左侧"部门管理",可以看到"企业岗位权限管理"和"人员岗位管理"两项设置(见图 2-7)。

— 9 —

图 2-6　选择"组织机构管理"

图 2-7　"企业岗位权限管理"和"人员岗位管理"

点击"企业岗位权限管理",进入岗位管理的操作界面,见图 2-8。

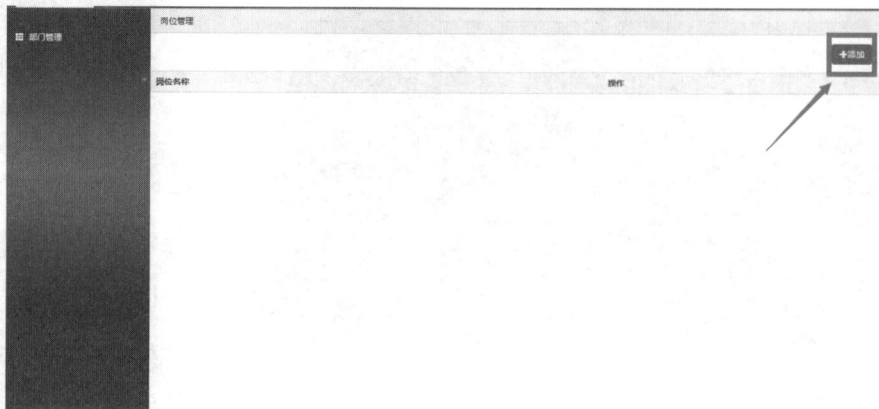

图 2-8　岗位管理界面

　　点击岗位管理界面右上角的"添加",出现岗位添加界面,以制造企业岗位添加界面为例,见图 2-9。供应商企业和贸易公司的岗位添加与此相似。

　　此时 CEO 进行企业岗位管理,在岗位名称处,填写相应的岗位名称,具体参见表 2-1 模拟企业岗位名称列表。

表 2-1 模拟企业岗位名称列表

序号	模拟制造企业岗位名称	模拟供应商企业岗位名称	模拟贸易公司岗位名称
1	企管部经理（总经理）	企管部经理（总经理）	企管部经理（总经理）
2	采购部经理	销售部经理	销售部经理
3	销售部经理	采购部经理	采购部经理
4	财务部经理	市场部经理	市场部经理
5	市场部经理	财务部经理	财务部经理
6	生产部经理	生产部经理	

岗位添加完成后，就可以看到企业的岗位名称列表，见图 2-10。

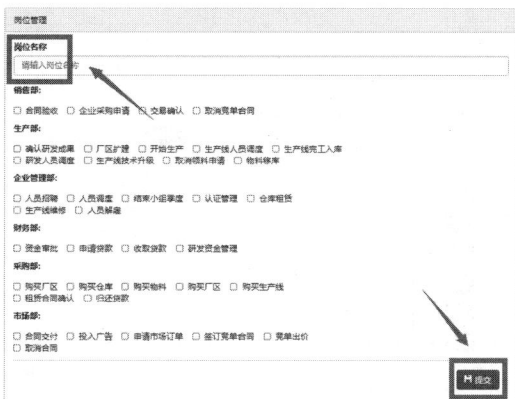

图 2-9 岗位添加界面

图 2-10 岗位名称列表

（二）岗位权限设置与变更

在岗位名称添加时，可以同时进行岗位权限设置。在图 2-9 中可以看到，制造企业有销售部、生产部、企业管理部、财务部、采购部、市场部，CEO 可以根据企业岗位特点，进行岗位权限设置。例如，为生产部经理添加生产部的所有权限，同时，还可以为生产部经理添加购买物料和购买生产线的权限，见图 2-11。即某个岗位的权限是可以交叉的，具体如何设置权限，由模拟企业的 CEO 根据需要进行设置，设置完成后，点击"提交"即可。

注意：权限设置可随时进行调整，设置后也可以多次修改。

若企业经营过程中需要进行岗位权限调整，则回到图 2-10 的岗位名称列表，点击要修改的岗位名称右边的"修改"，可以进行权限修改，同时可以查看或是删除岗位。

（三）人员岗位管理

CEO 负责进行人员岗位管理。首先进入"我的办公室"，点击下方"组织机构管理"，然后点击左侧"部门管理"，点击"人员岗位管理"，进入"人员管理"界面，见图 2-12。

此时，岗位部分是空白的，CEO 点击右侧的"修改"，可以进行人员的岗位分配。点击"修改"后，可以看到如图 2-13 所示界面，点击右侧的小三角，下拉列表显示所有岗位名称，CEO 选择相应的岗位后，点击"提交"，即可完成人员岗位分配和修改。

— 11 —

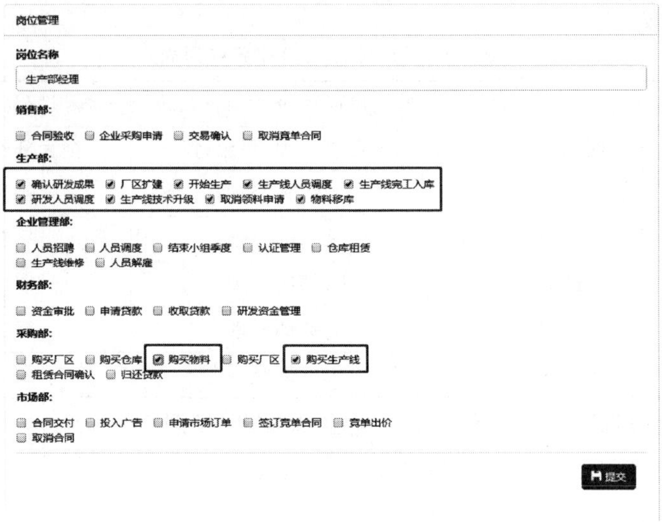

图 2－11　岗位权限添加

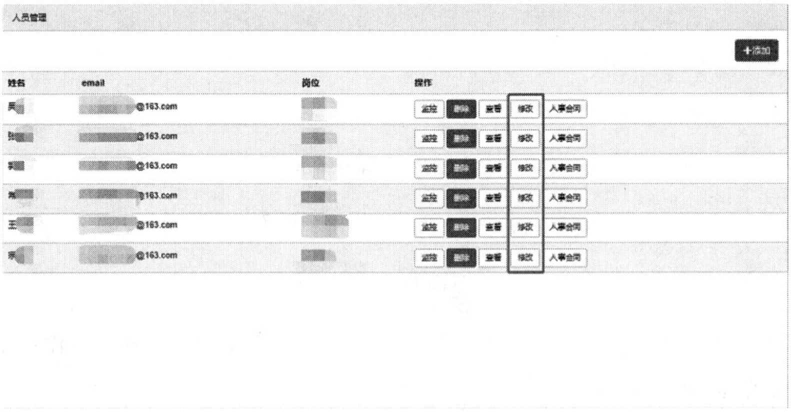

图 2－12　“人员管理”界面

图 2－13　人员岗位分配

第三章 企业创建实训

公司注册是开始创业的第一步。一般来说,公司注册的流程包括:企业核名→提交材料→领取执照→刻公章。公司注册通常由公司全体股东指定的代表或者共同委托的代理人向公司登记机关申请名称预先核准,名称预先核准通过后,再将全体股东指定代表或者共同委托代理人的证明、企业名称预先核准通知书、股东会决议、股东身份证、公司章程、营业场所证明材料、房屋租赁协议送到市场监督管理局办理注册登记,登记后领取营业执照正副本。但是,公司想要正式开始经营,还需要办理以下事项:银行开户→税务报到→申请税控和发票→社保开户。

第一节 实训环境介绍

企业创建实训是依托实训环境进行的,实训环境是一个虚拟的商业环境,应尽可能真实地还原现实中的商业环境,包括商业中存在的竞争及商业中的服务机构。企业创建实训可创建的企业类型有很多,在系统平台中设置了多种类型的企业。图 3-1 是实训环境的园区俯瞰效果图。

图 3-1 园区俯瞰效果图

图 3-1 中具体包括以下区域:①为制造园区(包括制造企业、贸易企业、原材料供应商等);②为金融服务区(包括商业银行、人民银行、会计师事务所等);③为政务服务区(包括市场监督管理局、国家税务总局、法院、劳动仲裁、总工会、安监局、人力资源和社会保障局等);④为流通服务区(包括物流公司、国际货代公司、律师事务所等)。

企业可以通过点击图 3-1 中相应的企业图标进入企业。点击具体企业时,系统会作出判断,如果点击的是本企业,则自动进入企业;如果点击的不是本企业,则进入这家企业的外围服务机构(相当于企业到相应的政务部门办理业务)。

例如,如果账号绑定的企业是制造企业,点击市场监督管理局图标则系统默认为企业去市场监督管理局办理企业注册等业务。以制造企业状态点击市场监督管理局图标,市场监督管理局位置见图3-2。

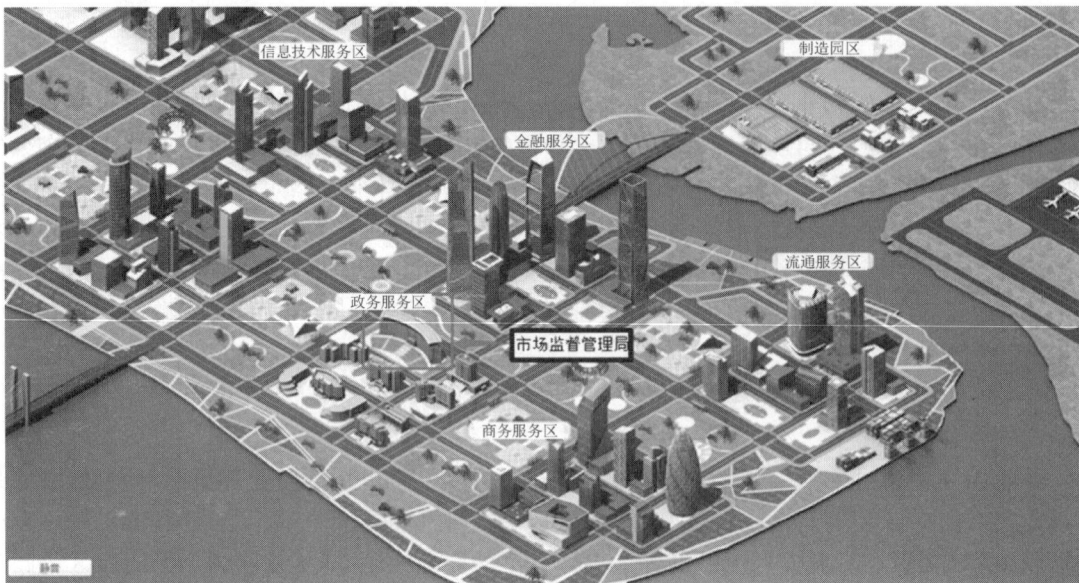

图3-2 市场监督管理局位置

点击市场监督管理局的建筑图标,则会进入市场监督管理局业务大厅,见图3-3。

图3-3 市场监督管理局业务大厅

在这个虚拟的商业环境中,学生可以创建自己的"商业帝国",尽情展示自己的创业梦想,为自己未来的创业进行演习。

第二节　企业登记业务流程

在企业创建实训中,公司注册的主要步骤包括:工商注册→银行开户→税务登记及组织架构构建。详细步骤为：①企业名称预先核准,提交投资人名录；②企业设立登记,并填写企业登记申请书、企业法人代表及经理信息；③到银行办理银行开户；④到税务窗口办理税务登记,填写增值税一般纳税人资格登记、纳税人税务补充信息表；⑤进行组织架构的安排。实训中,系统平台的新企业设立登记总流程见图3-4。

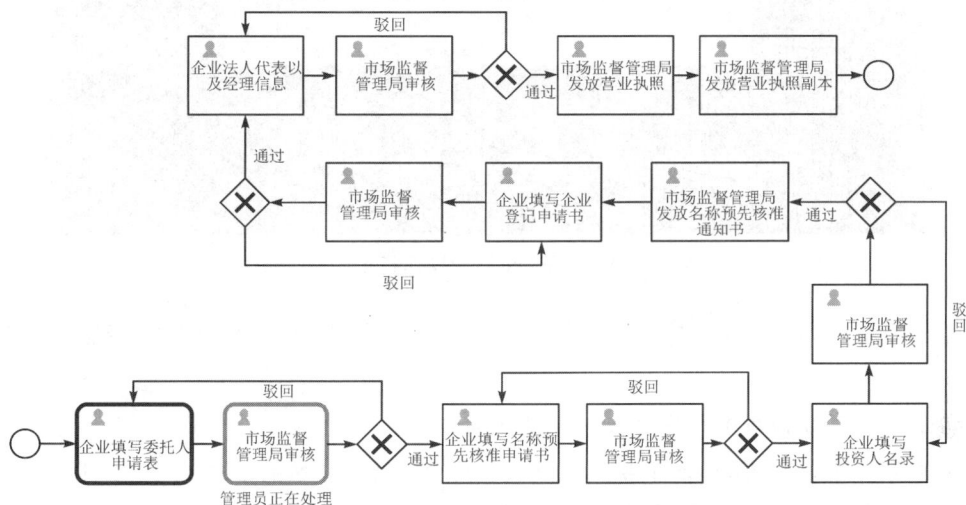

图3-4　新企业设立登记总流程

第三节　企业登记实训

一、实训目的

通过模拟企业设立过程,学生可以体验工商注册流程,并熟悉工商注册相关单据的填制。

二、实训内容

在实训中,模拟企业要成立自己的公司,通过工商注册完成企业设立登记的全过程。模拟企业通过商科虚拟仿真综合实训平台系统进入市场监督管理局服务窗口,进行企业名称预先核准,即先对企业申请的企业名称字号进行重名筛查(现实生活中,企业在网上申请名称预先核准时,可以直接自行进行企业名称查重检测),企业名称预先核准通过后,即可进行企业设立登记。模拟企业需填写的表单包括:名称预先核准委托书,名称预先核准申请表,投资人(合伙人)名录,内资公司设立登记申请书,法定代表人、董事、经理、监事信息表,市场监督管理局下发的企业名称预先核准通知书,营业执照正(副)本。

三、实训操作

(一)企业进入市场监督管理局

在完成实训平台注册并模拟企业员工登录平台后,可以看到如图3-5所示的提示界面。

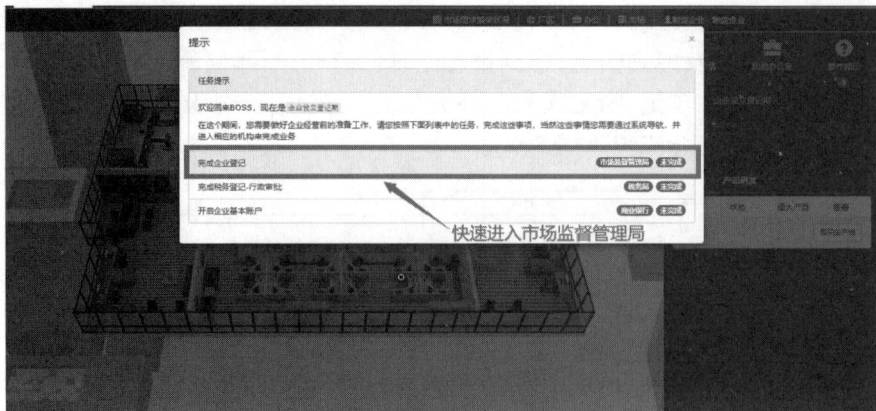

图 3-5　注册期操作提示

在任务提示对话框中，直接点击"完成企业登记"，可快速进入市场监督管理局的业务大厅。

（二）企业填写名称预先核准委托人代理申请书

点击业务大厅右下角的"企业登记"，进入企业登记界面，然后点击左侧"企业登记"，在右侧下拉列表中点击"名称预先核准委托人代理申请书"，见图 3-6。

图 3-6　选择"名称预先核准委托人代理申请书"

点击进入后，可以看到"新企业登记流程"（见图 3-4），通过此图可以了解企业的整个登记过程及需要办理的登记业务。当流程开始后，企业正在进行的环节将会由加粗的绿色框框起来，企业已经完成的环节将会由加粗的黑色框框起来，通过这种提示，企业可以了解登记环节的进度。

查看完企业登记流程图后，点击该图右下方的"新建"按钮，开始名称预先核准委托人代理申请书的填写。二维码 3-1 中提供了名称预先核准委托人代理申请书（以北京市为例）样本及填写示范，各个企业可根据实际情况进行填写。

二维码 3-1　名称预先核准委托人代理申请书样本及填写示范

(三)企业填写名称预先核准申请表

完成以上操作后,即可从企业登记进入企业名称预先核准申请表的填写环节。具体可参考二维码3-2填写。

二维码3-2 "名称预先核准申请表"填写样例

填写后提交,此时点击企业登记流程界面中的"流程跟踪",可以看到绿色框提示进入"市场监督管理局审核"环节;此时,企业工作人员带着纸质"名称预先核准申请表"去市场监督管理局柜台办理;如果被市场监督管理局驳回,则重新修改,继续提交办理。

(四)企业填写投资人(合伙人)名录

如果市场监督管理局审核通过,则回到新企业名称核准申请书界面,点击"领取任务",然后选择"领取并处理",填写"投资人(合伙人)名录",可参照二维码3-3内示例填写。

二维码3-3 "投资人(合伙人)名录"样表

填写完成后提交,点击"流程跟踪",可以看到绿色框提示进入"市场监督管理局审核"环节,同样将纸质凭证"投资人(合伙人)名录"送至市场监督管理局柜台办理。

此时,等待市场监督管理局审核,市场监督管理局审核通过后会发放"企业名称核准通知书"。待市场监督管理局下发通知书,企业领取任务后,可以看到"流程跟踪"提示进入"企业填写企业登记申请书"环节。

此时,企业若要查看市场监督管理局发放的"企业名称核准通知书",可点击"流程跟踪"页面下方的"新企业名称预先核准通知书-已完成",操作如图3-7所示。

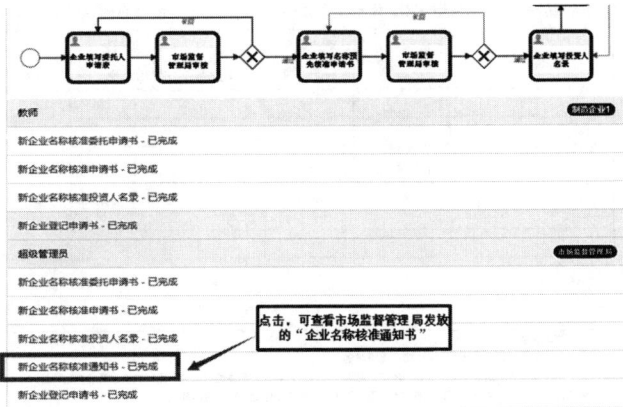

图3-7 点击"新企业名称核准通知书-已完成"

点击打开后,可以看到空白的"企业名称核准通知书"(见二维码3-4)。

二维码3-4 空白"企业名称核准通知书"

(五)企业填写内资公司设立登记申请书

公司设立登记是指公司设立人按法定程序向公司登记机关申请,经公司登记机关审核并记录在案,以供公众查阅的行为。

如果市场监督管理局审核"企业名称核准申请书"通过,则回到企业登记页面,点击左侧"企业登记",再点击"名称预先核准投资人名录"进入新企业名称核准申请书界面;点击"领取任务",然后选择"领取并处理",填写"投资人(合伙人)名录"。内资公司设立登记申请书(部分)见二维码3-5。填写提交后,点击"流程跟踪",可看到流程跟踪提示此时处于"市场监督管理局审核"阶段,此时即可带上纸质"内资公司设立登记申请书"到市场监督管理局柜台办理。

二维码3-5 内资公司设立登记申请书(部分)

(六)企业填写法定代表人、董事、经理、监事信息表

市场监督管理局通过以上审核后,回到市场监督管理局企业登记界面,点击左侧"企业登记",点击"法人代表以及监理等信息表",点击"领取任务",可以看到流程跟踪提示此时处于"企业填写法人代表以及经理信息"环节。

点击下方"领取并处理",填写如图3-8所示的内容。填完后提交,待进入市场监督管理局审核后,即可带上纸质登记表到市场监督管理局柜台办理;如果被驳回,则需要修改后再提

图3-8 "法定代表人、董事、经理、监理信息表"(部分)

交。将填写的"法定代表人、董事、经理、监事信息表"提交后,点击"流程跟踪",可看到流程跟踪提示处于"市场监督管理局审核"阶段,此时可带上纸质"法定代表人、董事、经理、监事信息表"到市场监督管理局柜台办理。

市场监督管理局审核通过后,可以通过点击查看流程跟踪下方的"新企业登记法人以及经理信息登记表-已完成"(见图3-9)查看已经审核通过的登记表。

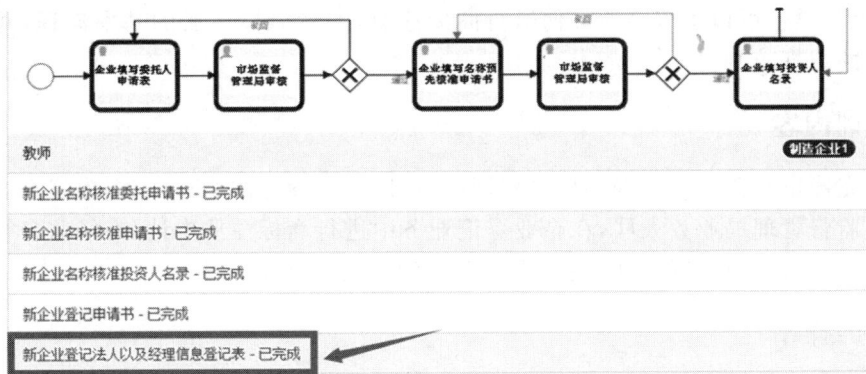

图3-9 选择"新企业登记法人以及经理信息登记表-已完成"

(七)企业查看营业执照

完成以上流程后,则等待市场监督管理局发放营业执照;待市场监督管理局发放营业执照后,企业登记环节即完成。此时企业若想查看营业执照,须通过实习导航,到政务服务区界面,进入市场监督管理局,点击"企业登记"业务,再点击左侧"企业登记",点击"营业执照正本"或"营业执照副本",在流程跟踪的旁边点击"查看",即可查看如二维码3-6所示的营业执照正本与副本。

二维码3-6 营业执照正本和副本

此时企业从快速链接入口进入企业界面后,可以看到如图3-10的提示,此时企业登记处于已完成状态。

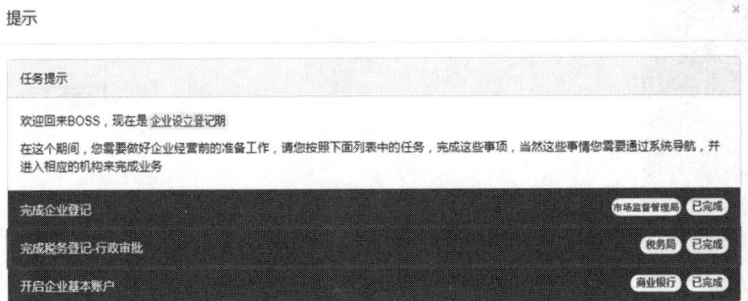

图3-10 显示"完成企业登记"

第四节　商标注册实训

一、实训目的

通过实训,学生可以了解企业如何进行商标注册,熟悉商标注册的基本流程,并学会商标注册所涉及的单据填制。

二、实训内容

企业在完成市场监督管理局的设立登记后,可以进入商标注册环节,即模拟企业从系统平台进入市场监督管理局业务大厅,在企业登记业务中进行商标注册申请,市场监督管理局对模拟企业的商标注册资料进行核准,核准通过后,模拟企业获得商标权。

三、实训操作

(一)企业填写商标注册申请书

企业进入市场监督管理局业务大厅,点击"企业登记",然后点击左侧"商标注册",在弹出的下拉菜单中点击"商标注册申请书",见图3-11。

图3-11　点击"商标注册申请书"

在商标注册界面可以看到商标注册流程,见图3-12,点击商标注册流程图右下角的"新建",可以看到空白的商标注册申请书,见二维码3-7。

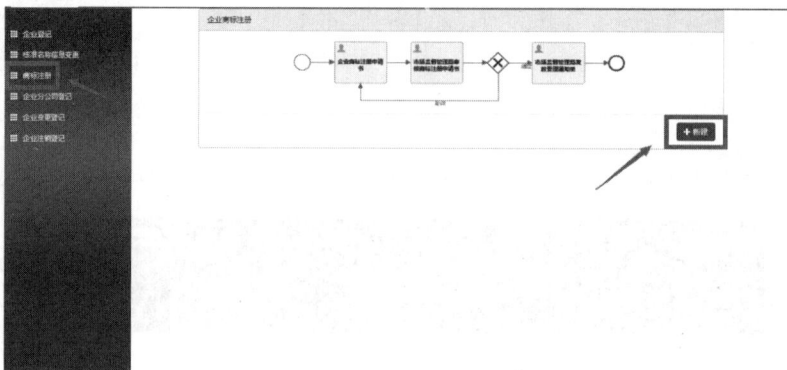

图3-12　商标注册流程图

二维码 3-7 空白的商标注册申请书

企业根据自己的实际情况填制商标注册申请书,填写完成后点击页面下方的"提交",点击"流程跟踪"(见图 3-13),出现商标注册流程(见图 3-14),可以看到,图 3-14 中提示企业目前处于"市场监督管理局审核商标注册申请书"阶段,此时企业即可带上纸质申请材料到市场监督管理局办理业务。

图 3-13 选择"商标注册申请书"界面的"流程跟踪"

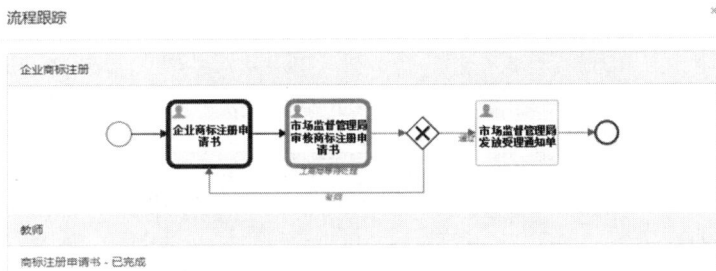

图 3-14 商标注册流程跟踪结果

(二)企业查看商标注册申请流程进度

企业在市场监督管理局的业务大厅进入企业登记界面,然后点左侧"商标注册",再点击"商标注册申请书",可以看到如图 3-13 所示界面,然后点击"流程跟踪",可以看到流程跟踪结果显示流程已经全部结束,见图 3-15。

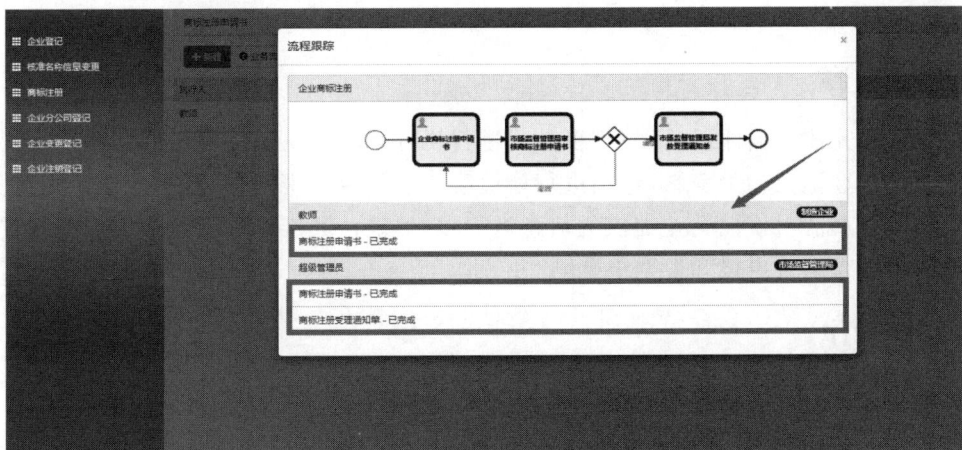

图 3-15 商标注册流程已完成

— 21 —

由图3-15可以看到，在流程跟踪图的下方提示“商标注册受理通知单-已完成”，点击“商标注册受理通知单-已完成”，可以看到市场监督管理局下发的商标注册“受理通知单”，见图3-16。

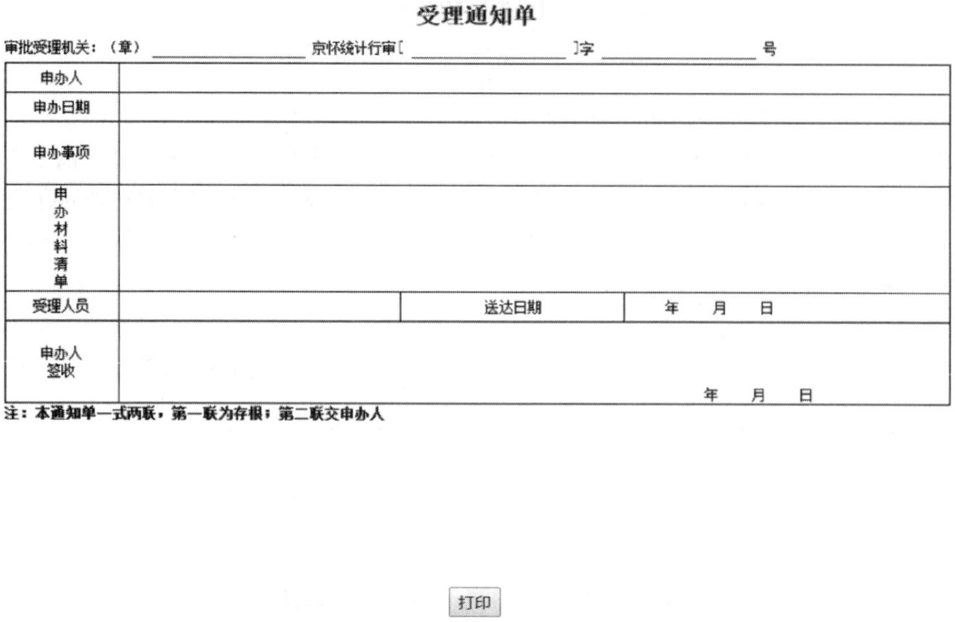

受理通知单

审批受理机关：（章）＿＿＿＿＿＿ 京怀统计行审[＿＿＿＿＿＿]字＿＿＿＿＿＿号

申办人			
申办日期			
申办事项			
申办材料清单			
受理人员		送达日期	年　月　日
申办人签收	年　月　日		

注：本通知单一式两联，第一联为存根；第二联交申办人

打印

图3-16　企业收到的商标注册“受理通知单”

第五节　税务登记实训

一、实训目的

通过实训，学生可以通过模拟平台了解税务登记的基本流程，并学会税务登记相关单据的填制。

二、实训内容

模拟企业在完成工商注册后，应到税务局进行税务登记。从系统平台进入税务局大厅，向税务局提交税务登记的相关资料，包括进行增值税一般纳税人资格登记，填写纳税人税务补充信息表等。税务局需对模拟企业提供的信息进行核对，确认其准确性。企业完成税务登记后，方可在税务局进行纳税申报和发票申购。

三、实训操作

（一）企业进行增值税一般纳税人资格登记

在完成企业登记后，企业需要进行的下一环节是税务登记。通过实习导航进入政务服务区，进入税务局，点击“税务登记”，或者在操作提示页面，点击“完成税务登记-行政审批”（如图

3-17 所示),快速进入税务登记环节。

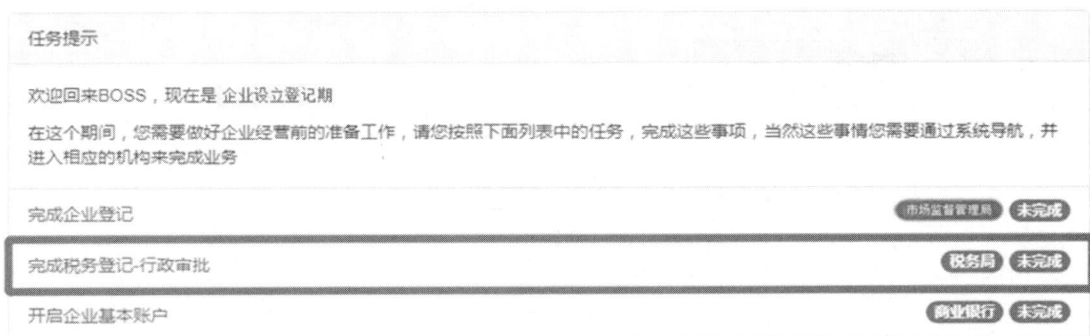

图 3-17 选择"完成税务登记-行政审批"

点击"完成税务登记-行政审批",进入税务局行政大厅,点击右下角的"行政审批";然后点击左侧"税务报到",可以看到"增值税一般纳税人资格登记",见图 3-18。

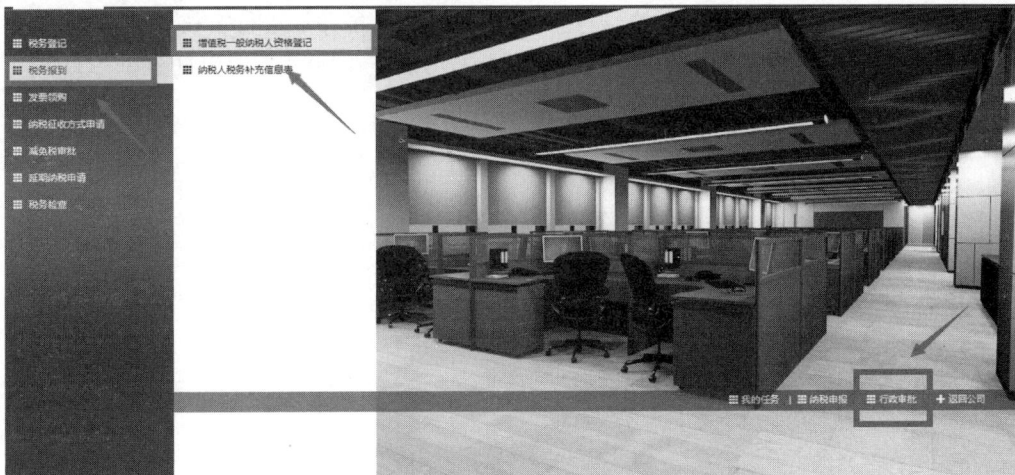

图 3-18 "增值税一般纳税人资格登记"界面

点击"增值税一般纳税人资格登记",可以看到"新一般纳税人资格登记流程",见图 3-19,由此可以了解新一般纳税人资格登记的基本流程,该流程比较简单。

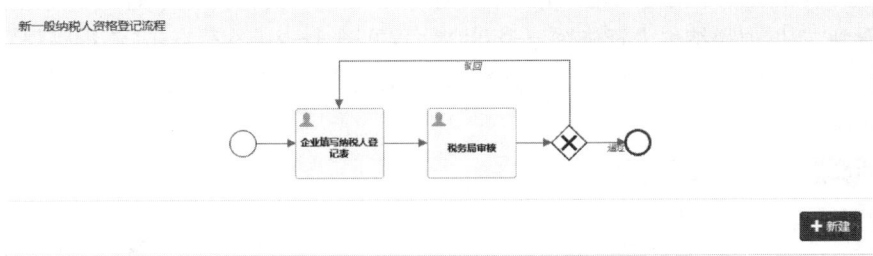

图 3-19 "新一般纳税人资格登记流程"

点击右侧的"新建",可以看到空白的"增值税一般纳税人资格登记表",企业在此可进行该表单的填写,示范表单见图3-20。

图3-20 "增值税一般纳税人资格登记表"样表(填写)

企业填写完成后,点击页面下方的"提交",表单即提交给税务局进行审核,企业即可带上纸质材料到税务局办理审核业务。此时在业务流程页面中,可以查看"流程跟踪",见图3-21。

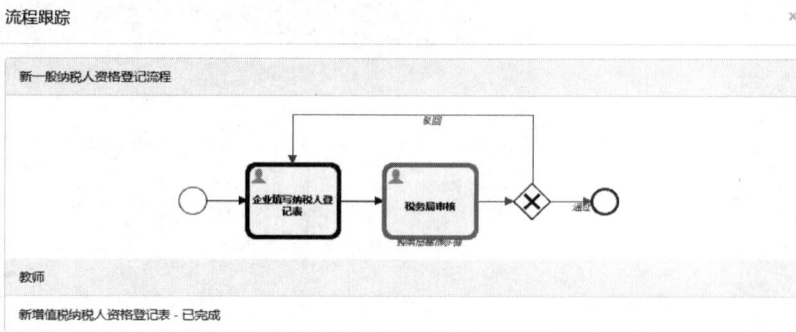

图3-21 "流程跟踪"结果

企业还可以点击"查看",查看企业填写的"增值税一般纳税人资格登记表",并带上纸质"增值税一般纳税人资格登记表"去税务局柜台办理。若被驳回,需要修改后继续提交;若审核通过,企业可以通过"流程跟踪"功能查看进度。

企业从税务局的行政审批界面进入,点击左侧"税务报到",然后点击"增值税一般纳税人资格登记",可以看到"新增值税纳税人资格登记表"的界面,见图3-22;然后点击"流程跟踪",可以看到图3-23中流程跟踪的两个环节均已完成,这说明新一般纳税人资格登记流程环节已经结束。

图3-22 "新增值税纳税人资格登记表"界面

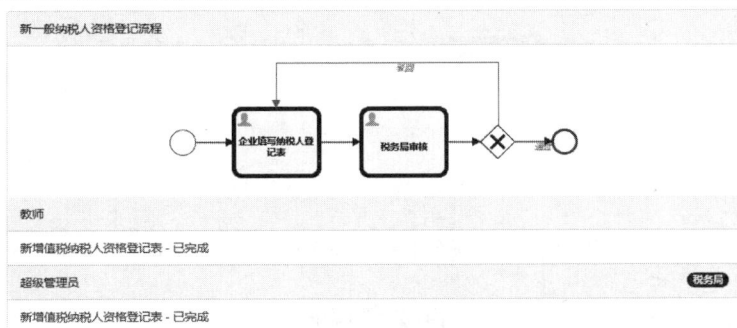

图 3-23 新一般纳税人资格登记流程已结束界面

(二)企业查看增值税一般纳税人资格登记流程

企业同样可以通过"流程跟踪"查看增值税一般纳税人资格登记的进度。企业进入行政审批界面,点击左侧"税务报到",然后点击"增值税一般纳税人资格登记",可以看到"新增值税纳税人资格登记表"界面,见图 3-24。然后点击"流程跟踪",可以看到流程进度。

图 3-24 "新增值税纳税人资格登记表"界面

(三)企业填写纳税人税务补充信息表

企业从行政审批界面点击"税务报到",再点击"纳税人税务补充信息表",见图 3-25。此时,可以看到"新企业税务补充信息流程",见图 3-26。点击图 3-26 右侧的"新建",出现空白的"纳税人税务补充信息表",企业认真填写完成后,点击页面下方的"提交",表单提交到税务局,由税务局审核,此时企业带上纸质的申请材料到税务局办理审核。"纳税人税务补充信息表"样表见二维码 3-8。

图 3-25 "纳税人税务补充信息表"界面

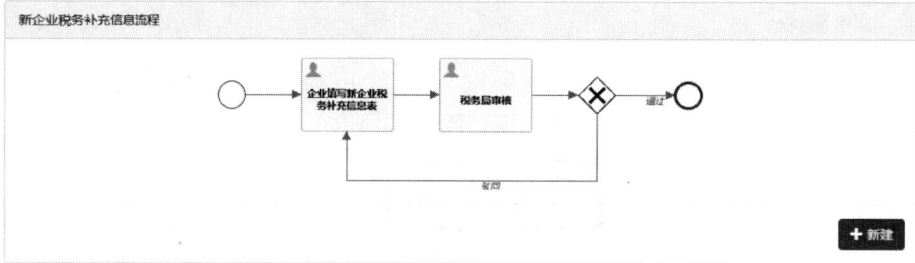

图 3-26 "新企业税务补充信息流程"界面

二维码 3-8 "纳税人税务补充信息表"样表

提交"纳税人税务补充信息表"后,点击查看"流程跟踪",可以看到"新企业税务补充信息流程"处于"税务局审核"阶段,见图 3-27。

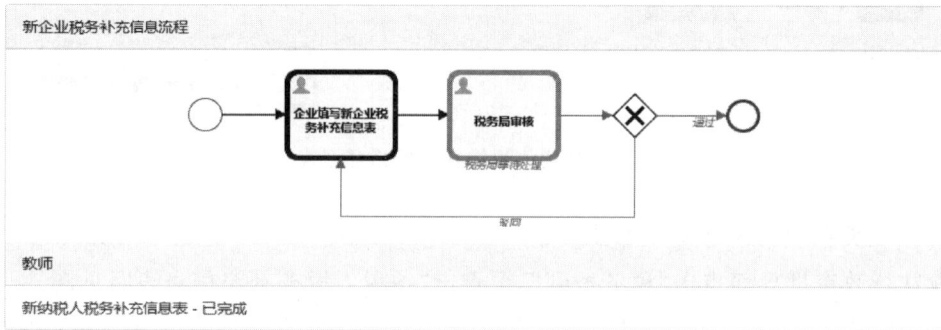

图 3-27 处于"税务局审核"阶段

(四)企业查看新企业税务补充信息流程

企业可以通过随时查看"新企业税务补充信息流程",了解税务局是否审核结束。企业进入行政审批界面,点击左侧"税务报到",再点击"纳税人税务补充信息表",然后在新纳税人税务补充信息表界面点击"流程跟踪",可以看到"新企业税务补充信息流程"(见图 3-28)。根据流程显示可知,该流程已经结束。

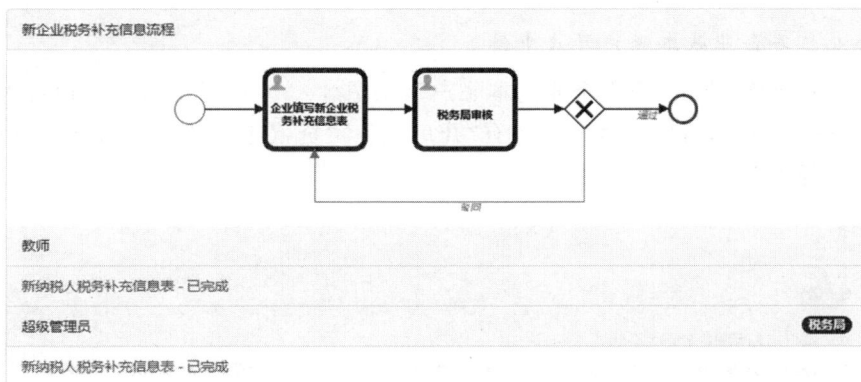

图 3-28　新企业税务补充信息流程已结束界面

此时也可从快速链接的入口进入企业界面,看到如图 3-29 所示的提示,由此可知开启企业基本账户已完成。

图 3-29　开启企业基本账户已完成界面

第六节　银行开户实训

一、实训目的

通过实训,学生可以进行模拟企业的开户业务,了解企业进行银行开户的基本流程,并学会填制相关单据。

二、实训内容

模拟企业在完成企业设立登记后,进入系统中商业银行的业务大厅,向银行申请开启企业基本账户,由银行工作人员进行资料审核;模拟企业需持纸质凭证到模拟商业银行柜台办理具体单据的填写。

三、实训操作

(一)企业填写企业基本账户开启申请

在任务提示页面,点击"开启企业基本账户",见图3-30,可以快速进入银行大厅;进入银行大厅后(见图3-31),可以办理的业务有"开户业务""贷款业务""国际结算""银行知识""账户信息""我的任务"。

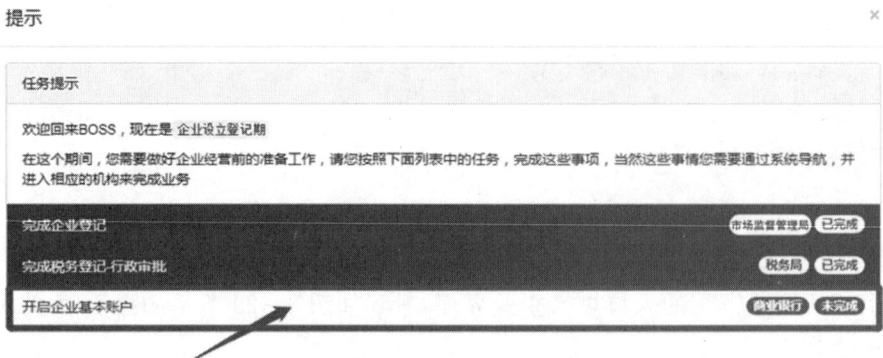

图3-30 任务提示界面

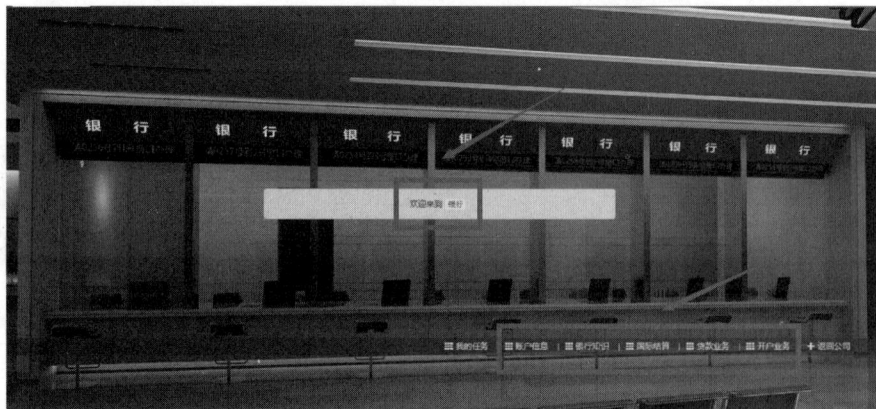

图3-31 银行业务大厅

点击银行业务大厅右下角"开户业务"选项卡,然后点击左侧"企业基本开户业务",可以看到企业"开银行基本账号"的流程,见图3-32。点击流程图右下角的"新建",填写"企业基本账户开户申请",样表填写见图3-33。填写完成后,点击页面下方的"提交"选项,此时界面回到企业基本账户的"开户申请"界面,见图3-34。

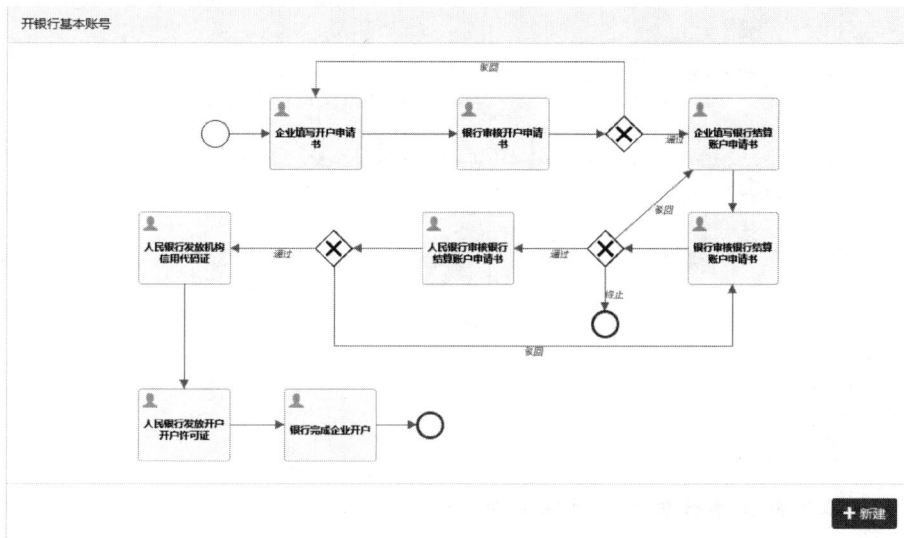

图 3-32 "开银行基本账号"流程

企业基本账户开户申请

企业名称	兰州大米科技有限责任公司
申请理由	企业设立开户
申请人	大米

提交

图 3-33 "企业基本账户开户申请"样表

图 3-34 企业基本账户的"开户申请"界面

点击"流程跟踪",可以看到"开银行基本账号"流程处于"银行审核开户申请书"阶段,见图 3-35,此时企业可带上纸质单据到银行柜台办理企业基本账户开户业务。

银行审核通过后,企业进入下一阶段。

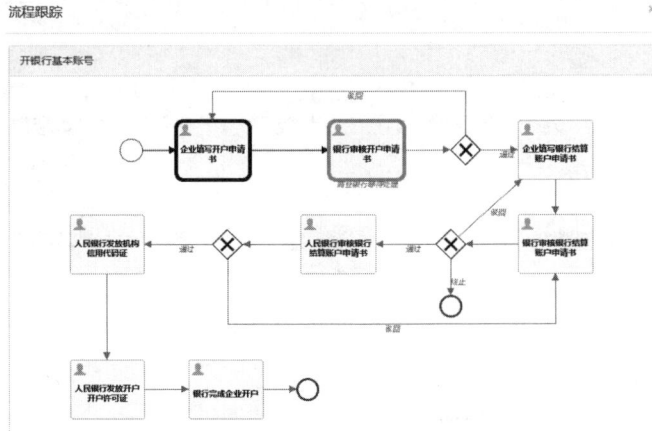

图 3-35 "开银行基本账号—银行审核开户申请书"界面

(二)企业填写开立单位银行结算账户申请书

企业从银行业务大厅进入开户业务界面,点击左侧"企业基本开户业务",进入企业基本开户业务开户申请界面,可以看到有待领取的任务,见图 3-36。点击"领取任务",可以看到企业基本开户业务流程跟踪提示处于"企业填写银行结算账户申请书"阶段,见图 3-37。

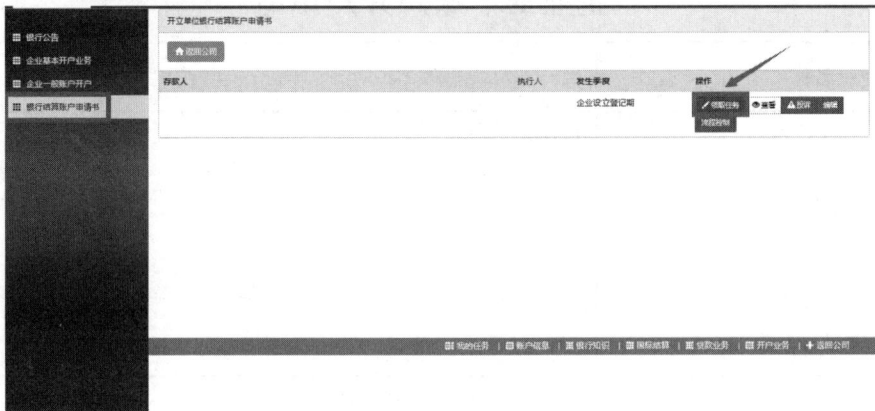

图 3-36 企业基本开户业务开户申请界面(领取任务)

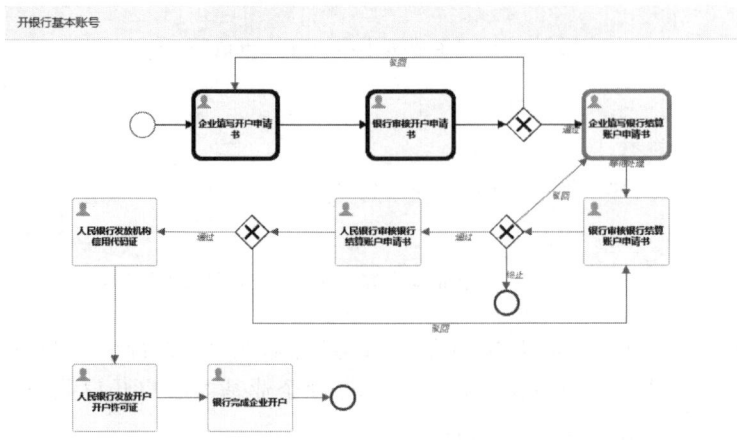

图 3-37 "开银行基本账号—企业填写银行结算账户申请书"界面

点击领取任务页面右下角"领取并处理",再点击"确定",可以看到空白的开立单位银行结算账户申请书,企业根据情况进行填写,完成后点击页面下方的"提交",由银行进行审核。开立单位银行结算账户申请书的样表见二维码3-9。

二维码3-9　开立单位银行结算账户申请书样表

企业带上纸质单据到银行办理业务,待银行和人民银行审核并通过后,企业基本账户开户完成。此时企业从快速链接入口进入企业界面,可以看到图3-38的提示,此时开启企业基本账户已完成。

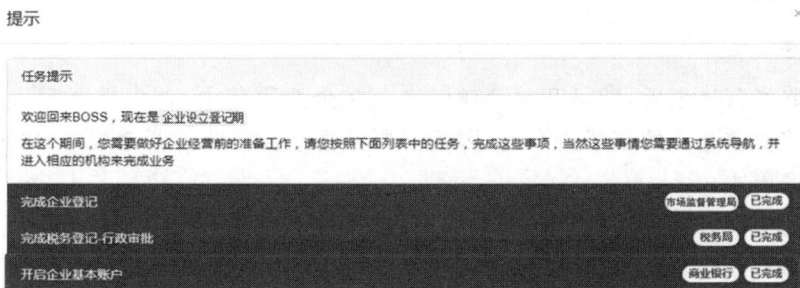

图3-38　开户企业基本账户已完成

第七节　制定部门规章制度实训

一、实训目的

通过实训,使学生学会制定企业部门职责,了解各部门的基本职责。

二、实训内容

模拟企业各岗位经理(主管)利用各种渠道查找资料,研究所在岗位的特点,并制定部门岗位规章制度,打印提交并备案。

三、实训操作

(1)模拟企业的员工研究分析企业的组织结构及岗位情况,明确岗位职责。

(2)模拟企业的员工研究分析企业的业务种类,并对实训期间可能的业务进行预测分析。

(3)制定企业管理制度的大纲、目录。

(4)制定、修改部门规章制度,合理排版,并按统一格式要求进行完善后提交,打印后作为部门的制度并严格执行。

第四章 企业经营实训

第一节 业务规则

一、厂区建设业务规则

(一)厂区选址

1.厂区选择

企业制订好经营计划后,即可开始筹建厂区。在企业筹建中,首先需要完成厂区选址,厂区地址的选择将决定企业的市场所在地,因此需要紧密结合企业的营销战略,尽可能地将厂区建设在主打市场周边。

实训系统为实训者提供了六种不同的区域:京津唐工业区、环渤海经济区、长江三角洲地区、珠江三角洲地区、东北老工业基地、西部老工业基地,每个区域内都有不同类型、不同大小的厂区,且每个企业在整个经营过程中只能购买一个厂区,因此在购买厂区时要慎重考虑。初学者推荐购买小型厂区,只有这样才能在经营初期尽可能地将资金保留在经营上。

厂区及其基本情况如表4-1所示。

表4-1 厂区及其基本情况

所在地区	代表城市	类型	土地价格/ (元/m²)	厂区面积/ m²	每期最大 可扩建面积/m²	扩建等级	竞单加分
京津唐工业区	北京	小型	1000	1000	1200	3	3
		大型	1000	1200	1000	2	3
环渤海经济区	大连	小型	850	1000	1200	3	3
		大型	850	1200	1000	2	3
长江三角洲地区	武汉	小型	800	1000	1200	3	3
		大型	800	1200	1000	2	3
珠江三角洲地区	深圳	小型	1100	1000	1200	3	3
		大型	1100	1200	1000	2	3
东北老工业基地	沈阳	小型	900	1000	1200	3	3
		大型	900	1200	1000	2	3
西部老工业基地	成都	小型	700	1000	1200	3	3
		大型	700	1200	1000	2	3

2. 名词解释

(1)仓库容量:仓库存放的最大货物数量。

(2)厂区容量:厂区允许建造厂房的最大数量。

(3)最大扩建等级:厂区允许扩建的最多次数。

(4)扩建费用:厂区扩建的基本费用,具体厂区扩建花费=扩建费用×扩建等级。

(5)本地市场:当企业选择该厂区后,本地市场不需要支付开具费用即可拥有的市场。

(6)物流费用:根据具体企业销售的情况,将货物从厂区运送到客户单位的费用。

3. 厂区容量

厂区是企业组建的基础,在厂区内可以建设仓库、厂房。厂区容量的大小将决定企业能够在自己厂区内建设多少个仓库和厂房。在系统初始阶段,所有类型厂区的建筑容量允许企业分别建造一座仓库、一座厂房。在经营过程当中,企业根据实际需要,要求增加各类建筑数量时,需要将厂区进行扩建,使其能够建造更多的仓库或厂房。

4. 厂区扩建

对不同类型的厂区,系统均有不同的默认面积,企业可以根据需要将厂区建设为综合仓库、厂房,也可以通过厂区扩建功能增加厂区面积。厂区扩建功能可以使企业建造建筑的数量增加,使企业获得额外的容量。因为不同类型的厂区,允许扩建的等级(次数)以及每次允许扩建建筑的数量是不相同的,所以企业应根据具体情况选择不同的扩建方案。

厂区每期都允许扩建一定的面积,每次扩建面积=厂区现有面积/(已扩建次数+1),每次扩建金额可查看系统提示。

5. 本地市场

每个地区的厂区都有各自相应的本地市场,一旦厂区购买完成后,系统会自动为企业开拓该市场,并将该市场标记为"本地市场"。被确定为"本地市场"的市场地区,将获得一些特权,具体特权请参照本章第五节销售准备实训中"销售竞单"部分。

6. 物流费用

当企业在进行订单交付时,需要将产成品从本地运送至客户所在地区。在不同的产区内,由于市场消费问题,每个厂区内的物流运输费用也不相同。例如,企业将产品卖到亚洲市场时,物流费用是100元/件,由系统自动扣除物流费用。除亚洲市场外,其他物流费用由物流公司确认,物流公司有一定的自主决定权。物流费用具体由企业与物流公司商量,系统不作规定。

(二)厂房仓库建设

在企业厂区建设的过程中,系统允许用户在厂区建筑容量范围内自行建造各种建筑(仓库、厂房),用户购买厂区成功后,可立即投入使用。根据建筑功能的不同,建筑具体划分为两类:仓库、厂房。每种类型的建筑允许存放物品的最大容量不同,购买价格也不相同。当建筑内存放物品数量达到最大容量时,该建筑将再也无法存放任何物品,直到再次空出存储空间。推荐初学者在经营初期,建设小型建筑,以便节约资金。

1. 厂房购建规则

购买厂区后,企业根据企业规划决策,选择建造厂房的类型,厂房有大、中、小三种规格,不同规格厂房的价格、面积大小及容量都不同。企业只有建造厂房后,才可以购买生产线。

厂房的基本信息如表 4-2 所示。

表 4-2　厂房基本信息表

厂房类型	生产线容量/条	兴建定价/元	占地面积/m²	折旧期限/季度
小型厂房	1	250000	200	40
中型厂房	2	400000	400	40
大型厂房	3	600000	500	40

购买厂房类型由企业自行决策，但是厂房一旦建造后，当厂房面积不够时，只能再行建造，如厂区面积不足则无法再建造厂房，需扩大厂区面积后再建造厂房，从而扩大生产能力。

建造的厂房一次性建造完成后，不需要再支付其他费用，只需按 40 个季度进行折旧处理即可。

2. 仓库购建及租赁规则

选择购买厂区后，企业可以根据规划决策，选择购买或者租赁综合仓库，用来存放开展生产所需的原材料、辅材料以及产成品。

综合仓库有大、中、小三种规格，不同规格的综合仓库，其价格、吞吐能力、面积大小及容量都不相同，相关参数见表 4-3。

表 4-3　仓库基本信息表

仓库类型	容量/件	兴建			租赁	吞吐量/(箱/季度)
		兴建价格/元	折旧期限/季度	占地面积/m²	租赁费/(元/季度)	
小型仓库	3000	300000	40	300	80000	10000
中型仓库	6000	600000	40	500	100000	20000
大型仓库	12000	800000	40	1000	200000	30000

租赁，不同于自行建造，企业决定租赁仓库时，只需要按季度向租赁方支付一定费用后，便获得了该仓库的使用权。若企业没有及时支付租赁费用，将可能导致仓库无法使用，如产品不能出库或入库；企业及时交清租赁费用后，仓库恢复使用。

注意：不论是自建仓库还是租赁仓库，仓库内存放的产品或原材料在季度末如果没有销售或使用掉，需要支付库存保管费用，即会产生库存成本。企业即使支付了租赁费用，但依然需要负责支付仓库内物品的库存保管费用。因此在每个经营季度完成之后进入下一季度之前，保持库内剩余数量物料数量越少，企业支付的费用也将越少，从而减少不必要的花费，即保证产成品和原材料的零库存，做到准时生产，也就是只在需要的时候，按需要的量，生产所需的产品，追求一种无库存或库存达到最小的生产系统。

3. 名词解释

(1)兴建价格：企业建造该项建筑需要花费的金额。

(2)容量：该类建筑允许存放物品的最大数量。

(3)折旧期限：按多少个季度对该类固定资产进行折旧(租赁方式下不计算折旧)。

4. 吞吐量

系统中，企业购买的综合仓库的每个周期(季度)都有吞吐量限制。仓库的吞吐量是一个消耗值,每个季度开始时,系统会重新还原到最初数值,但是当季度消耗完后是无法恢复的,只能等到新的季度开始时恢复到初始值。若企业的某个仓库的吞吐量无法满足仓库内产品的出库,则该仓库内的产品在本季度将无法取出且无法移库。

以小型仓库为例,企业在使用前小型仓库的吞吐量为 10000 箱/季度。原材料 M1 的规格"体积(箱)"的数据是 1(见图 4-1 和图 4-2),即 M1 一件是 1 箱。企业从供应商处购买 1000 件 M1 入库时,即消耗吞吐量 1000 箱,入库后剩余吞吐量为 9000 箱。企业将仓库中 1000 箱原材料 M1 投入生产线时,将再次消耗吞吐量 1000 箱,领料后,该小型仓库吞吐量剩余为 8000 箱。

同理,如果购入 1000 件原材料 M4,入库到吞吐量为 10000 箱/季度的小型仓库时,会消耗 2000 箱的吞吐量,剩余吞吐量为 8000 箱。因为 M4 的规格"体积(箱)"的数据是 2。而 1000 件 M4 出库,且再次消耗吞吐量 2000 箱,出库后该仓库剩余吞吐量为 6000 箱。

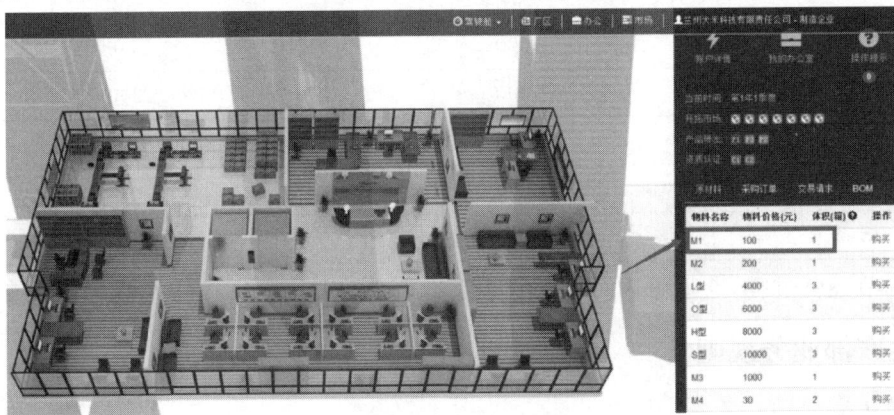

图 4-1　M1 的体积 1

图 4-2　物料价格及体积清单

再次强调,吞吐量是一个消耗值,当季度吞吐量消耗完会导致仓库无法使用,即无法进行出库操作,也无法进行入库操作,即使仓库仍然有容量也无法进行产品入库。吞吐量计算不足,会导致企业无法履行合同,不能正常交货也不能正常给生产投入原材料,这些是企业在经营过程中特别容易出现的失误,因此建议企业安排专人负责吞吐量管理。

5. 库存成本

所有存放在仓库的产品均发生库存成本;库存成本按照季末库存数量计算,一次性支付。库存费用详细信息见表4-4。

表4-4 产品费用一览表

产成品名称	市场指导售价/元	库存成本(可调节)/(元/件·季度)
M1	600	50
M2	600	50
M3	1000	50
L 型	4000	200
H 型	8000	400
O 型	12000	600
S 型	16000	800

为了调节经营过程,老师可以对仓库成本进行调节,因此表4-4中的数据仅供参考。

二、生产部业务规则

(一)生产线

1. 生产线介绍

生产线是企业生产产品的基础。生产线进行生产时,企业仓库内的原材料数量和种类必须满足生产所需,否则生产线将无法正常运转。当生产线成功开始生产后,产成品将在下一季度从生产线下线,此时可安排产品入库到兴建或租赁的仓库中,入库的产成品便可以开始投入市场进行销售。因此企业在实际决策过程当中,需要合理安排生产线的生产、原材料出库、产品销售、产品下线入库的时间,以免发生生产线停工的情况。

实训系统可模拟四种类型的生产线,不同生产线的价格、技术水平、强度及产能各不相同,详细信息见表4-5。

表4-5 生产线具体信息

生产线类型	劳动密集型生产线	半自动生产线	全自动生产线	柔性生产线
购买价格/元	500000	1000000	1500000	2000000
安装周期/季度	0	0	1	1
转产周期/季度	0	1	1	0
技术水平	2	3	4	4
最大产能/(件/季度)	500	500	450	400
人员利用率	50%	100%	1000%	300%

生产线类型	劳动密集型生产线	半自动生产线	全自动生产线	柔性生产线
强度	3	4	4	4
折旧期限/季度	40	40	40	40

2. 名词解释

(1)安装周期:购买生产线后安装的时间,以季度为单位。

(2)转产周期:购买生产线转产的时间。转产周期为0,表示不需要转产;周期为1即需要1个季度的转产,才能投入新的产品生产中。

(3)维修费用:生产线磨损后若想恢复,需要进行维修的费用。支付完维修费用并经过一个季度的维修后,生产线可以恢复到新生产线的状态。

(4)最大产能:购买生产线后通过调入人员进入生产线能达到的最大生产数量。

(5)人员利用率:每位人员的专业能力能够提升多少产能。

(6)维修时间:生产线维修所需要的时间。生产线维修需要一个季度,生产线维修时无法进行生产;当维修完成后,生产线可以达到生产线的状态。

$$生产线每个产能可以生产的产品数量 = 生产线技术水平 - 产品工艺水平$$

这个指标(生产线每个产能可以生产的产品数量)越大,表示单个生产线的生产能力越大,即投入相同的工人数量,生产线在相同的时间(一个季度)可以生产的产品数量越多。当企业厂区面积无法再扩大,生产线无法再增加时,这是企业提升生产能力的重要途径。

$$生产线消耗的产能 = 生产数量/(生产线技术水平 - 产品工艺水平)$$

$$生产线磨损 = 生产线消耗的产能/强度(当生产线磨损超出产能,生产线的产能缩减为$$

$$一半或超出1倍,生产线将损坏)$$

$$维修费用 = 生产线累计磨损的平方 \times 技术水平$$

$$(生产线)技术水平升级提升 = 原技术水平 \div 2 \div 技术提升次数$$

$$每次(技术水平升级)提升的费用 = 基础购买价格/2$$

(二)产品研发及工艺改进

1. 新品研发

企业在经营初期能够生产的产品种类非常简单,并且无法进行高价格的销售。企业想要获得价格更高、性能更卓越的产品,必须进行新品研发。新品研发能够为企业提供新的工艺以生产新的产品,且不同的产品能够销售的价格也不一样。但由于高昂的研发费用,企业在研发时不易投入过多的研发项目,应该根据实际需要选择在合适的时机进行研发。

模拟企业开始都可以生产L型产品,L型产品是半成品。如果企业想生产新的产品,就要进行产品研发。产品研发分为两种类型,一种是新品研发,一种是工艺改进。新品研发主要包括H型、O型、S型三种,研发出这三种类型的新产品后,就可以生产新型的产品,赚取更多的利润。工艺改进可以降低企业的生产成本。本期投入的资金,系统在下一期会提示产品研发是否成功;如果研发成功率达到 100%,下一期肯定研发成功。研发成功的季度可以投入生产。

同时,研发成功 H 型产品后,才可以研发其他产品(O 型、S 型)。各类产品研发的具体信息见表 4-6。

表 4-6　产品研发基本信息

研发项目	基本研发能力要求	最少投放资金/元	推荐资金/元	代表物料清单	技术水平
L 型产品研发	0	0	0	L 型产品 A 型工艺清单	1
L 型产品工艺改进	50	100000	420000	L 型产品 B 型工艺清单	0
H 型产品研发	100	300000	1400000	H 型产品 A 型工艺清单	2
H 型产品工艺改进	50	100000	300000	H 型产品 B 型工艺清单	1
O 型产品研发	100	1000000	2800000	O 型产品 A 型工艺清单	3
S 型产品研发	100	1500000	3000000	S 型产品 A 型工艺清单	4
高端工艺改进	30	300000	600000	O 型产品 B 型工艺清单	2
				S 型产品 B 型工艺清单	3

2. 名词解释

(1)基本研发能力要求:对应研发人员的研发能力,只有该研发项目的研发人员能力达到该项要求后,研发才能开始。

(2)推荐资金:推荐企业在资金有效期内达到的资金额,以保证研发成功。

(3)研发成功率=[企业投入的有效研发资金/推荐资金×80%+(投入的研发人员研发能力-基本研发能力要求)/100×20%]-(20%至40%)。

(4)代表物料清单(bill of moterial,BOM):该种研发项目所对应的物料清单的类型。不同的物料清单,其生产产品时使用的原材料数量结构不同。

(5)技术水平:研发项目所对应的技术水平等级,技术水平会影响生产线生产产品的效率。

3. 工艺改进

所有产品的工艺改进都需要研发。通过工艺改进,企业可以享受该项技术带来的好处,即生产成本的降低。

例如,制造企业生产 L 型产品,采用 A 型工艺,生产一个 L 型产品,需要原材料 M1 的数量是 2,进行工艺改进后,采用 B 型工艺,制造企业生产一个 L 型产品需要原材料 M1 的数量减为 1。同样供应商企业生产 M1 型产品,采用 A 型工艺,生产一个 M1 型产品需要原材料 M4 和 M5 的数量各是 2,工艺改进后,使用 B 型工艺,生产一个 M1 型产品只需要 M4 和 M5 的数量各 1 个即可。

原材料的使用数量减少,意味着企业生产成本的直接降低,企业利润的直接提升。在供应商供应原材料十分受限的情况下,原材料的节约,就意味着在有限的原材料供应下,可以生产更多的产品。

三、采购部业务规则

(一)原材料采购

企业需要在仓库中准备足够的原材料后才能够开始生产,因此在开始生产之前必须采购足够数量和种类的原材料,以保证生产继续进行。由于每种产成品生产需要的原材料种类以及数量不同,因此在采购时需要仔细查看物料清单(BOM 结构,见图 4-3),以免出现错误,导致资金浪费。

企业采购某种原材料时,在时间选择上可以选择"当期采购"和"下一期采购"以及"下二期采购"。由于采取当期采购需要供应商进行原材料紧急生产,这样供应商的成本较高,所以企业选择当期采购时,则相应采购成本较高。

由于 L 型产品是制造企业的产成品,但同时也是中间产品,可以作为原材料用于生产 H 型产品以及更高端产品,因此制造企业可以向其他制造企业采购 L 型产品,或者当制造企业 L 型产品不足时,可以向其他制造企业采购 L 型产品。

(二)名词解释

(1)库存成本:每件原材料在库存中存放一季度的维护保养费用,因此季度末可通过减少库存来降低库存成本。

(2)当期采购:当季度采购,原材料的供应方需要在当季度完成原材料的交货,供应商需要紧急采购原材料,因而成本会较高。

(3)下一期采购:原材料的供应方在后面一季度完成原材料的交货即可,供应方可以根据采购订单合理安排生产。

(4)下二期采购:原材料的供应方在后面两个季度完成交货即可,供应方可以提前准备好资金安排好原料购买,提前生产,合理利用企业资金。

(三)BOM 结构

1. 制造企业 BOM 结构

制造企业 BOM 结构见图 4-3。

```
┌─────────────┐                    ┌─────────────┐
│ L型产品A型    │                    │ L型产品B型    │
│ 工艺清单     │                    │ 工艺清单     │
└─────────────┘                    └─────────────┘
      ↓                                  ↓
   ┌────────┐                        ┌────────┐
   │ M1(2个) │                        │ M1(1个) │
   └────────┘                        └────────┘
      ↓                                  ↓
┌─────────────┐                    ┌─────────────┐
│ H型产品A型    │                    │ H型产品B型    │
│ 工艺清单     │                    │ 工艺清单     │
└─────────────┘                    └─────────────┘
```

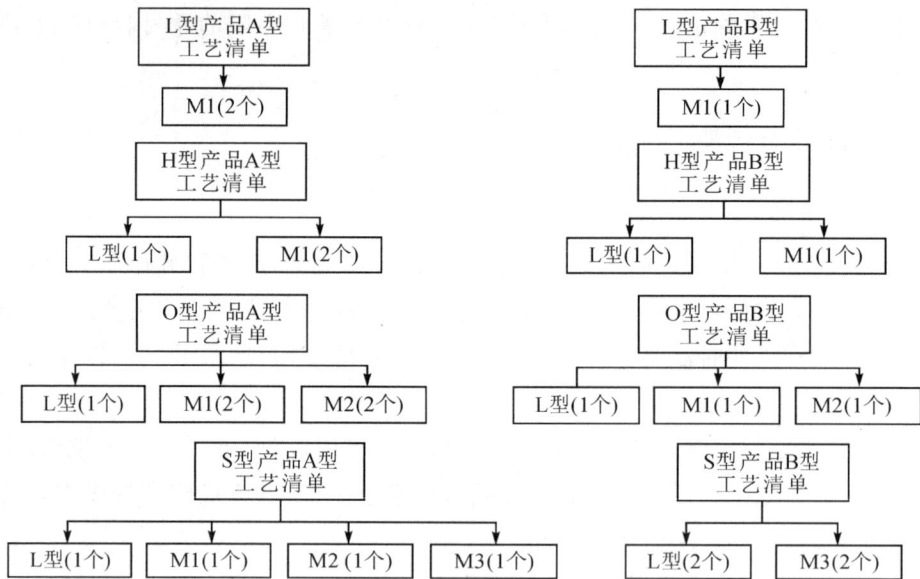

图 4-3 制造企业 BOM 结构

2. 供应商企业 BOM 结构

供应商企业 BOM 结构见图 4-4。

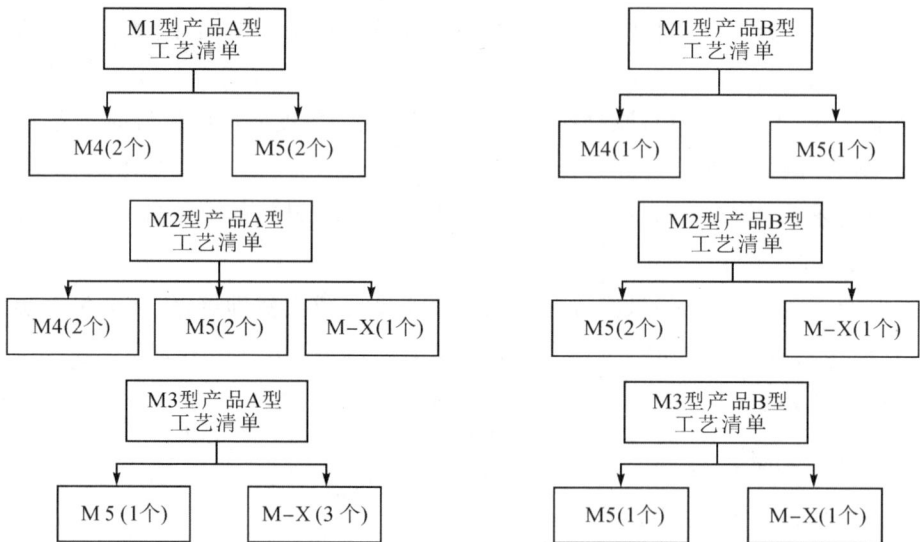

图 4-4 供应商 BOM 结构

四、市场部业务规则

(一)市场开拓

1. 市场开拓介绍

企业要想发展,需要有不断接收的订单,而订单来自不同的市场。企业在经营初始阶段除只由系统根据厂区的选址而自动开拓的本地市场外,没有任何市场可以使用,因此开拓市场是企业未来发展的关键。由于市场的开拓和维护费用较高,因此企业在决定开拓市场时要谨慎处置,以免发生因每个季度市场维护费用高昂而最终倒闭。

区域市场开拓信息如图4-5所示。

选择	名称	临时开拓资金	永久开拓资金
☐	北京	300000	4000000
☐	武汉	150000	1500000
☐	成都	250000	2000000
☐	沈阳	200000	3000000
☐	深圳	250000	3000000
☐	大连	250000	1500000
☐	亚洲	300000	5000000

请输入投入的广告费	提交

图4-5 区域市场开拓信息

2. 名词解释

(1)开拓周期:开拓市场投入资金累计的计算周期。

(2)开拓有效资金:单个企业在某个市场为了开拓市场所投放的有效资金。

(3)有效资金:某市场产生影响力的资金总和。

(4)临时开拓资金(也是最少投入资金):企业投入的有效资金达到临时开拓资金要求标准时,下一季度所开拓的市场将对企业开放,企业可以在该市场进行市场竞单及销售产品,直到有效资金再次少于最少投入后,标注为未开拓。

(5)永久开拓资金:当企业投入某市场的开拓资金金额累计达到永久开拓资金要求时,该市场为永久开拓成功,即企业无须再进行资金投入,以后均可在该市场进行竞单及销售产品,但是企业仍然可以通过进一步投入广告来提高企业在该市场的影响力。

(6)市场反应比率(%):企业投放的广告金额,按照多少百分比反映企业选择的市场上。

3. 临时开拓

企业在资金周转比较困难但急需市场支持的情况下,可以通过临时开拓模式,即投入最少的开拓费用,而在下一季度获得市场的开拓。但是这种开拓不是无限制的,企业需要在支付开拓费用的同时,每季度支付额外的市场维护费用,直到市场开拓周期截止,关闭市场为止;或在市场拥有期内将投入资金增加到最大,将临时开拓市场变成永久开拓市场。

4. 永久开拓

企业将开拓有效资金投入增加到最大值,则市场在下一季度将转化为永久开拓状态,因此企业利用开拓周期和开拓有效资金,可以通过不同季度投入相应的费用,将临时开拓的市场转化为永久开拓市场。

5.本地市场

本地市场是根据企业选址而自动绑定的市场,本地市场无须开拓,在选定产区的同时自动向企业开放。

(二)市场投资

1.市场投资介绍

企业在进行市场开拓时,需根据企业的需求及资金情况选择使用不同的广告类型。成功开拓市场后,企业可以在市场内通过销售竞单获取订单并组织生产,通过销售产品获得企业收入。企业在市场中广告投入的多少是其获得市场份额的唯一途径,企业在市场中投入的广告费用越多,其在该市场中的投资比例也就越高,也就更能够影响该市场,在销售竞单中则更容易打败对手获得订单。投入广告类型相关信息见表4-7。

表4-7　投入广告类型相关信息

广告名称	类型	平均最小投放金额/元	市场反应比率	使用限制
网络新媒体广告	群体投放	400000	50%	1期内1次
电影广告植入	个体投放	600000	150%	3期内1次
产品代言	群体投放	500000	60%	2期内1次
电视广告	个体投放	300000	100%	3期内2次

2.名词解释

(1)类型:投入广告的类型。个体投放的广告只能投向一个市场,群体投放的广告可以面向所有的市场。

(2)市场影响力:影响力按照百分比计算,企业影响力为企业在某市场有效资金占所有企业有效资金的比例。

(3)市场分配率:投入资金按照分配率进入选中的市场形成有效资金的比率。

(4)使用限制:每季度允许该项广告投放的次数。广告投放次数达到上限时,本季度该类型的广告将无法投放。

3.个体投放

个体投放的广告一次只能面向一个市场。在投放次数受限制的企业大面积进行单个市场的广告投入的情况下,个体投放将决定企业主要进攻的市场。企业在投放高额的广告费时,要注意收益和支出的平衡,以免造成销售成本激增,无法通过盈利来保证企业的正常运营。

4.群体投放

群体投放广告时,可以一次性向多个市场投放,并且只需要投放一次资金。当企业开拓的市场数量比较多时,往往需要大面积的广告投放,而群体投放类型的广告主要解决企业利用有限资金统一向市场内投放广告,这样能够产生较小的影响力,以保证企业在竞争订单过程中不会丧失过多话语权。

5.市场影响力

当企业投入资金进行广告宣传后,系统将在下一个季度初期,生成企业在该季度每个市场上的影响力分配,并且该影响力在下一季度内一直存在,直到系统再次生成新的影响力分配。具体市场影响力的作用参照后面章节的"销售竞单"内容。市场影响力分配率的调整,关系着影响力的生成,每种类型的市场投资项目都有自己的分配率,当企业投入广告时,真正进入广告市场的资金按照"投入资金×分配率"计算产生的影响力。因此企业在采用哪一种分配率的群体投放类型广告时,为了保证不造成浪费,应尽可能地保证投放市场数量乘以分配率大于等于100%,这样企业的投资才会产生影响力扩大效应。

6. 操作流程

在企业的业务操作界面点击"市场部",然后点击"市场投资",再点击"投入",然后选择广告名称,点击选择"投放",再选择具体投放市场(点击前置选择钮),输入投入的广告费,最后提交即可。

五、企业管理部业务规则

(一)人力资源

1. 员工招聘

企业通过人力资源招聘各类人员,并且将人员分配到合适的岗位开始工作。不同类型的人员具有不同的能力,企业在人才招聘时,应注意能力的搭配,在尽可能减少人力成本的同时,提高工作效率。

企业招聘的人员在当季即可投入工作,招聘费用在招聘时需立即支付;科研人员进入研发项目后,在产品研发成功以前,可以随时调出;生产工人在产品完工之前不能从生产线上调出,只有在每个季度产品投产前才可自由调度。招聘的人员工资在下一季度支付;解聘人员时,在支付本季度工资之外,需另支付两个月工资;人员为空闲状态时也需要支付工资。

人力资源详细信息见表4-8。

表4-8 人力资源信息表

人员类型	生产人员			研发人员	
	初级工人	高级工人	车间管理人员	研发管理人员	研发人员
招聘费用/元	6000	10000	8000	10000	8000
专业能力/(件/人)	10	20	0	10	0
专业能力提高率/%	0	0	25	0	0
研发能力	0	0	0	10	5
工资/(元/人·季度)	4000	6000	5000	10000	5000

2. 名词解释

(1)招聘费用:每招聘1名员工需要支付的招聘成本。企业需通过招聘平台进行人员招聘。

(2)人员类型:招聘的员工分为生产人员和研发人员两种类型,不同类型的人员从事不同的岗位。根据岗位不同,生产人员又可分为初级工人、高级工人和车间管理人员。

(3)专业能力:每位员工调入生产线后能够使生产力提高的能力。

(4)专业能力提高率:每位员工调入生产线后能够使生产线的总体生产力提高的百分比。

(5)研发能力:每位员工在研发项目中的研发水平。在项目研发时,研发人员需要具备保障研发的能力最低值,这样才能使企业研发成功。总研发能力为

$$总研发能力＝科研人员专业能力×科研人员数量$$

3. 生产能力提升

生产线的最大产能是生产线可以实现的最高产能,这些产能需要投入相应的工人才能够实现,所以说,向生产线安排生产人员是提升生产线额定生产能力的唯一途径。人员安排有多种组合,其主要决策为减少人力成本,提高生产效率。多种人员安排组合计算方式如下:

$$总生产能力提升＝专业能力(工人)×人数(工人数量)＋专业能力(工人)×人数(工人数量)×专业能力提高率能力百分比(车间管理人员)×人数(车间管理人员人数)$$

4. 研发能力提升

研发能力提升计算方式与生产能力提升一致,只是在能力计算上使用的是研发能力与研发能力提高率。

$$总研发能力提升＝科研人员研发能力×人数(科研人员数量)＋科研人员研发能力×研发能力提高率(研发管理人员)×人数(研发管理人员人数)$$

(二)资质认证

1. 业务概述

质量认证也称为合格评定,是国际上通行的产品质量管理的有效方法。质量认证按认证的对象可分为产品质量认证和质量体系认证两类,按认证的作用则可分为安全认证和合格认证。

产品质量认证是指依据产品标准和相应技术要求,经认证机构确认并通过颁发认证证书和认证标志来证明某一产品符合相应标准和相应技术要求的活动。若某产品通过了质量认证,在市场竞争中与同价格的其他产品相比,无形中就有了竞争优势,因此实训中的模拟企业如果拥有较多质量认证的产品,则将在销售竞单环节获得较大优势。资质认证相关信息见表4-9。

表4-9 资质认证信息表

资质认证名称	资金有效期/季度	最少投入/(元/季度)	竞单加分	总投入/(元/季度)
ISO 9000	1	1000000	10	1000000
ISO 14000	连续两个季度	500000	10	1000000

质量认证通过后,下一季度才能产生作用,并永久生效。

2. 名词解释

(1)资金有效期:认证所需要花费的时间,当资金投入完成并认证通过后,该认证正式获得。

(2)增加竞单得分:一旦认证通过后,系统会为该企业的所有产品提升相应的等级。

六、销售部业务规则

在本模拟实训中,供应商公司的主要销售方式包括两种:销售竞单和线下交易。

(一)销售竞单

1. 竞单规则

竞单是企业获得订单的主要途径。在整个竞单环节中,各个市场会根据上一季度每个市场每种产品的总产量产生不同产成品的市场需求量,本地企业可以直接参与当地市场的竞单,外地企业则需要通过市场开拓参与该市场的竞单。企业可以根据具体情况,决定是否参与市场订单的竞争,并确定竞标价格。系统将根据企业的出价、企业市场占有率、质量认证、产品等级最终确定竞标得分(或者确定竞标扣分)。当订单时间到期时,竞标得分最高者(或者说竞标扣分最低者),获得该订单。这种竞单模式通俗称为"反向拍卖"。

2. 名词解释

(1)最高竞价:每种产成品都有最高的竞标价格,企业在竞单时不能超出该价格进行竞价。

(2)交货时间:订单需要在规定的日期(或者规定的日期前)完成产成品的交付,否则将扣除竞单总价的 20% 作为违约金。

(3)竞单得分:系统根据企业的出价、市场占有率、产品研发等级、质量认证等级综合计算每个订单的总得分值。

(4)竞单时间:某订单允许企业竞标的时间。当时间为 0 时,竞单结束,此时竞单得分最高的企业将获得该订单。实训系统中,企业需要在 600 秒内签订合同,否则该笔竞单可由任何一家企业取消,竞单的产品数量将返回到市场需求中,这时企业可以重新申请竞单,但原竞单成功未完成订单的企业需支付 20% 的违约金。

(5)标底价格:系统默认的竞单价格,企业如果不申请新的价格,即以标底价格进行竞单。

3. 竞单得分模型

企业根据自身需求向订单池申请订单,所申请的订单个数由企业自行决定。系统根据产品竞单评分标准计算企业竞单得分,并按照企业竞单得分大小排序,竞单得分越多,企业竞争力越大。竞争得分模型如下:

$$竞单得分=价格分+市场影响力得分+质量分$$

L 型产品竞单评分标准如图 4-6 所示。

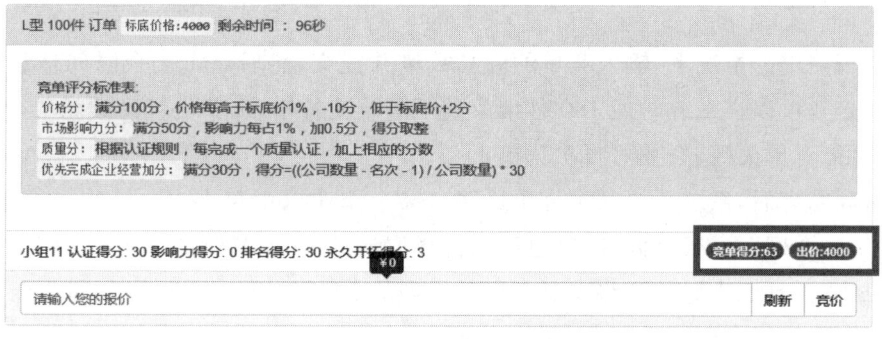

图 4-6 L 型产品竞单评分标准

（1）标底价格：4000元。

（2）价格分：满分100分。若卖出的价格每高于标底价的1%，则扣10分，如出价4040元，则扣除10分；若卖出的价格每低于标底1%，则加2分，如出价3960元，则加2分；若出价为4010元，高出标底价0.25%，此时四舍五入不扣分。

（3）市场影响力：影响力＝本企业市场有效投资总额/该市场所有效投资总额，其取值范围为0～100%。影响力满分50分，影响力每占1%，加0.5分（如占50%，得分25分），得分取整数。

（4）质量分：即产品认证分，根据认证规则，每完成一个质量认证，加相应的分值。

（6）永久开拓得分：永久开拓的市场都加3分。

本地市场产品需求数量计算方法如下：

本地需求＝本市场内所有公司的上一季度总产量×对应的市场需求比例＋本市场内所有公司的上一季度总产量×（1－对应的市场需求比例）×本地市场在全部市场中所占到市场份额

具体操作如下：进入办公室界面，点击上方的"市场"（见图4-7），在市场部开拓的区域竞单，查看允许的最大订单数，并输入竞单数量，然后点击输入的订单进一步提交竞单价格，参加销售竞单。

图4-7　市场区域入口

在有市场需求的情况下，输入竞单的商品数量并提交，然后点击剩余时间信息，即可进入竞价界面。企业可以在系统时间180秒结束前不断改变价格，以获得较高的竞单得分，最终竞单成功（也可能竞单失败，失败可再次竞单）。

竞单时间结束后，系统会提示本订单最终由某个企业以竞单多少分获得。竞单成功的企业需点击"签订合同"，进行合同签订，也可以选择取消订单，但是取消订单，订单需求将会重新回到总需求中，并且原中标单位将支付合同总金额的20%费用作为手续费（违约金）。

4. 本地市场

本地市场是指企业厂区选址所在地区的市场。企业可以通过向本地市场以外的市场投资即有效投放广告而进行开拓,开拓成功后企业可以在所开拓的市场进行销售竞单。本地市场对于本地企业是无须进行开拓就可以进行销售竞单的,即企业在本地市场没有市场影响力(即上季度未在本地市场有效投放广告)的情况下,仍然可以在本地市场第一个出价进行销售竞单。

5. 订单交付

企业交付产品时,无论是否到交货时间,只要仓库里有足够的库存产品,企业都可以通过物流中心进行产品交付,并需要支付相应的物流费用;企业向系统中其他亚洲市场交付的产品,物流费用相对较高。企业交付完成的订单,其货款在下一季度可以收到。

(二)线下交易

制造企业可以与制造企业或贸易企业通过线下谈判签订产品销售合同,这种通过谈判进行的产品销售称为订单交付。在合同中,需要约定产品交付的时间,可以约定本季度交付、下一季度交付、后面两季度交付。只要卖方正常履行合同,在后面一季度就可以收到货款。如果是后面两季度交付货物,卖方在合同签订后的下一季度就可以收到货款,因此,这也是企业进行融资的一种方式。

(三)物流业务

竞单成功签订合同或是谈判签订合同后,需进行产品交付。制造企业进行发货操作后,需进行物流合同签订,完成物流操作,并交纳物流费用。

第二节　企业经营业务流程

一、厂区选址建厂操作流程

(一)操作介绍

模拟企业在完成企业设立登记,取得营业执照后,就可以准备选择厂区地址、建厂生产。模拟企业可以在指定的任何国内市场选址,具体选择哪个厂区建厂,企业可以根据每个地址的区域特点进行判断,也可以采取一定的选址策略。厂区地址选定后,企业开始购买厂房、租赁或建造仓库(仓库也可以在有使用需要时再租赁)等。

(二)操作流程

厂区选址建厂的操作步骤如下:第一步,分析。模拟企业应先了解可以选择建立厂区的地区有哪些,然后对每个厂区的特点进行分析。第二步,选址。经过对比分析,模拟企业根据自己的经营策略或偏好,以及收集到的选址信息(可以在企业较少的地区选址,从而减少正面竞争;也可以选择采取竞争性策略,在企业较多的地区选址),选定一个市场后即可在该地建立自己的厂区,然后在厂区内购买厂房,厂区面积可以根据企业的经营情况及需求进行扩建。厂区选址建厂操作流程如图 4-8 所示。

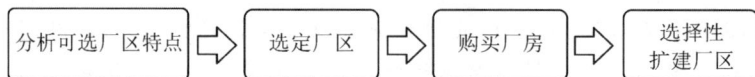

分析可选厂区特点 ⇒ 选定厂区 ⇒ 购买厂房 ⇒ 选择性扩建厂区

图 4-8　厂区选址建厂操作流程

二、生产线安装操作流程

(一)操作介绍

模拟企业在完成厂址的选定并购买厂房后,就可以开始准备生产事项。生产线共有四种类型:劳动密集型生产线、半自动生产线、全自动生产线和柔性生产线,不同的生产线产能不一样,并且需要根据生产线进行人员配置。其中,劳动密集型生产线、半自动生产线购买后可以直接使用,不需要安装周期,而全自动生产线和柔性生产线购买后需要一个季度的安装周期才能投产使用。只要生产线安装完成并验收后,企业就可以通过调入生产人员并准备充足的原材料开始生产。如果生产线所需原材料不足,生产线就会处于"领料中"的状态,无法进入生产状态。

(二)操作流程

模拟企业通过购买生产线,具备了生产产品的基本条件,但是要想让生产线能够进行生产,还需要招聘员工,并且要向原材料供应商购买原材料;生产线安装完成后,还可以进行生产线的升级改造。具体操作流程如图 4-9 所示。

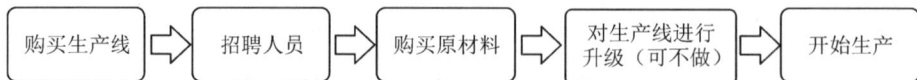

购买生产线 ⇒ 招聘人员 ⇒ 购买原材料 ⇒ 对生产线进行升级(可不做) ⇒ 开始生产

图 4-9　安装生产线流程图

三、货物销售实施操作流程

(一)销售实施

1. 操作介绍

在企业模拟实训中,订单的获得有两种方式:一种是系统销售竞单;另一种是销售人员与客户洽谈并签订销售合同,即线下交易。销售竞单受本地市场需求、企业生产产品的数量及最大竞单数量等的限制,由于本地市场需求有限,销售竞单不可能将企业所有产品全部卖出。只有部分产品或企业能够成功竞单及出售产品。因此,通过洽谈进行产品销售也是模拟实训中的重要销售渠道。企业通过研发,最终可以生产的产品类型有 L 型、H 型、O 型和 S 型。

2.操作流程

模拟企业若通过竞单进行产品销售,在每个季度刚开始时可以集中精力进行销售竞单,若竞单后仍然有剩余产品需要销售,可以通过洽谈的方式进行销售,或是通过提高市场影响力和竞单得分,从而更好地获得竞单。

(二)投标竞单

1.操作介绍

招投标一般用于大宗货物交易。在模拟实训中,企业除可以通过销售竞单、企业洽谈两种方式外,也可以通过投标竞单的方式进行产品销售。在模拟实训中,招投标活动一般由非市场因素决定,所以存在不可预期性。

招投标活动的基本原则是公平、公正、公开,企业必须诚实守信。

2.操作流程

投标竞单的基本流程是:先购买标书,然后由招标方组织开标、询标、评标,公布中标结果。在模拟实训中,招投标中心会组织安排招投标事宜,不定期地公布招投标需求,模拟企业需要及时关注招投标信息。

四、货物物流业务流程

(一)操作介绍

在这里,物流指第三方物流,是相对第一方发货人和第二方收货人而言的,是由第三方物流企业来承担物流活动的一种物流形态。第三方物流既不属于第一方,也不属于第二方,而是通过与第一方或第二方的合作来提供其专业化的物流服务,它不生产商品,不参与商品的买卖,而是为客户提供以合同为约束、以结盟为基础的,系列化、个性化、信息化的物流代理服务。随着信息技术的发展和经济全球化,越来越多的产品在世界范围内生产、销售,因此物流体系也日益庞大和复杂,第一方、二方物流的组织和经营方式已不能完全满足社会需要。同时,为了参与世界性竞争,企业必须具有显著的核心竞争力,把不属于核心业务的物流活动外包出去,于是,第三方物流应运而生。

在模拟实训中,如果货物是运往国内市场销售,卖方企业就需要通过物流中心进行货物运输并支付运费;如果货物是运往国际市场,卖方企业则不需要通过物流中心,而是直接向系统支付运费即可。

(二)操作流程

若需要交付的货物是运往国内市场的,卖方企业需要在系统操作交货后,与物流企业签订运输合同,并提供货物相关信息以便物流企业核算运费,由物流公司负责完成货物运输的任务。物流运输流程如图 4-10 所示。

| 国内订单 | ⇨ | 签订物流合同 | ⇨ | 发货 | ⇨ | 收款 |

图 4-10　物流合同签订流程

(注:签订物流合同需要得到物流公司确认,收款也需要买方企业先付款方可完成)

第三节 厂址选择与扩建实训

一、厂区选址

（一）实训目的

通过实训，学生可以了解企业厂区选址的基本内容和不同厂区的特点，掌握厂区选址的方法。

（二）实训内容

模拟企业登录平台系统，进入厂区界面，即可进行厂区选址操作。

（三）实训操作

在实训开始前，先登录系统平台，进入企业办公界面，系统提示"您有 3 项未处理事件"，点击"查看"，如图 4-11 所示。

图 4-11 系统提示

此时，看到"L 型产品研发成功-获得新的工艺清单""L 型产品研发成功-获得新的研发项目""系统注资"这三项事件需要确认，见图 4-12。企业点击"确认"和"收款"后，获得相应 L 型产品生产工艺及产品工艺清单，并获得系统注资。企业若不确认这三项事件，则无法进行生产，且企业无初始资金，无法进行厂区购买及建设。

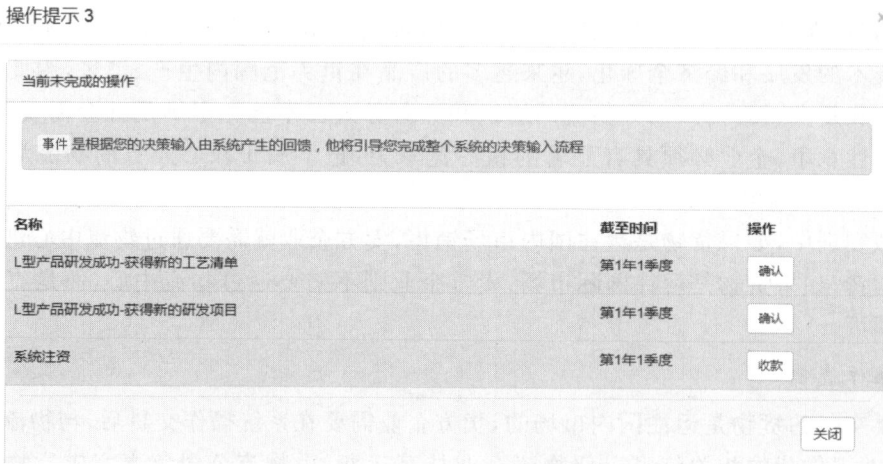

图 4-12 确认 L 型产品工艺清单及系统注资

企业需在办公界面选择"厂区"按钮，进入厂区选择界面进行选择，见图 4-13。

图 4-13 "厂区"入口

根据企业战略决策选择建厂地址。系统根据国内不同经济地区特点提供了北京、沈阳、大连、武汉、成都、深圳六个可选址建厂的城市,点击每个城市后,系统会显示该地区本地市场消费需求比例,如成都和武汉各类型产品本地市场需求比例见图 4-14。L 型产品在成都和武汉

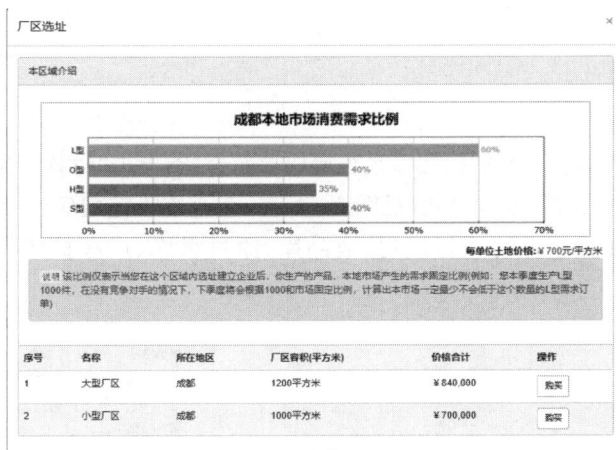

(a) 成都

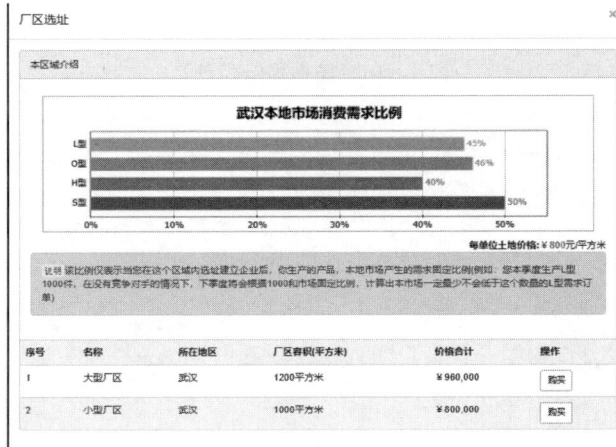

(b) 武汉

图 4-14 消费需求比例

的本地市场消费需求比例分别为 60％和 45％；O 型产品在成都和武汉的本地市场消费需求比例则分别降为 40％和 46％；H 型和 S 型产品在成都的本地市场消费需求比例分别为 35％和 40％，在武汉的本地市场消费需求比例分别为 40％和 50％。可见，如果企业更看重 L 型产品在本地市场的需求量，那么成都可能是更好的厂区位置；如果企业更重视 S 型产品的本地市场需求，则武汉作为厂区更佳。企业所在厂区的企业数量越多，企业在市场销售竞单时机会越多，但同时风险也越大，有利有弊。

企业作出决策后，点击大型厂区或小型厂区右方的"购买"，即可购买厂区，然后系统会出现所购买厂区详情，包括厂区名称、容积大小、所在地区及每次最大扩建等级等，见图 4－15。

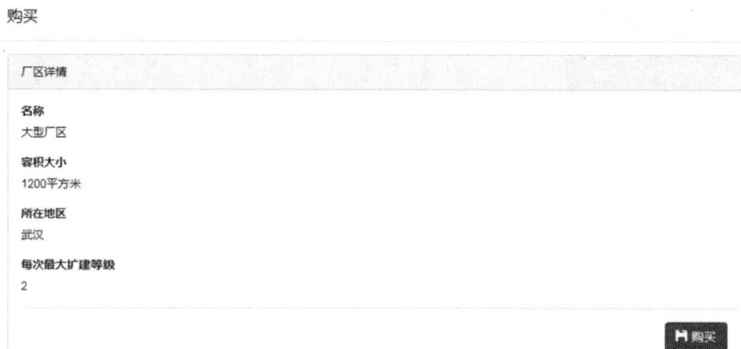

图 4－15　厂区详情

点击"厂区详情"界面右下角的"购买"，系统操作提示付款，点击"付款"（见图 4－16），并在付款界面选择付款银行账号，然后付款并签收（见图 4－17）。企业签收完成后，系统则显示厂区画面（见图 4－18）。根据需求，模拟企业可进行厂房、成品库、原材料库、厂区扩建等操作内容。

图 4－16　操作提示付款

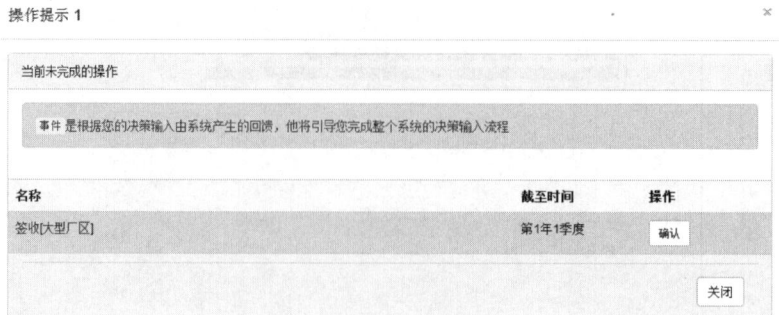

图 4－17　厂区签收确认

图 4-18 厂区画面

厂区购买完成后,当季即可使用;厂区扩建后,当季也可使用。厂区内的建筑物,当季租赁或者是建造后,当季都可以使用;并且租赁的建筑物不占用厂区的面积,建造的建筑物占用厂区面积。原材料仓库、产成品仓库的吞吐量每个季度开始时会自动还原为最大值。

厂区操作重要提示

　　模拟实训中,企业购置厂区后,在厂区内可以依需要分别建设仓库、厂房。在厂区决策中,企业竞争者需共同遵守如下规则:

　　(1)系统默认每个企业在整个经营过程中,只能购买一个厂区;

　　(2)不同类型厂区系统默认不同的面积,企业可以根据需要分别建设产成品库、原材料库、厂房;

　　(3)企业购买厂区必须一次性付款;

　　(4)不同类型的厂区面积大小不同,土地价格也不同;

　　(5)购买厂区后,企业不需要支付开拓费用即可拥有本地市场资格,系统自动将该市场标记为"本地市场",并且企业在竞单时具有永久的市场分值。

二、厂区扩建

(一)实训目的

通过实训,学生可以了解厂区扩建的基本知识。

(二)实训内容

若厂区不能满足生产需求,企业可以进行厂区扩建,在厂区界面即可进行厂区扩建操作。

(三)实训操作

在系统的厂区界面,选择"厂区",点击"查看",进入如图 4-19 所示的"厂区扩建"界面,系统会提醒下次厂区扩建费用金额、增加厂区面积,以及本季度允许扩建面积。

第四章 企业经营实训

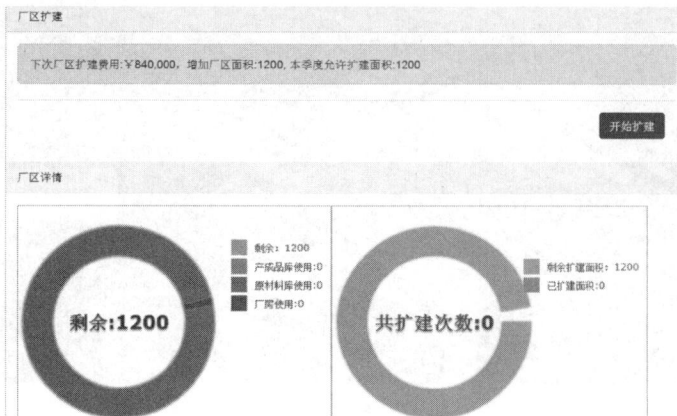

图 4-19 "厂区扩建"界面

第四节 企业生产实训

一、生产线运用实训

(一)实训目的

通过模拟实训,学生可以了解企业在生产时需要的基础设备条件,并学会购买、升级和拆除生产线等,并初步确定企业的经营策略。

(二)实训内容

生产线是模拟企业组织生产的必备要素。模拟企业在系统平台进行生产线的购买、编号、转产、维修、技术升级和拆除等,学生需根据自己所在模拟企业的经营策略进行相应的生产线运用实训。

(三)实训操作:供应商和制造企业通用

1. 生产线的购买

在生产企业业务界面,点击进入"生产部"界面,选择右侧"生产线"选项卡,进入"生产线"界面。点击"购买生产线"(见图 4-20),进入"购买生产线"界面,见图 4-21。

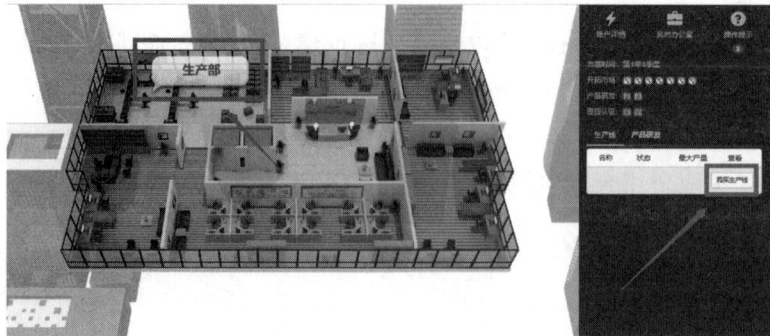

图 4-20 选择"购买生产线"

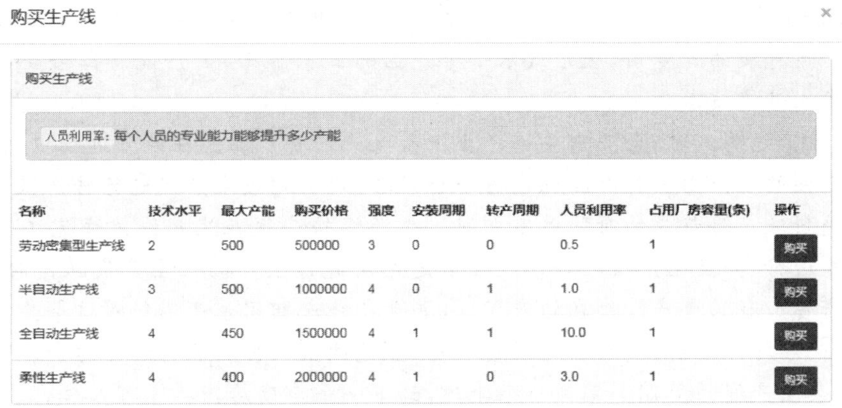
购买生产线

购买生产线

人员利用率：每个人员的专业能力能够提升多少产能

名称	技术水平	最大产能	购买价格	强度	安装周期	转产周期	人员利用率	占用厂房容量(条)	操作
劳动密集型生产线	2	500	500000	3	0	0	0.5	1	购买
半自动生产线	3	500	1000000	4	0	1	1.0	1	购买
全自动生产线	4	450	1500000	4	1	1	10.0	1	购买
柔性生产线	4	400	2000000	4	1	0	3.0	1	购买

图 4－21　“购买生产线”界面

计划购买哪一种生产线后，点击该类型生产线右侧对应的“购买”按钮，在弹出窗口中可以查看该生产线的详细参数，若确定购买，则点击购买界面下方的“购买”按钮，然后点击“付款”。付款成功后，在操作提示页面签收购买的生产线；签收后，在跳出的页面中选择生产线安装的厂房，见图 4－22；提交后，即完成生产线的购买。

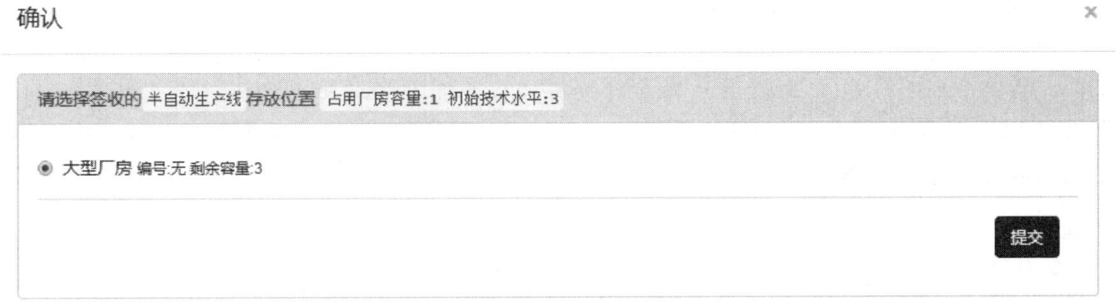

图 4－22　选择生产线安装的厂房

有关生产线的操作规则

生产线购入后，生产线每季度产量为默认产能（额定产品），企业可以通过招聘生产工人，并且将工人调度进入生产线进行生产工作，从而使得生产线的产能得到提高，直到产品等于最大产能时，每季度产出量将不再提高。对于生产线的操作规则具体解释如下：

（1）企业可以根据生产决策，购买生产线用于组织开展生产；购买的生产线须安放在厂房中，厂房容量不足时，则企业无法购买、安装生产线。

（2）购买生产线须一次性支付全部价款。若为劳动密集生产线、柔性生产线，在购买、签收、验收后，企业可以直接购买原材料，然后投入生产；若为半自动、全自动的生产线，则需要一个季度的安装周期。

（3）生产线的产能初始都是为 0，每种生产线都有最大产能。企业只有通过招聘生产工人和生产管理人员，并且将人员调入生产线进行生产，才能使生产线的产能得到提高，但是产能最大只能提高到最大产能。

（4）每条生产线都具有一定的技术水平，只能产出低于或者等于该生产线技术水平的工艺产品。生产线的产量＝（生产线水平－产品的工艺水平）×产能。每条生产线都可以在原有基础上升级技术水平。

（5）在生产线购入时，企业需要选择生产线生产何种产品。在经营过程中，如果企业要将某条生产线的生产由一种产品转向另一种产品，则需对该生产线进行转产操作。不同的生产线在进行转产时花费的时间也不相同。生产线转产须在生产线建成完工而且在空闲状态下才能进行，并且生产线在转产过程中是无法进行生产的。生产线转产时，企业不需要支付转产费。有的生产线存在转产周期，并且在转产期间企业不能对这条生产线进行任何操作，因此在转产之前，如果需要调查人员，应先调出人员然后再进行转产。

（6）每条生产线的周期全部为一个季度，到下一个季度后产品才可入库。

（7）生产线在由现有的产品生产改为其他的产品生产（包括不同工艺的产品）时，需要一个季度的转产周期。

（8）生产线的强度是可以降低的，强度降低后需要进行维修，维修时间为一个季度。

（9）生产线的产量＝（该生产线的技术水平－工艺水平）×生产线产能（工人的能力×人员利用率）。

（10）在投入产品研发后的下一季度才能看到研发结果是否成功。

2. 调入、调出生产线人员

（1）当生产线准备生产时，首先要调入人员。具体操作为：进入生产线的详情界面，点击"调入人员"（见图4－23）；在跳出的界面可以看到企业拥有的各类型的人员总人数及空闲人员数量（见图4－24），从中选择相应的工人类型，然后在"调度人数"一栏输入数量，点击"提交"；然后在操作提示界面确认调入的工人数量，点击"确认"后系统会提示调入成功。

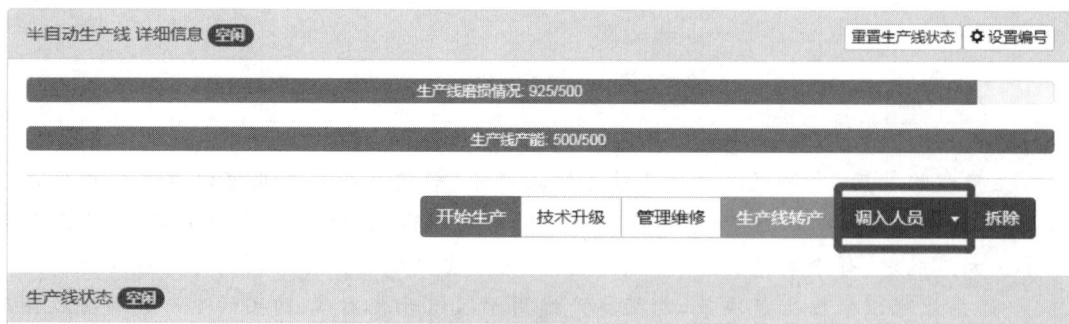

图4－23　生产线详情界面

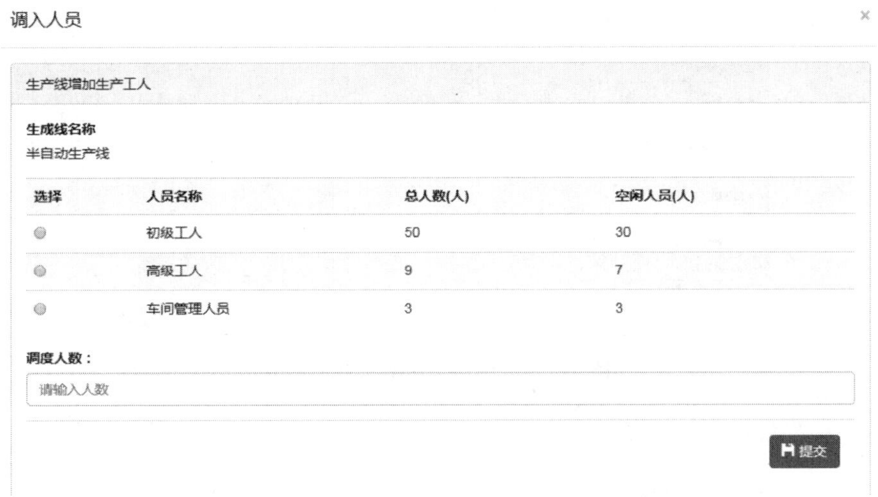

图4-24 选择"调入人员"界面

(2)生产线需要调出人员时,则点击"调入人员"按钮右侧的下拉按钮,系统会显示可以调出的各类工人数量情况(见图4-25)。

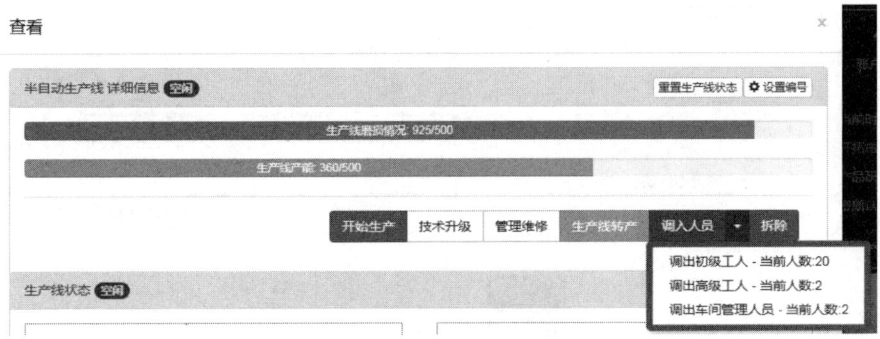

图4-25 可调出工人数量情况

以调出初级工人为例,点击图4-25中的"调出初级工人-当前人数:20",进入调出初级工人操作界面,见图4-26。此时在"调出人数"栏输入需要调出的初级工人数量,点击"提交",然后在操作提示界面点击"确认"调出人员,完成人员调出操作。

高级工人和车间管理人员的调出,操作与初级工人的调出相同,在此不再赘述。

3. 领料生产

企业完成生产线人员调入并且准备好原材料后,就可以开始生产。如图4-27所示,点击"开始生产",进入开始生产界面(见图4-28),可以看到系统提示输入"产出数量",若企业已为生产线调入了足够的工人数量且备有充足的原材料,可以使生产线全负荷生产。以L型产品的生产为例,系统提示当前最大产出数量是1000,并且从图4-28中的物料库存情况可以看到,在两个仓库内分别有3300件M1和400件M1。

图 4-26　调出初级工人操作界面

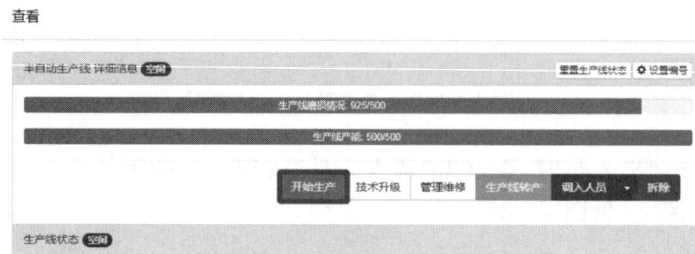

图 4-27　生产线详情界面

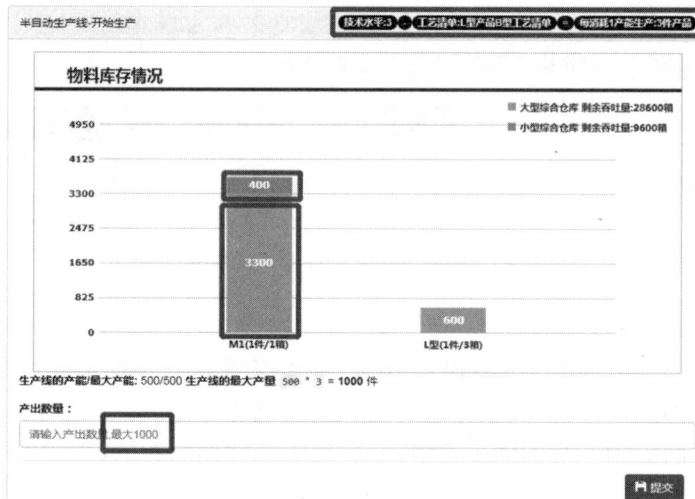

图 4-28　开始生产界面

在开始生产界面的"产出数量"一栏输入"1000",然后点击"提交",进入操作提示界面(见图 4-29),可以看到当前生产线的产量是 1000 件。根据工艺清单,此时需要 M1 原材料的数量是 1000 件。

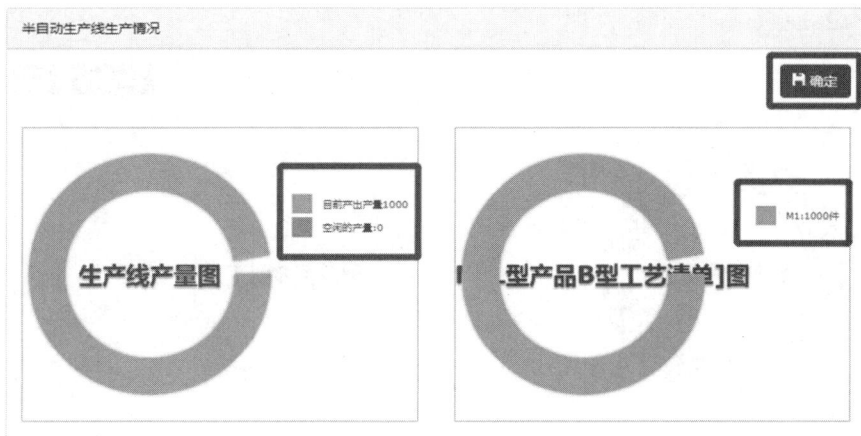

图 4 - 29 开始生产操作提示界面(1)

　　操作提示界面对生产线磨损值使用前后给出了对比图,见图 4 - 30。由图 4 - 30 可知,使用前生产线磨损值已达到 75,本次生产完成后磨损值会达到 200,即增加磨损值 125。点击"确定"后,系统提示生产线可领料生产(见图 4 - 31),点击提示中的"确认";进入确认领料界面,点击"确认领料"(见图 4 - 32)。如果原材料足够且吞吐量充足,此时会领料成功,系统提示"领料完毕"。

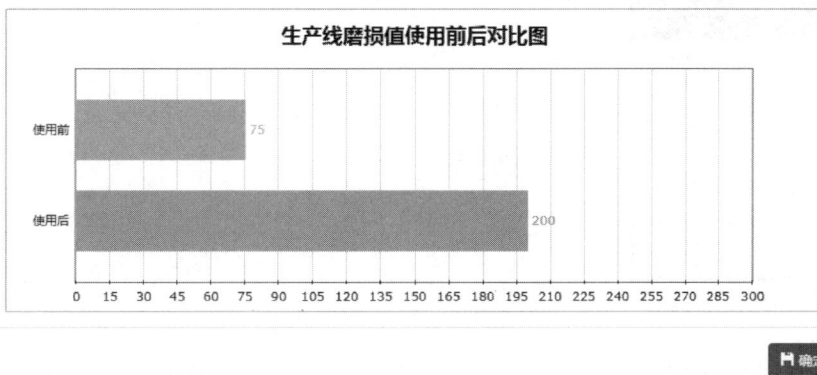

图 4 - 30 开始生产操作提示界面(2)

图 4 - 31 确认生产线领料生产

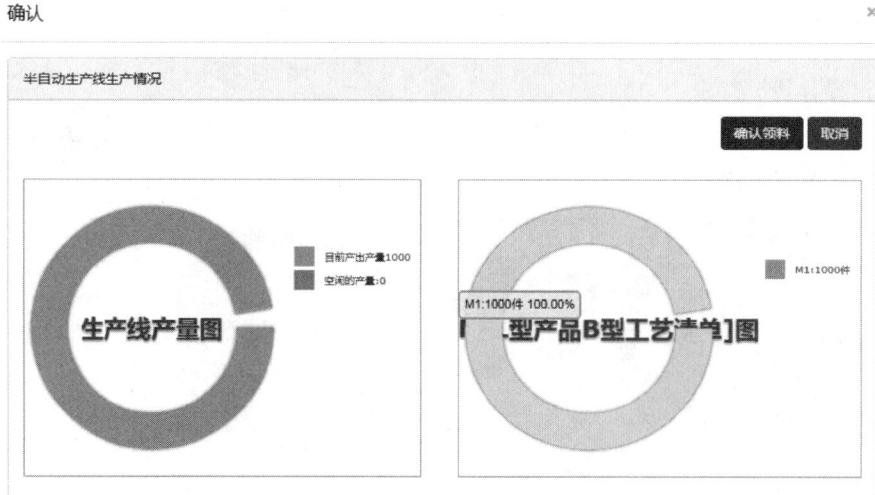

图 4-32 "确认领料"界面

完成领料后,回到生产部操作界面,可以看到生产线的状态处于"生产中",见图 4-33。

系统推进到新的季度后,系统会提示生产线生产完成,产出 L 型产品 1000 件,要求企业确认(见图 4-34);点击"确认"后,系统提示"生产完毕,开始等待入库",根据系统提示,企业进行产品入库。产品入库到多个仓库的操作参考本节"二、物料采购实训"的采购物料多仓库入库操作,此处不再赘述。

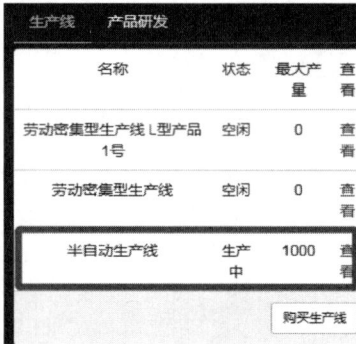

图 4-33 生产线的状态处于"生产中"

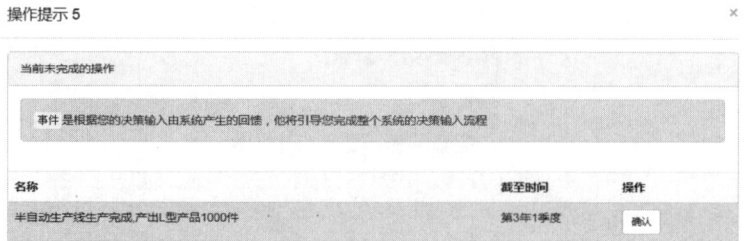

图 4-34 确认生产线生产完成产品界面

4. 生产线编号

企业可以对生产线进行编号,以便于更好地管理生产线。具体操作为:进入生产部界面,点击生产线选项卡,点击想要编号的生产线。以半自动生产线编号为例,点击右侧的"查看"按钮,进入生产线的操作界面。点击右上角的"设置编号"(见图 4-35),然后在"设置编号"界面中"编号"一栏输入编号的内容,如输入"L 型 1 号",表示此生产线生产的产品为 L 型产品且编号为 1 号的生产线(具体编号内容可由企业自行决定),见图 4-36。设置好编号后,点击"提交",可以看到生产线的名称被命名为"半自动生产线 L 型 1 号",见图 4-37。

查看   ×

半自动生产线 详细信息 **空闲**   重置生产线状态 **⚙ 设置编号**

生产线磨损情况: 1000/500

生产线产能: 500/500

开始生产 | 技术升级 | 管理维修 | **生产线转产** | 调入人员 ▾ | 拆除

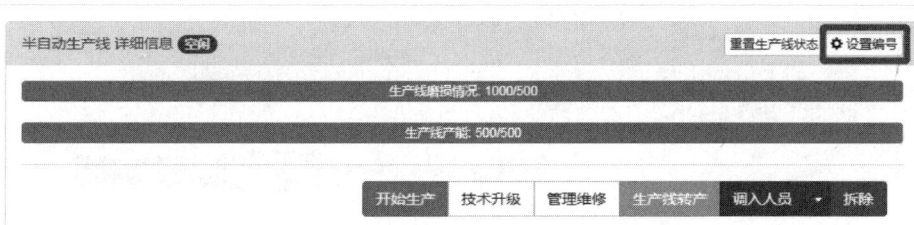

图 4-35   生产线操作界面

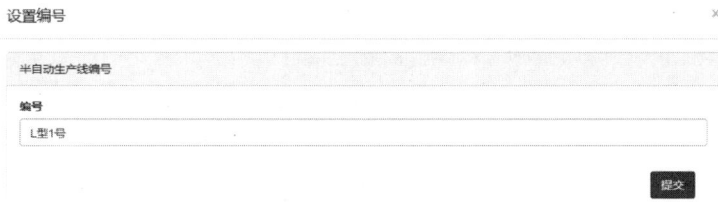

设置编号   ×

半自动生产线编号

编号

L型1号

提交

图 4-36   生产线编号输入界面

生产线	产品研发		
名称	状态	最大产量	查看
劳动密集型生产线 L 型 1 号	空闲	0	查看
半自动生产线 L 型 1 号	空闲	1500	查看

购买生产线

图 4-37   编号后的生产线名称

5. 生产线转产

新生产线开始投入生产前,企业可以进行产品工艺及产品类型的选择,但是生产线一旦生产了某种产品或采用了某种工艺后,想转换产品或转换生产工艺,就需要进行生产线的转产。生产线转产的具体操作为:进入生产线的详情界面,点击"生产线转产"(见图 4-38);此时在跳出的界面中(见图 4-38)可以看到"当前生产线产出的产品 BOM"为"L 型产品 A 型工艺清单",企业可以选择"L 型产品 B 型工艺清单"或者"H 型产品 A 型工艺清单"(如果可以选择的话),然后点击下方的"提交",可以看到系统提示"生产线开始转产",点击"确认",即开始转产;再次回到生产部业务操作界面,可以看到具体生产线右侧的"状态"为"转产中",见图 4-40。

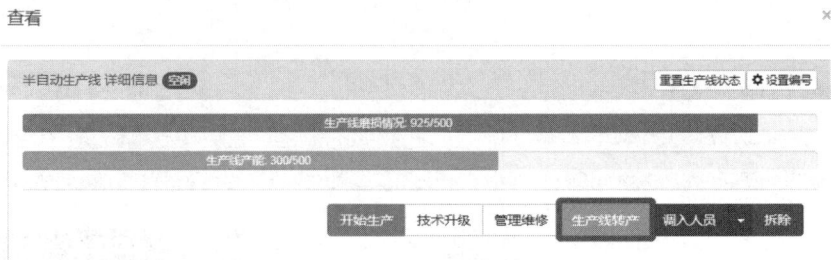

图 4 - 38　生产线详情界面

图 4 - 39　生产线转产选择新的工艺清单

　　生产线转产需要一个季度的时间,当系统推进到新的季度时,系统会提示要求企业确认生产线转产(见图 4 - 41),点击"确认",系统会提示"转产成功"。

　　关于生产线的转产,供应商和制造企业的操作方法类似,在此不再赘述。

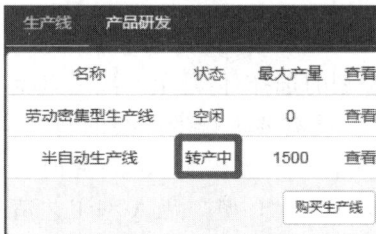

图 4 - 40　生产线转产中提示

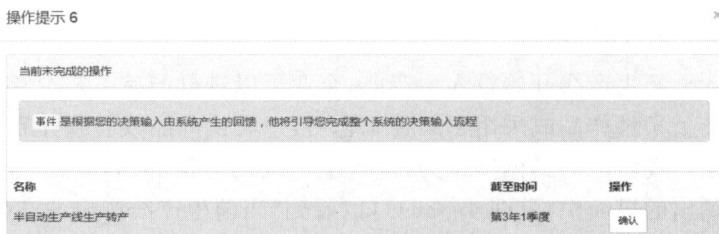

图 4 - 41　确认生产线转产

6. 生产线管理维修

　　生产线经过使用后会造成生产线的磨损,因此需要进行管理和维修。具体操作为:点击生产线详情界面的"管理维修",弹出系统自动计算后的维修费用提示界面,点击"付款"(见图 4 - 42);在弹出界面中选择支付账号,再点击"付款",确认支付维修费用后系统会提示操作成功;再次回到生产部业务操作界面,在右侧生产线列表,可以看到生产线右侧的状态为"维修中",见图 4 - 43。

半自动生产线支付维修费用￥74,892 第3年1季度 付款

图4-42 维修费用付款提示

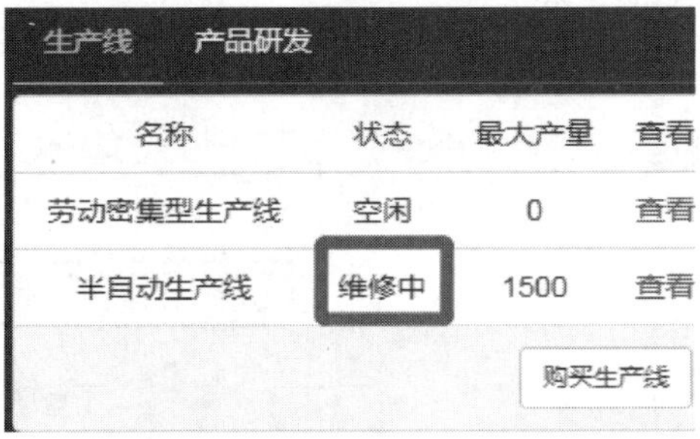

图4-43 生产线列表(生产线处于维修中)

7. 生产线转产中调出人员

在生产线转产过程中,企业可以调出生产工人。具体操作为:点击转产中的生产线右侧的"查看"按钮,弹出的界面中有"调出初级工人"这一选项,见图4-44;点击"调出初级工人",进入"调出初级工人"界面,见图4-45;输入要调出的初级工人数量,点击"提交"按钮,然后在系统提示页面点击"确认",即完成调出初级工人操作。

图4-44 调出初级工人界面

图4-45 调出初级工人操作界面

— 63 —

第四章 企业经营实训

8. 生产线维修中调出人员

具体操作为:点击维修中的生产线右侧的"查看",在弹出的界面可以看到有"调出初级工人""调出高级工人""调出车间管理人员"三个选项,见图4-46。具体操作与前面生产线转产中调出人员部分类似,此处不再赘述。

图4-46　生产线维修中可调出的人员选项

9. 生产线技术升级

生产线生产能力的提高可以通过生产的技术升级实现。生产线技术升级需要一个季度时间,并且生产线只有在空闲状态下才能够进行技术升级。

以半自动生产线为例,在生产部业务操作界面点击半自动生产线右侧的"查看"选项进入生产线详情界面。将生产线详情界面向下拉,可以看到"生产线技术升级统计图",见图4-47,从中可以看出示例中该半自动生产线的技术水平值为3。

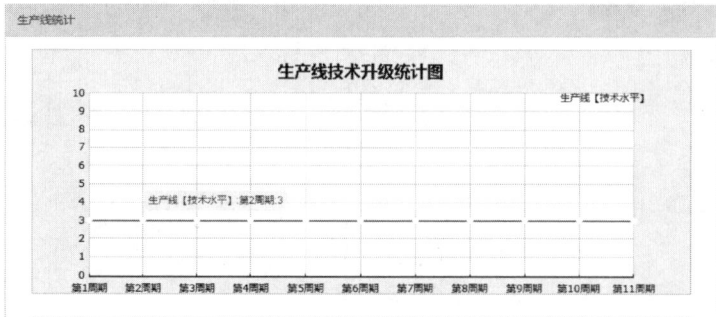

图4-47　生产线技术升级统计图(升级前)

回到生产线详情界面上端,点击其中的"技术升级"选项(见图4-48),进入技术升级详情界面(见图4-49),系统提示"技术水平升级提升＝原技术水平/2/技术提升次数,每次提升的费用＝基础购买价格/2";从图中可看出示例中该生产线技术提升水平费用为500000元,当前技术水平值为3,未进行过升级。点击图4-49右下角的"技术升级",操作提示企业需为生产线技术升级进行"付款",点击"付款",选择支付账号,并点击"付款",系统提示"操作成功"。生产升级后,在生产线的详情界面可以看到"生产线技术升级统计图"中生产线技术水平由原来的3提升到5,见图4-50。

查看   ×

半自动生产线 L型1号详细信息 空闲   重置生产线状态 ⚙ 设置编号

生产线磨损情况 1000/500

生产线产能 500/500

开始生产 **技术升级** 管理维修 生产线转产 调入人员 ▾ 拆除

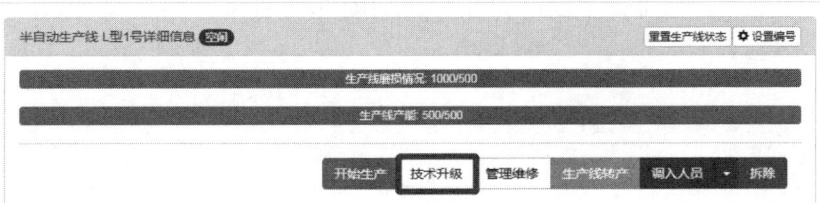

图 4-48 选择"技术升级"

技术升级   ×

半自动生产线详细信息

提示 技术水平升级提升 = 原技术水平 / 2 / 技术提升次数 每次提升的费用 = 基础购买价格 / 2

技术提升水平费用： ¥500,000 当前技术水平:3 已升级次数:0

🏳 技术升级

图 4-49 "技术升级"详情界面

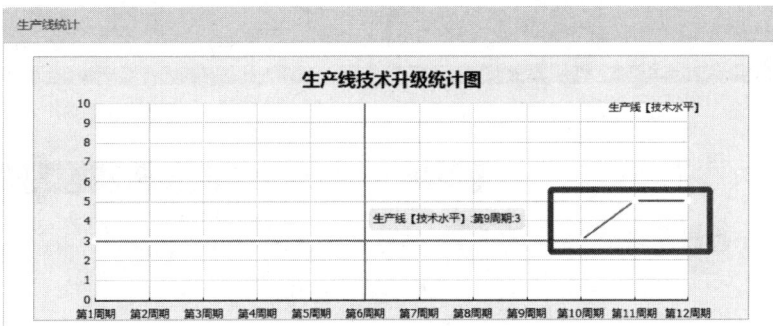

生产线统计

生产线技术升级统计图
生产线【技术水平】

生产线【技术水平】第9周期:3

第1周期 第2周期 第3周期 第4周期 第5周期 第6周期 第7周期 第8周期 第9周期 第10周期 第11周期 第12周期

图 4-50 生产线技术升级统计图(升级后)

　　以半自动生产线为例(见图4-51),升级前,生产线的技术水平为3,采用L型产品B型工艺清单时,其工艺水平为0,则技术水平减去工艺水平等于3,此时1个单位的产能可以生产3件产品,即此时半自动生产线的1个单位的产能可以生产出3件L型产品;升级后(见图4-52),生产线的技术水平提高到5,同样采用L型产品B型工艺清单,其工艺水平为0,则技术水平减去工艺水平等于5,此时半自动生产线的1个单位的产能可以生产出5个L型产品。即在同一个生产线上,在使用相同的人员数量的情况下,技术升级后在相同的时间内(一个季度),生产线可以生产出更多的产品,即企业的生产能力得到了提升。当企业无法通过增加生产线、增加原材料投入和增加人员投入来提升生产能力时,生产线的技术升级可以成为企业提升生产能力的重要途径。

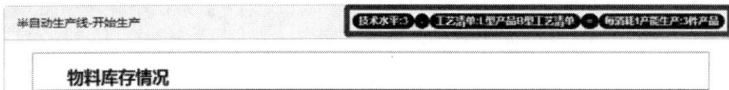

半自动生产线-开始生产   技术水平:3 工艺清单:L型产品B型工艺清单 每消耗1产能生产:3件产品

物料库存情况

图 4-51 升级前生产线的生产能力

第四章 企业经营实训

生产线技术升级时,可以调出生产线的工人用于其他生产线的生产,其操作方法与生产线转产中调出人员和生产线维修中调出人员类似,此处不再赘述。

图4-52 升级后生产线的生产能力

10. 生产线拆除

通过生产线拆除可以将生产线占用的空间空出来,企业可以放置新购买的生产线。生产线在严重磨损导致生产线损坏前,生产线都会以企业固定资产的形式计入企业的所有者权益,若生产磨损导致损坏,则生产线不再计入所有者权益。

生产线拆除必须是在生产线没有损坏的情况下进行,若生产线已经损坏,则无法进行生产线的拆除。生产线拆除的操作方法为:进入生产部操作界面,点击右侧的"查看",进入生产线的详情界面,然后点击"拆除",见图4-53。

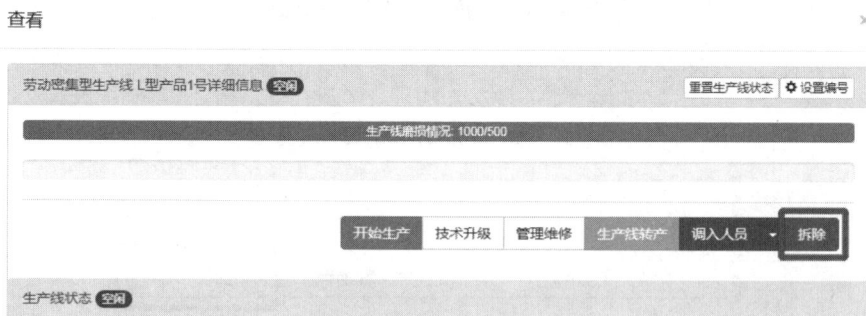

图4-53 选择"拆除"

系统会再次询问"您是否确定要拆除此对象",点击对话窗口中的"确定",系统提示"提交成功,请在操作提示中确认拆除",此时进入系统的操作提示界面(见图4-54),点击"拆除",进入确认拆除界面(见图4-55)。在如图4-55所示示例中,系统提示拆除"劳动密集型生产线",拆除后企业将损失资产387500元,若确认拆除生产线,则点击"提交";系统会再次询问"您是否确认提交",点击页面中的"确定",则弹出的系统操作提示中显示拆除已完成,损失资产387500元,见图4-56。

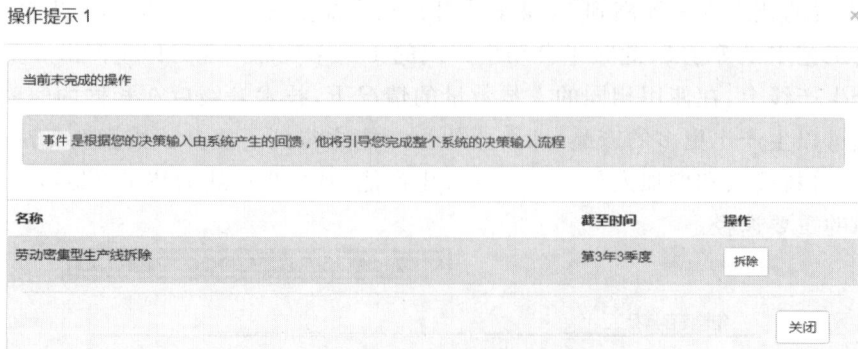

图4-54 系统提示确认拆除

图 4-55　确认拆除生产线界面

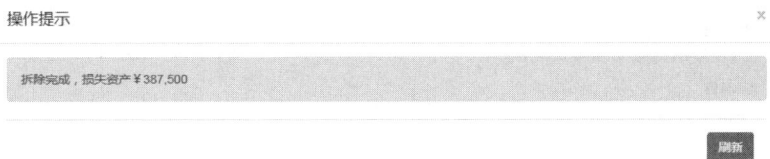

图 4-56　拆除完成后的操作提示

二、物料采购实训

(一)实训目的

通过模拟实训,学生可以了解系统平台中供应商、制造企业、贸易企业采购物料的需求,并学会安排采购计划。

(二)实训内容

模拟制造企业、供应商需要购置物料用于生产,贸易企业也需要购入物料用于销售。在系统平台的采购部界面,企业可以进行物料采购。各类企业首先通过查看 BOM 清单了解每种产品生产需要的原材料结构,然后组织安排采购原材料。需要注意的是,原材料采购不足将会影响生产线的领料,原材料过多将会产生库存成本。

(三)实训操作

1. 供应商采购原材料

模拟供应商进入采购部办公界面,点击"原材料"选项卡,在页面右侧可以看到供应商的原材料清单,见图 4-57;点击物料名称对应的"购买",以 M4 为例,可以看到详细的物料信息,包括物料名称、物料规格、物料型号、物料价格、库存成本、购买方式及购买数量,见图 4-58。

图 4-57　供应商的原材料清单

购买

原材料管理

物料名称
M4

物料规格
2箱

物料型号
原材料

物料价格(元)
100

库存成本(元/期)
50

购买方式
◯ 紧急采购(当季到货) ⦿ 一般采购(下一季度到货)

购买数量
请输入购买数量

🗒 购买

图 4-58　M4 物料详情

物料购买方式有两种：紧急采购(当季到货)和一般采购(下一季到货)，供应商根据情况选择不同的购买方式。若选择"紧急采购(当季到货)"，则 M4 的价格系统显示为 200 元，即上涨为原物料价格的两倍；若选择"一般采购(下一季度到货)"，则 M4 的价格系统显示为 100 元。确定购买方式后输入购买数量，点击"购买"，系统会提示支付合同货款，供应商点击"付款"，并选择支付账号进行付款后，弹出签收 M4 的提示(见图 4-59)；供应商点击"确认"，在确认界面中出现提示——每一件 M4 消耗吞吐量为 2(见图 4-60)。供应商可以选择将购买的原材料存入一个大型综合仓库，也可以选择将原材料分别存放到多个仓库；若存入多个仓库，只需要在入库时输入想要入库的数量。入库前，务必考虑入库后仓库剩余的吞吐量是否能够满足企业后续经营的需要，避免因吞吐量不足导致无法正常经营造成损失。

签收[M4]数量[700]　　　　　　　　　　　　　　　第1年3季度　　确认

图 4-59　签收 M4 提示

确认　　　　　　　　　　　　　　　　　　　　　　×

请选择签收的 M4 存放位置 每一件消耗吞吐量:2

剩余数量:700

⦿ 大型综合仓库 大型综合仓库剩余吞吐量:30000 剩余容量:12000 租赁

700　　　　　　　　　　　　　　　　　　　　　提交

图 4-60　每件 M4 消耗吞吐量提示

完成采购入库后，供应商就可以进行生产了，生产时只需要将原材料从仓库中调入即可。

2. 制造企业向供应商发起原材料采购申请

制造企业进入采购部办公界面,点击"原材料"选项卡,在页面右侧可以看到原材料清单,见图4-61。点击"购买",进行原材料的采购。以M1为例,在M1购买界面(见图4-62)确定乙方(即供应商),选择物料类型、采购数量及采购时间,然后输入合同总额,点击"确认",系统会弹出交易细节界面,点击"确定",系统会提示此交易请求已经发出。

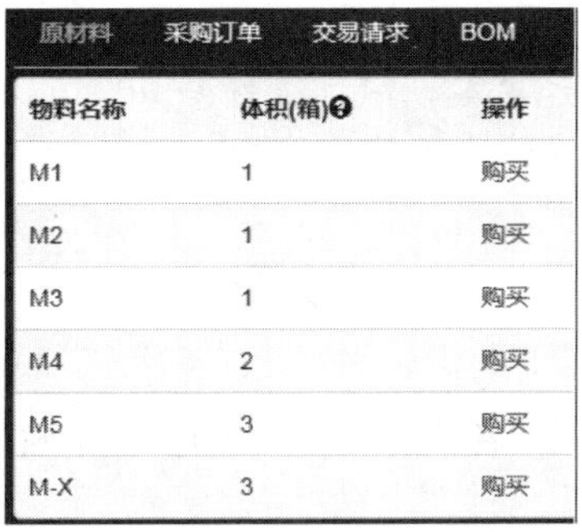

图4-61 制造企业的原材料清单

图4-62 M1购买界面

采用紧急采购方式,企业可以当季收到原材料,但是,即使当期到货,货款也是要在下个季度初转到销售方账户中;采用一般采购方式,企业在下个季度才能收到该单原材料。

在原材料采购中,企业可以通过大批量采购与供应商洽谈,以获得更优惠的价格,同时大批量采购可以减少办理物流业务的次数,节约时间;但同时应考虑到,当季没有使用完的原材料会产生库存成本,所以企业需要合理安排生产、采购及销售,以降低经营成本。

3. 供应商确认原材料采购订单

供应商在系统的操作提示中,可以看到制造企业提交的购买产品交易请求(见图4-63),点击"确认",可以看到详细的交易信息。供应商应详细检查交易细节(时间)、合同总额、收款时间等信息,确定能够完成交易时,选择"确认合同",然后点击"提交"(见图4-64),确认信息后点击"确定"提交。供应商确认合同后,该交易合同将出现在供应商销售部的销售订单中,以便供应商查看具体的交易信息。

图4-63 制造企业交易请求

第四章 企业经营实训

— 69 —

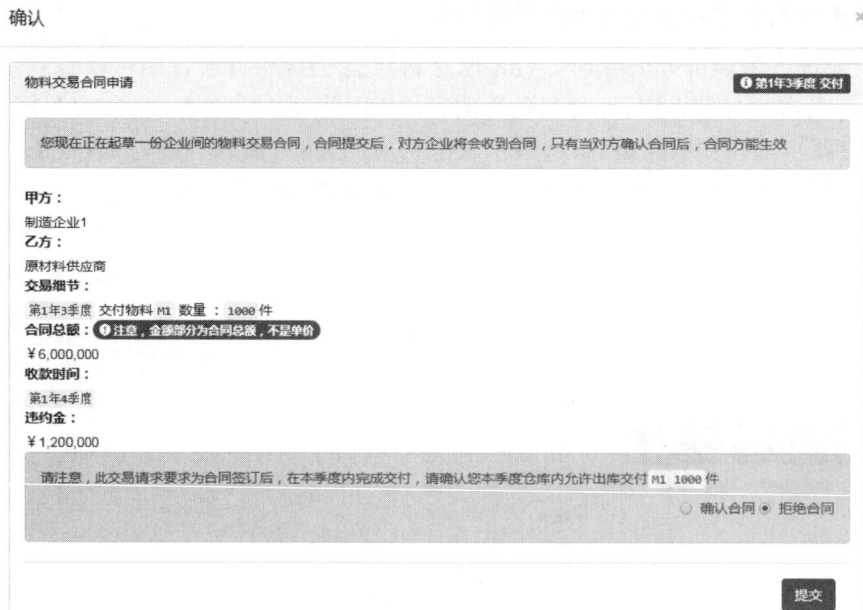

图 4 - 64 物料交易合同申请详情

供应商确认合同后,系统会询问企业该项交易是否可以出库,若企业点击"出库",并确认交易信息,则该交易进入运输阶段。

4. 制造企业向制造企业、贸易企业发起采购交易

由于 L 型产品是半成品,所以在制造企业之间、制造企业与贸易企业之间可以发起 L 型产品的采购交易,将 L 型产品作为原材料进行交易。

(1)由采购方创建交易,在采购部的采购合同里创建交易,选择采购的物料(原材料或半成品),选择采购企业,选择到货时间,输入数量和所有货物的总金额(含税价,总金额包括增值税)。

制造企业进入采购部办公界面,可以看到有"原材料""采购订单""交易请求"及"BOM"四个选项卡,点击"采购订单"选项卡,然后选择"创建交易",见图 4 - 65。

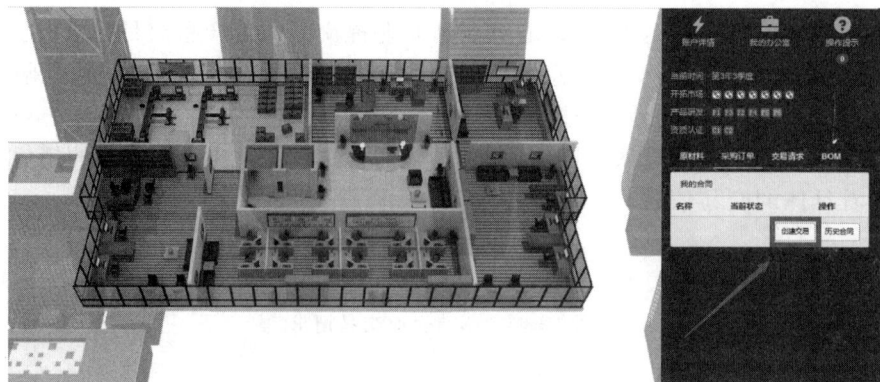

图 4 - 65 选择"创建交易"

在"创建交易"界面,选择交易的企业、物料类型、采购数量及采购时间,在最下方输入合同总额,然后点击"确认",见图 4 - 66。

在此特别提醒,一定要认真核对交易企业、采购数量及合同总额等信息。合同总额数字输入后,应再次确认金额,以免输入错误导致合同违约。

图 4-66 "创建交易"界面

(2)制造企业、贸易企业在系统的操作提示中可以看到以上购买 L 型产品的交易请求(见图 4-67),点击"确认",可以看到详细的交易信息。制造企业、贸易企业应详细检查交易细节(时间)、合同总额、收款时间等信息,确认能够完成交易时,选择"确认合同",然后点击"提交",并点击"确定"提交;或者选择"拒绝合同",并点击"提交",拒绝对方的交易请求。

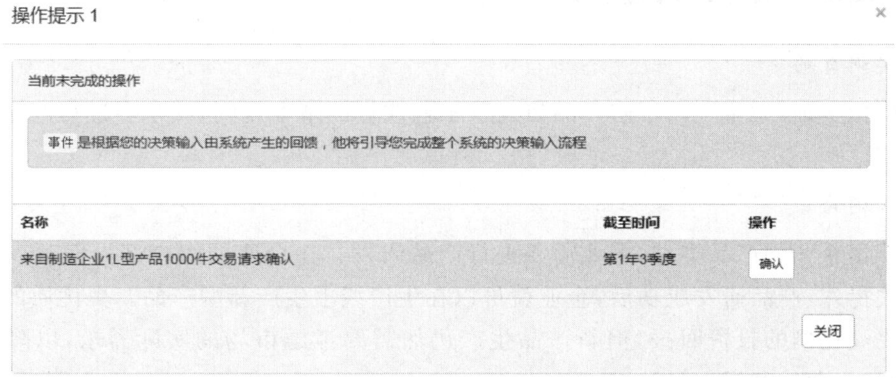

图 4-67 购买 L 型产品的交易请求确认

若企业同意交易请求,确定合同后,则系统提示企业应进行出库操作,企业点击"出库"后,该交易进入物流运输环节。

5. 贸易企业采购物料

贸易企业进入采购部操作界面,点击右侧的"采购订单",然后点击"创建交易",进入创建交易详情界面(见图 4-68)。选择乙方企业;确定物料类型,具体有"L 型""H 型""O 型""S 型"四种产品类型;输入采购数量;选择采购时间,具体有"本期采购""下一期采购""下二期采购"三个选项。若选择"本期采购"选项,则需要制造企业在当期完成交货;若选择"下一期采

— 71 —

购"，则要求制造企业在下一季度完成交货；若选择"下二期采购"，则要求制造企业在下二季度完成交货。贸易企业应根据自身的情况选择合理的采购时间。

图 4-68　贸易企业的"创建交易"详情界面

选择好采购信息并输入合同总额后，点击图 4-68 右下角的"确认"，然后核实交易细节后点击"确定"提交。此时需要制造企业确认此交易，具体操作前面已介绍，此处不再赘述。

三、产品研发及工艺改进实训

(一)实训目的

通过模拟实训，学生可以了解产品研发及工艺改进的基本规则，并学会进行产品研发和工艺改进规划。

(二)实训内容

为了丰富企业的产品类型，企业需要进行产品研发。在企业的生产部界面可以实现产品研发的相关操作，产品研发成功后，企业就可以在生产线上生产新型产品。更优质的产品往往可以获得更高比例的投资回报，但新产品生产仍然需要考虑市场的实际需求，以降低生产成本，进而增加企业的利润。

(三)实训操作(制造企业和供应商企业同步)

1. 制造企业工艺改进

制造企业进行工艺改进是为了获得新的工艺清单。在进行工艺改进前，制造企业需要了解现有的 BOM 结构。进入制造企业采购部办公界面，点击页面右侧的"BOM"选项卡，可以看到企业目前拥有 L 型产品 A 型工艺清单，工艺水平为 1(见图 4-69)；点击右侧的"查看"按钮，可以看到 L 型产品 A 型工艺清单详情，见图 4-70(a)。从图中可知，现有水平下，生产 1个 L 型产品需要 2 个 M1。进行工艺改进后，可以获得 L 型产品 B 型工艺清单，见图 4-70(b)，表示生产 1 个 L 型产品只需要 1 个 M1。可见，工艺改进可以减少原材料的使用，为企业节约成本。L 型产品 B 型工艺清单在企业研发成功后可以在 BOM 选项卡中查看。

图 4-69 供应商 BOM 结构列表

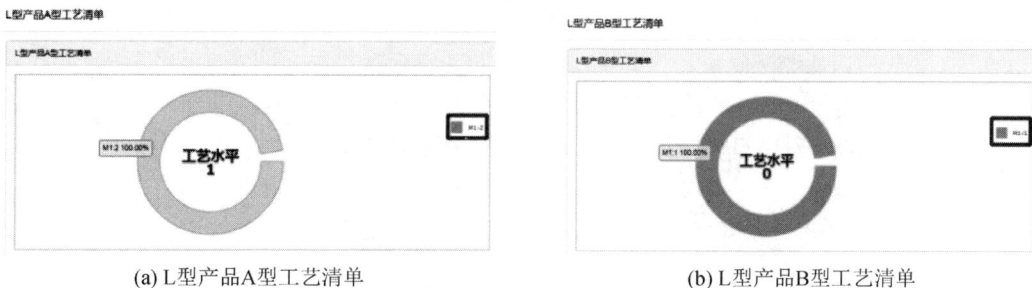

(a) L型产品A型工艺清单　　　　　　　(b) L型产品B型工艺清单

图 4-70 L 型产品 A 型和 B 型工艺清单详情

进行工艺改进的操作,需要制造企业进入业务操作界面,点击"生产部",并点击页面右侧"产品研发"选项卡,可以看到企业当前拥有的产品研发项目及可以进行工艺改进的项目,见图4-71。制造企业初始拥有 L 型产品研发,其状态栏 P1 在网页界面点亮为紫色;制造企业可以进行 H 型产品研发,但是由于尚未进行研发,所以状态栏 P3 未点亮;L 型产品工艺改进状态栏 P2 也未点亮。

图 4-71 制造企业拥有的研发项目

如图 4-71 所示,点击 L 型产品工艺改进对应的"查看"按钮,进入"投入研发"界面(见图 4-72),可以看到,通过研发可以获得的研发成果是"L 型产品 B 型工艺清单"。系统提示 L 型产品工艺改进的基础资金为 300000 元,这是制造企业需投入的最低研发资金;企业的基本研发能力为 50,这是制造企业需要达到的最低研发能力。同时,系统还提示已投入资金为 420000,剩余投入资金为 0 元,当前研发能力为 50,剩余投入研发能力为 0。这是系统推荐的制造企业达到的研发能力及投入的研发资金,企业按系统推荐的设计进行研发,研发成功的概率更高。

企业输入研发资金金额,并点击"投入资金",然后系统提示确认投入资金,点击"确认",选择付款账号,并点击"付款",完成研发资金的投入操作。

图 4-72　L 型产品投入研发界面

　　制造企业进行研发是有一定失败概率的,并非一个季度就一定会成功。企业投入的研发资金和研发人员越多,其研发成功率也就越高。按照系统推荐的研发能力和投入资金进行投入,也并非 100% 在下一季度研发成功。在研发成功前,企业可以随时将研发人员撤出。

　　工艺改进至少需要一个季度才能完成。系统推进到下一季度后,在下一季度系统会提示是否研发成功,若工艺改进研发成功,系统操作提示会提示企业进行"L 型产品工艺改进成功-获得新的工艺清单"请求确认(见图 4-73),制造企业点击"确认"后,就获得了 L 型产品 B 型工艺清单。

操作提示 4

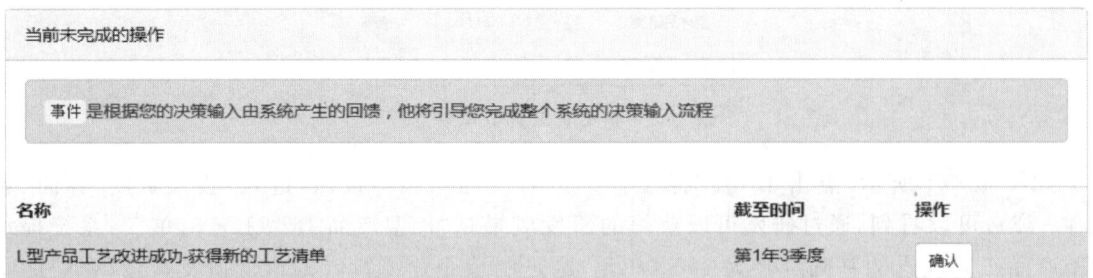

图 4-73　"L 型产品工艺改进成功-获得新的工艺清单"确认界面

　　同时,制造企业还可以看到在业务操作界面右侧产品研发 P2 已被点亮为紫色(见图 4-74),由此表示企业已获得 L 型产品 B 型工艺清单。

2. 制造企业撤出研发人员

　　工艺改进完成后,企业可以撤出研发人员,且可以解雇研发人员,或者将研发人员投入其他新产品研发当中。

　　企业撤出研发人员的操作方法为:企业在产品研发选项卡中选择研发人员所在的研发项

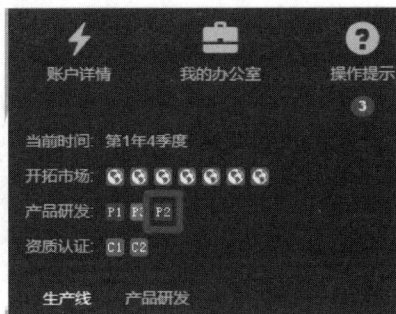

图 4-74 产品研发 P2 点亮

目,点击其右侧的"查看",可以看到研发已经成功,并且出现"撤出研发人员"的按钮,见图4-75。点击"撤出研发人员",出现"撤出研发人员"操作界面,见图4-76。从图中可知,可撤出研发人员的最大数量为5;输入想要撤出的研发人员数量,点击右侧的"撤出",系统弹出操作提示"L型产品工艺改进撤出研发人员",点击右侧"确认"(见图4-77),人员调度成功。

图 4-75 撤出研发人员

图 4-76 "撤出研发人员"操作界面

图 4-77 确认撤出研发人员

3. 供应商工艺改进

为了获得新的工艺清单,模拟供应商也需要进行工艺改进。在进行工艺改进前,供应商进入采购部操作界面,点击页面右侧的"BOM"选项卡,可以看到 M1 型产品 A 型工艺清单,工艺水平为 1(见图 4-78),点击右侧的"查看"按钮,可以看到 M1 型产品 A 型工艺清单详情,见图

4－79(a)，表示生产1个M1型产品需要2个M4和2个M5；进行工艺改进后，可以获得M1型产品B型工艺清单，见图4－79(b)，表示生产1个M1需要1个M4和1个M5。可见，工艺改进可以减少原材料的使用，为企业节约成本。M1型产品B型工艺清单在企业研发成功后可以在“BOM”选项卡中查看。

原材料　采购订单　交易请求　BOM

产品名称	工艺水平	操作
M1型产品A型工艺清单	1	查看

图4－78　供应商BOM结构列表

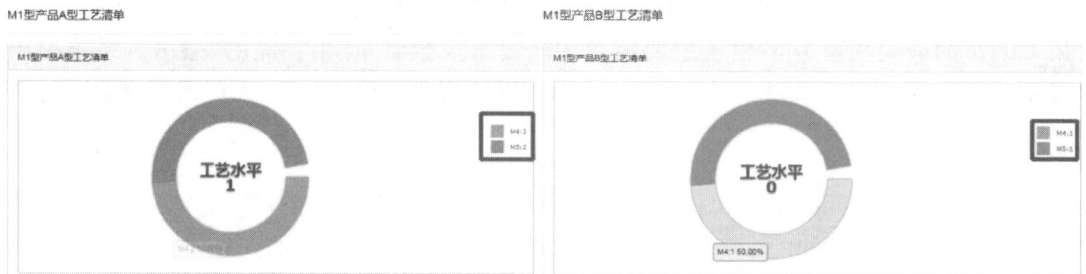

(1)M1型产品A型工艺清单　　(2)M1型产品B型工艺清单

图4－79　M1型产品A型和B型工艺清单详情

工艺改进的操作需要模拟供应商进入业务操作界面，点击“生产部”，点击页面右侧“产品研发”选项卡，查看企业当前拥有的产品研发项目及可以进行工艺改进的项目。

供应商初始拥有M1型产品研发项目，如图4－80所示中的状态栏P1在网页界面点亮为紫色。供应商可以进行新产品研发，但是由于尚未进行研发，所以状态栏P2未点亮。同时，M1型产品工艺改进状态栏P4也未点亮。

生产线　产品研发

名称	状态	有效/基础(资金)	操作
M1型产品研发	P1	0/0	查看
M1型工艺改进	P4	0/200,000	查看
新品研发	P2	0/500,000	查看

图4－80　供应商企业拥有的项目情况

点击M1型工艺改进对应的“查看”按钮，进入“投入研发”界面(见图4－81)，可以看到，通过研发可以获得的研发成果是“M1型产品B型工艺清单”。系统提示M1型工艺改进的基础资金为200000元，这是企业投入的最低研发资金；基本研发能力为30，这是企业需要达到的最低研发能力。同时，系统还提示已投入资金为0，剩余投入资金为280000元；当前研发能力为0，剩余投入研发能力为30。这是系统推荐企业达到的研发能力及投入的研发资金，企业按系统推荐的设计进行研发，研发成功的概率更高。

图 4-81　M1 型产品投入研发界面

在"投入研发"界面,企业输入研发资金金额,并点击"投入资金",系统弹出确认投入资金提示界面,确认无误后点击"确定",系统再次提示企业对"投入 L 型产品工艺改进研发费用￥420000"进行付款,点击"付款"(见图 4-82),然后选择付款账号,并点击"付款",即完成研发资金的投入。

图 4-82　投入 L 型产品工艺改进研发费用付款界面

企业招聘研发人员后,点击"投入研发人员",然后在投入研发人员界面(见图 4-83),可以看到企业可用的研发人员数量,输入要投入的研发人员数量,然后点击右侧的"投入"按钮,在确认窗口中点击"确定"。在下一季度,系统会询问企业是否研发成功,在研发成功前,企业可以随时将研发人员撤出。

图 4-83　投入研发人员界面

系统再次提示企业确认项目投入研发人员,点击"确认"即完成研发人员投入,见图4-84。

操作提示   ×

名称	截至时间	操作
投入M1型工艺改进研发费用¥280,000	第1年3季度	已完成
项目投入研发人员	第1年3季度	确认

关闭

图4-84 项目投入研发人员确认界面

工艺改进至少需要一个季度才能完成。系统推进到下一季度后,若工艺改进研发成功,系统会提示供应商进行"M1型工艺改进成功-获得新的工艺清单"请求确认(见图4-85),供应商点击"确认"后即获得 M1 型产品 B 型工艺清单。

M1型工艺改进成功-获得新的工艺清单	第1年3季度	确认

图4-85 M1 型工艺改进成功-获得新的工艺清单确认界面

同时,供应商还可以看到在业务操作界面右侧"产品研发"P4已点亮(见图4-86),这表示供应商已经取得 M1 型产品 B 型工艺清单。

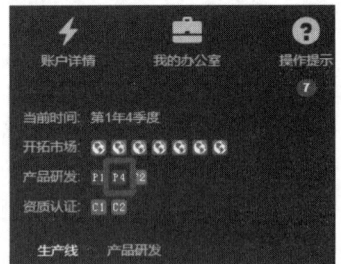

供应商进行研发是有一定失败概率的,并非一个季度就一定会成功。企业投入的研发资金和研发人员越多,其研发成功率也就越高。同时,按照系统推荐的研发能力和投入资金进行投入,也并非100%在下一季度研发成功。

图4-86 "产品研发"P4已点亮

4. 供应商企业撤出研发人员

供应商企业撤出研发人员请参考制造企业撤出研发人员部分,在此不再赘述。

5. 制造企业新产品研发

模拟制造企业进行新产品研发是为了获得新产品的生产工艺清单。制造企业最初拥有 L 型产品 A 型工艺清单,工艺改进后拥有 L 型产品 B 型工艺清单。制造企业要想生产其他类型的产品,比如 H 型产品,就必须进行产品研发。新产品研发必须按照顺序进行:H 型产品 A 型工艺研发成功后才可以研发 O 型产品,O 型产品研发成功后才可以研发 S 型产品。

制造企业进行新产品研发,首先需要进入生产部操作界面,点击右侧的"产品研发"选项卡,可以看到如图4-87所示的界面。点击"H型产品研发"右侧的"查看",可以看到如图4-88所示的系统界面中显示 H 型产品研发的基础资金要求为1000000元,基本研发能力要求为100,这两项指标是企业进行新品研发的最低要求;同时,还可以看到新品研发顺序。

与工艺改进相似,制造企业投入研发人员和研发资金后,即可进行 H 型产品研发,到下一季度,若新产品研发成功,系统会进行如图4-89所示的操作提示。

图 4 - 87 "产品研发"选项卡界面

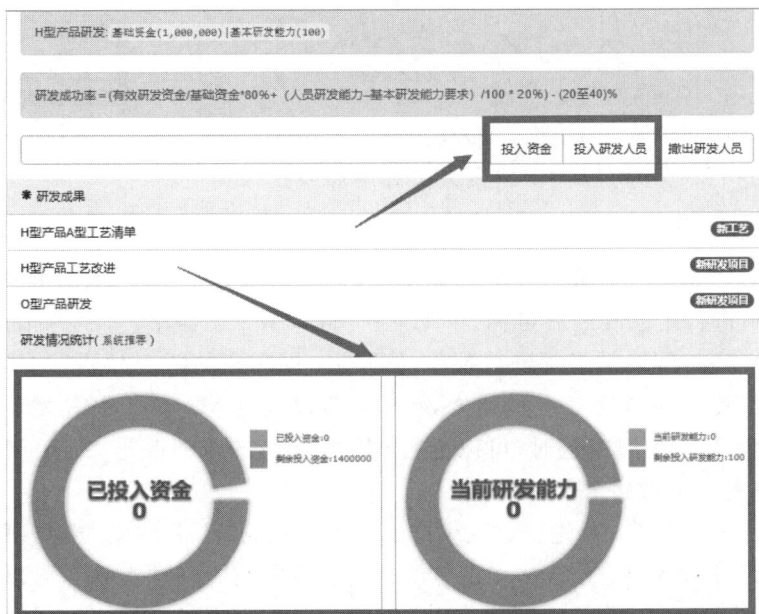

图 4 - 88 H 型产品研发详情

其中,"H 型产品研发成功-获得新的工艺清单"是提示制造企业获得了 H 型产品的 A 型工艺清单;"H 型产品研发成功-获得新的研发项目"是提示制造企业可以解锁新的研发项目,此时企业可以继续进行工艺改进或新品研发。新的工艺改进和新品研发操作流程此处不再赘述。

H 型产品研发成功后,可以看到生产部界面中产品研发右侧的 P3 图标为点亮状态,点击"产品研发"选项卡,H 型产品研发状态的 P3 图标同样被点亮,且"产品研发"选项卡中新出现了"H 型产品工艺改进"和"O 型产品研发",见图 4 - 90。

当前未完成的操作		
事件 是根据您的决策输入由系统产生的回馈，他将引导您完成整个系统的决策输入流程		

名称	截至时间	操作
H型产品研发成功-获得新的工艺清单	第2年3季度	确认
H型产品研发成功-获得新的研发项目	第2年3季度	确认

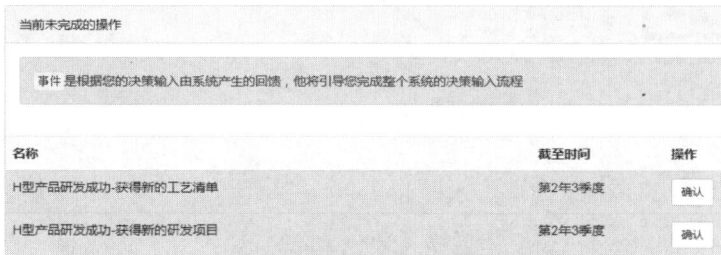

图4-89　系统提示H型产品研发成功　　　　图4-90　H型产品研发成功P3点亮

若企业不再进行研发，可以撤出研发人员并解雇或投入其他项目。

6.供应商新产品研发

供应商进行新产品研发也是为了获得新产品的生产工艺清单。供应商最初拥有M1型产品A型工艺清单，进行工艺改进后可拥有M1型产品B型工艺清单。供应商若要生产其他类型的产品，比如M2型产品，就必须进行新产品研发。供应商的新产品研发需要按顺序进行，首先可以进行M2型产品A型工艺的研发，然后才可以进行M3型产品A型工艺的研发。当供应商有了M2型产品A型工艺时，可以进行M2型产品的工艺改进；拥有M3型产品A型工艺时，也可以进行工艺改进。

供应商进行新产品研发，首先要进入生产部操作界面，点击右侧的"产品研发"选项卡，可以看到"新品研发"未被点亮，见图4-91。点击"新品研发"右侧的"查看"，可以看到系统界面中显示进行新品研发的基础资金要求为500000元，基本研发能力要求为50，这两项指标是企业进行新品研发的最低要求；同时，还可以看到新品研发顺序，见图4-92。

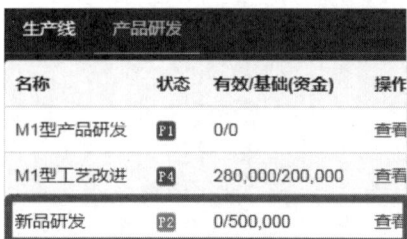

图4-91　"产品研发"界面　　　　　　　图4-92　新品研发详情

与工艺改进相似,供应商投入研发人员和研发资金后,即可进行新产品研发。系统进入下一季度后,若新产品研发成功,系统会进行操作提示,见图4-93。

| 新品研发成功-获得新的工艺清单 | 第2年3季度 | 确认 |
| 新品研发成功-获得新的研发项目 | 第2年3季度 | 确认 |

图4-93 系统提示新品研发成功

图4-94 新增两个选项

在图4-93中,"新品研发成功-获得新的工艺清单"是提示供应商获得了M2型产品的A型工艺清单,"新品研发成功-获得新的研发项目"是提示供应商进行了新的研发项目解锁(M2型产品工艺改进-技术研发,M3型产品研发-新品研发),即企业可以继续进行工艺改进或新品研发。新的工艺改进和新品研发操作流程此处不再赘述。

新品研发成功后,可以看到生产部界面中产品研发右侧的P2图标被点亮,同时点击"产品研发"选项卡,新品研发状态的P2图标同样被点亮,且"产品研发"选项卡中新出现了"M2工艺改进"和"M3型工艺改进"两个选项,见图4-94。

若企业不再进行研发,可以撤出研发人员并解雇或投入其他项目。

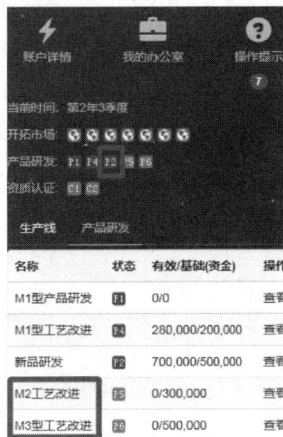

四、资质认证

(一)实训目的

通过模拟实训,学生可以了解企业资质认证的相关知识,并学会对模拟企业的资质认证需求进行规划。

(二)实训内容

资质认证有ISO 9K和ISO 14K两种。企业根据资质认证的要求通过投入相应的资金,并经过1~2个季度完成资质认证,获得某种资质后,相应的资质认证标识会被点亮。资质认证可以提高企业的销售竞单得分,便于企业以更高的销售价格成功获得竞单,增加企业的销售利润。

(三)实训操作(制造企业和贸易企业通用)

1. ISO 9K资质认证

在ISO 9K资质认证前,企业操作界面右侧"资质认证"的C1图标是灰色的,当企业ISO 9K认证成功后,"资质认证"的C1图标会点亮为绿色,认证前后的黑白截图见图4-95。

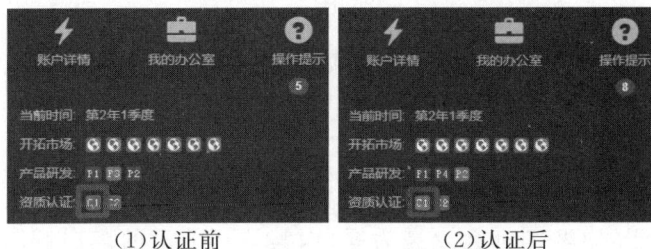

(1)认证前　　　　　　(2)认证后

图4-95 ISO 9K资质认证前后

81

进入企业管理部门界面,在界面右侧点击"资质认证"选项卡,可以看到企业可以进行资质认证的信息列表,见图4-96。点击ISO 9K右侧的"查看"按钮,可以看到资质认证详情页面(见图4-97),系统提示企业需要在1个季度内总投入1000000元后,下一季度获得ISO 9K认证。维护费用为0,表示企业不需要每个季度进行维护;最少投入资金为1000000元,表示企业投入资金若少于此金额,认证将失败,直到企业投入资金达到此金额后的下一个季度认证才会成功;竞单

人力资源	资质认证		
认证类型	最少投入(元)	总投入(元)	操作
ISO9K	1000000	1000000	查看
ISO14K	500000	1000000	查看

图4-96 "资质认证"列表

加分为"+10分",表示企业获得ISO 9K的认证后,在每一次的竞单中企业都可以获得10分的竞单加分;投入期限(期)为1,表示企业投入资金后在1期(1个季度)后会认证成功。在投入资金栏输入1000000元,点击"投入资金";在确定提交界面点击"确定",系统操作提示确认付款,点击"付款"按钮(见图4-98),在系统中选择支付账号后,点击"付款",即完成ISO 9K的全部操作。

图4-97 ISO 9K认证详情界面

图4-98 研发ISO 9K付款界面

2. ISO 14K 资质认证

ISO 14K资质认证前,企业操作界面右侧"资质认证"的C2图标是灰色的,当企业ISO 14K认证成功后,资质认证的C2图标会点亮为绿色,其认证前后的黑白截图见图4-99。点击

ISO 14K 右侧的"查看"按钮,可以看到 ISO 14K 资质认证详情页面(见图 4 - 100),系统提示企业需要在 2 个季度内总投入 1000000 元后,下一季度获得 ISO 14K 认证。维护费用为 0,表示企业不需要每季度进行维护;最少投入资金为 500000 元,表示企业投入资金若少于此金额,认证将会失败,2 个季度共计投入资金 1000000 元后,下一季度认证成功;竞单加分为"+10 分",表示企业获得 ISO 14K 认证后,在每一次竞单中企业都可以获得 10 分的竞单加分;投入期限(期)为 2,表示企业需要在 2 个不同的季度进行投入才会认证成功,如果企业一次性投入 1000000 元,仍然需要经过 2 个季度,认证才会成功。为了高效利用企业资金,企业应在 2 个季度分别投入 500000 元。在"投入资金"一栏输入 500000 元,点击"投入资金";在确定提交界面点击"确定",在操作提示界面为研发 ISO 14K 进行"付款",点击"付款"按钮,在系统中选择支付账号后,点击"付款",即完成 ISO 14K 的全部操作。在下一季度重复此操作,具体不再赘述。

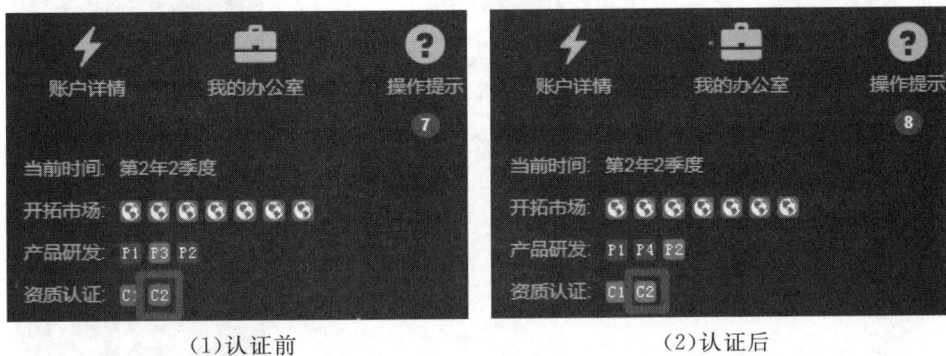

(1)认证前　　　　　　　　　　　(2)认证后

图 4 - 99　ISO 14K 资质认证前后

图 4 - 100　ISO 14K 认证详情界面

第五节　销售准备实训

一、市场投资

(一)实训目的

通过模拟实训,学生可以了解目标销售市场的基本情况及销售原则,并学会根据企业需求做好市场投资开拓规划。

（二）实训内容

模拟企业除了可以在本地市场进行产品销售外，还可以通过其他市场获得更多的销售机会。企业可通过向其他市场进行有效的广告投资，来获得在本地市场以外市场的销售竞单资格。

（三）实训操作

模拟企业在系统中进入"市场部"办公界面，点击"市场投资"选项卡，可以查看每一种广告类型的投入详情。以网络新媒体广告投入为例，具体详情见图4－101。

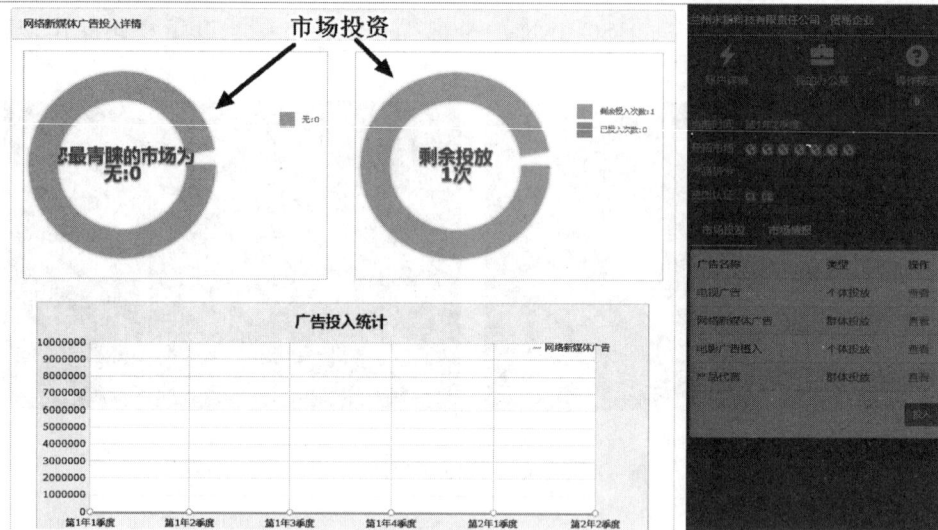

图4－101 "网络新媒体广告投入详情"界面

点击"网络新媒体广告投入详情"界面右下角的"投入"即可选择广告类型进行市场广告投入。点击如图4－102所示的各广告对应的"投放"按钮，可以看到如图4－103所示界面。

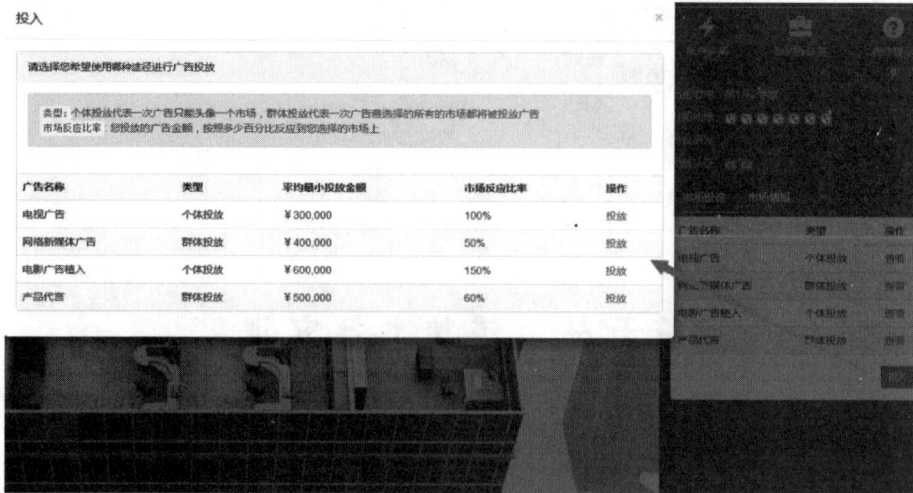

图4－102 投入广告类型选择界面

图 4-103　投放市场区域选择界面

在进行市场投资时,企业首先要了解市场投资的规则。在市场投资时有两种方式,即群体投放和个体投放,两者有一个共同的特点,即在最少投入资金和临时开拓费两者之间取最大值。注意,每季度两种市场投资都有投放次数限制。企业根据需要选择要投放的市场。电视广告是个体投放,只能选择一个地区投放。

1. 个体投放

例如,在本季度选择投放电视广告对武汉市场进行开拓。电视广告的最少投入资金为300000元,武汉市场的临时开拓费用为150000元,市场反应比率为100%,那么需要投入300000元,市场才能开拓成功。

再如,电影广告植入的平均最小投放金额为600000元,分配比例为150%,投入武汉临时开拓费用为150000元,如果选择"电影广告植入",那么要投入平均最小投放金额600000元才可开拓成功(见图4-104)。在投放金额栏输入600000元,点击"提交",然后点击"确定",完成个体投放。

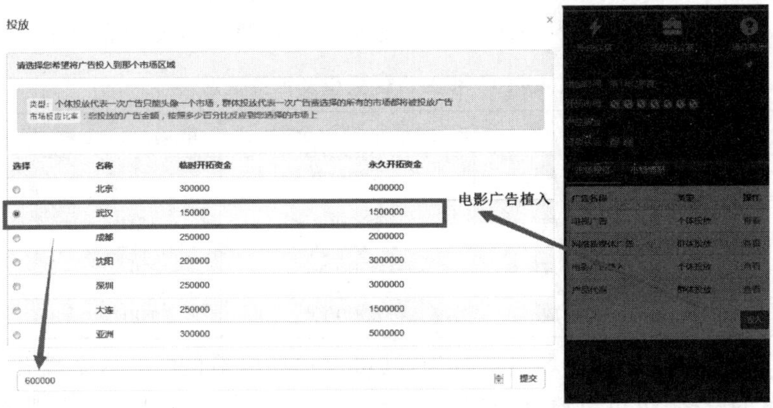

图 4-104　电影广告植入选择武汉市场投放

2. 群体投放

群体广告投放是可以一次性开拓 2 个或 2 个以上的市场。群体投放要成功开拓市场必须满足以下条件:最少投入资金乘以资金分配比重大于等于临时开拓费用中最大的一个,同时还需要大于平均最小投放金额。市场反应比率影响企业投放广告后实际产生的广告效果。

例如,同时投放到北京、成都、沈阳三个市场(见图 4 - 105),使用群体投放中的网络新媒体广告,其市场分配比率为 50%,三个市场最大临时开拓资金为 300000 元,市场反应比为 50%,所以需要投入的广告资金至少要大于 300000 元才能成功开拓三个市场。但同时,网络新媒体广告平均最小投放金额是 400000 元,三个市场至少要投入 1200000 元。1200000 大于 300000,因此最终应投放 1200000 元。

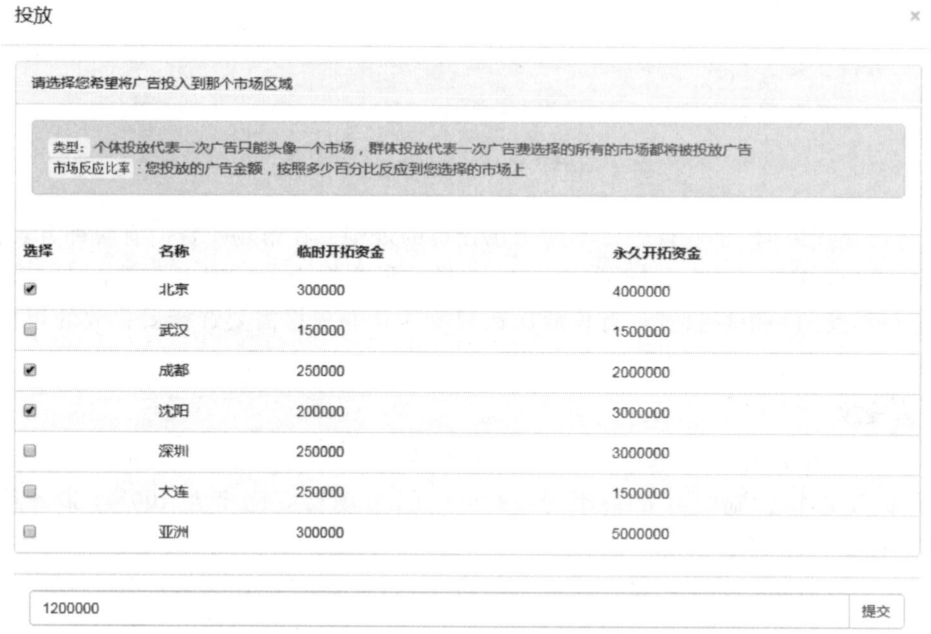

图 4 - 105　群体投放示例

企业可以通过各种宣传手段开拓市场和提高市场影响力。本期投放的广告费用在下一期生效,每种宣传手段每期只能投入一次。企业投入广告类型及相关信息见表 4 - 10。

表 4 - 10　投入广告类型及相关信息

广告名称	类型	平均最小投放金额/元	市场反应比率	使用限制
网络新媒体广告	群体投放	400000	50%	1 期内 1 次
电影广告	个体投放	600000	150%	3 期内 1 次
产品代言	群体投放	500000	60%	2 期内 1 次
电视广告	个体投放	300000	100%	3 期内 2 次

企业进行广告投放是一种市场投资行为,其可以选择以最低的投入金额开拓市场,获得在市场中进行竞单的资格;也可以通过增加广告投入的金额,获得更大的市场影响力,在竞单时获得更多的竞单加分,进而企业可以更高的价格获得竞单,增加企业利润。

二、销售竞单

(一)实训目的

通过销售竞单实训,学生可以感受企业间的竞争,学会根据竞单结构调整所在企业的经营策略,并进行后期运营的生产与销售规划。

(二)实训内容

模拟企业通过生产并销售货物完成企业的使命。销售竞单是满足企业货物销售的重要渠道。模拟企业通过销售竞单的方式获得订单,由销售部主要完成该项业务。

(三)实训操作

当系统推进到新的季度时,每个市场都会根据生产情况生成一定比例的本地市场需求。

企业点击操作界面上方的"市场",进入市场界面。企业在哪个市场有效投入广告资金并开拓成功,则这个市场的按钮即点亮为绿色,目前所有市场均已点亮。但是企业在实际操作中,往往不会点亮全部市场,而是有选择性地开拓市场。

企业需要选择一个市场,可以是本地市场,也可以是成功开拓的市场,否则系统会提示无法在该市场进行竞单。例如选择成都市场,则点击成都进入成都市场竞单界面(见图 4 - 106),可以看到 L 型订单信息剩余数量为 1285 件,即目前企业在该市场可以申请的最大订单为 1285 件。

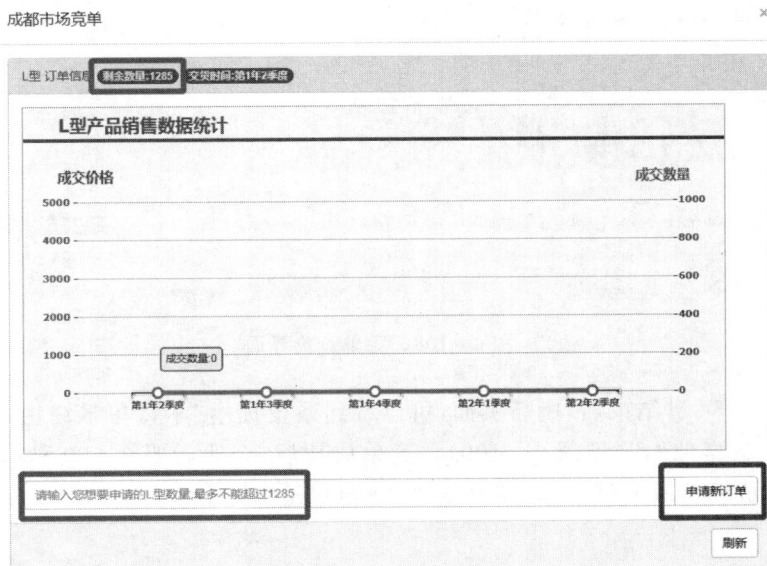

图 4 - 106　市场竞单界面

在页面下方的空白栏输入想要竞单的数量,如输入 1000 件,点击"申请新订单",可以看到 L 型订单信息剩余数量减少为 285 件,而页面下方也出现了一行"数量:1000　剩余时间:132 秒"的订单信息(见图 4 - 107);点击这行信息,即进入市场竞单的竞价界面(见图 4 - 108),系统默认标底价格是 4000 元,即系统认为企业最高出价为 4000 元。企业可以通过调节价格来获得竞单,企业在竞价框输入自己愿意出的价格,如可以输入 4100 元,此时由于价格高于标底价格,竞单得分会降低;若输入 3900 元,出价低于标底价格,此时竞单得分会相应提高。

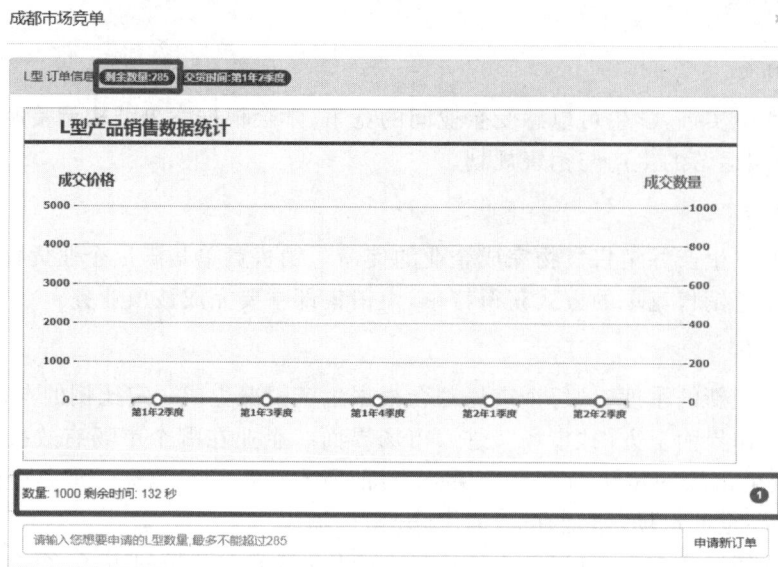

图 4-107　申请市场竞单后界面

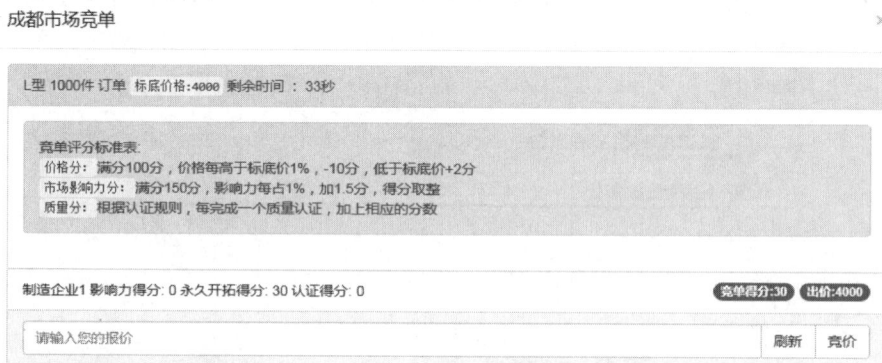

图 4-108　竞单竞价界面

当竞单时间 150 秒结束后,刷新页面,可以看到系统提示"本订单最终由某企业以竞单得分××分获得,恭喜他们"(见图 4-109)。竞单成功后,企业需要在 600 秒(10 分)内签订合同;若企业竞单成功后取消订单,则需要支付 200000 元作为手续费。

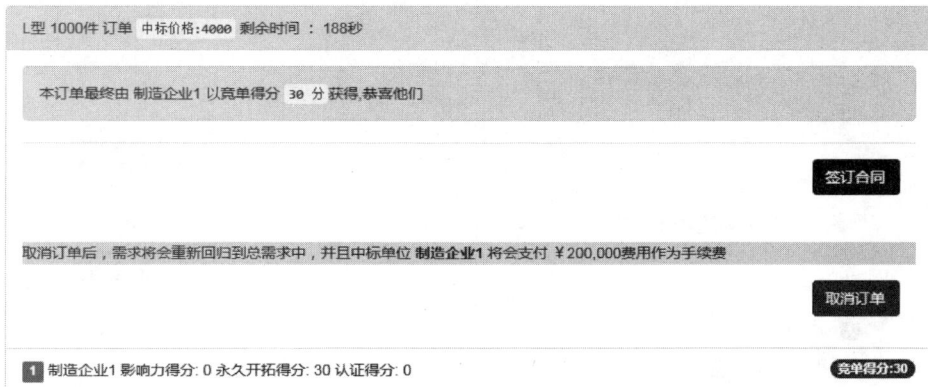

图 4 - 109　竞单成功界面

企业选择"签订合同",系统会提示合同签订成功(见图 4 - 110)。

图 4 - 110　合同签订成功提示

企业合同签订成功后,系统操作会提示产品出库(见图 4 - 111)。产品出库后,操作流程就进入物流运输环节,后续操作参考第十章物流公司实训部分内容,在此不再赘述。

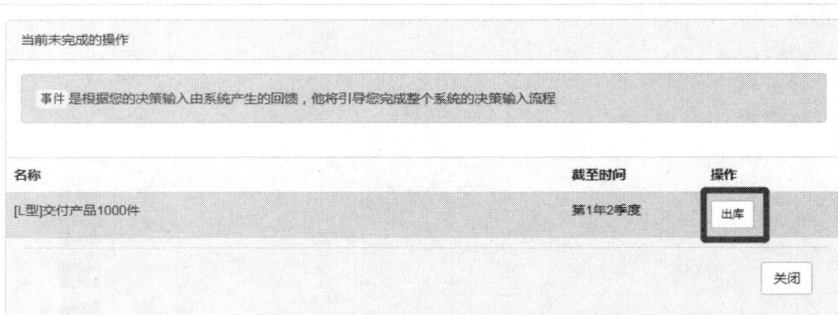

图 4 - 111　操作提示交付产品出库

若企业没有在 600 秒签订合同,其他企业可以看到如图 4 - 112 所示界面。企业可以点击"取消订单",然后确定取消订单,系统提示"合同成功取消,重新记入总需求!"此时,被取消的订单的产品需求就会回到市场上,拥有竞单机会的企业就可以申请新订单。

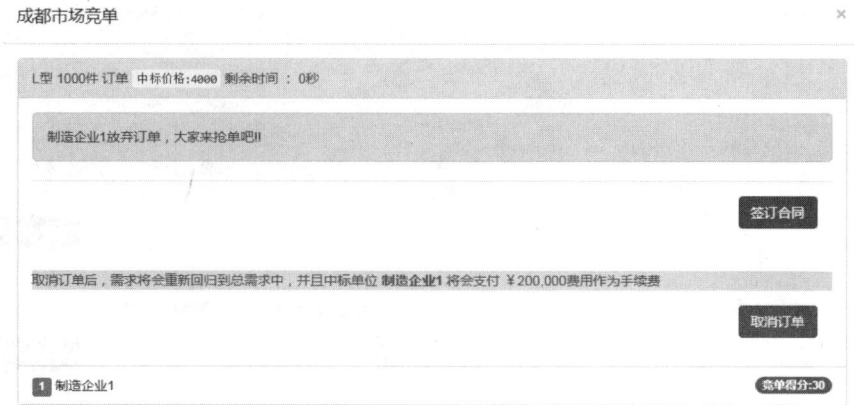

图4-112　企业放弃订单抢单界面

三、人员招聘

(一)实训目的

通过模拟企业实训,学生可以了解生产企业在人员招聘方面的基本原则,学会为生产线配置人员,分析不同人员配置产生的人员成本,并学习如何降低人员成本。

(二)实训内容

模拟企业在管理部可以进行员工招聘,可招聘的员工有初级工人、高级工人、车间管理人员及研发人员。初级工人和高级工人是生产线上负责提供专业能力的人员,车间管理人员可以提高整条生产线的专业能力,研发人员可以完成企业的产品研发。

(三)实训操作

模拟企业进入企业管理部,在页面右侧点击"人力资源",然后点击"招聘人员",进入如图4-113所示的界面。

序号	人员类型	招聘费用(元)	工资(元/期)	管理能力	专业能力	人员类型	操作
1	初级工人	6000	4000	0	10	生产人员	招聘
2	高级工人	10000	6000	0	20	生产人员	招聘
3	车间管理人员	8000	5000	25	0	生产人员	招聘
4	研发人员	10000	10000	0	10	研发人员	招聘

图4-113　"招聘人员"界面

以初级工人招聘为例,点击"初级工人"对应的"招聘"按钮,进入如图4-114所示界面,在招聘人数栏输入想招聘的人员数量,然后点击"提交",在询问"您是否确认要提交,提交后无法撤销?"的界面中点击"确定"。此时,系统提示支付初级工人合同货款,点击"付款",选择付款账号后付款。付款后,系统会提示签收初级工人,点击"确认",即完成初级工人招聘。

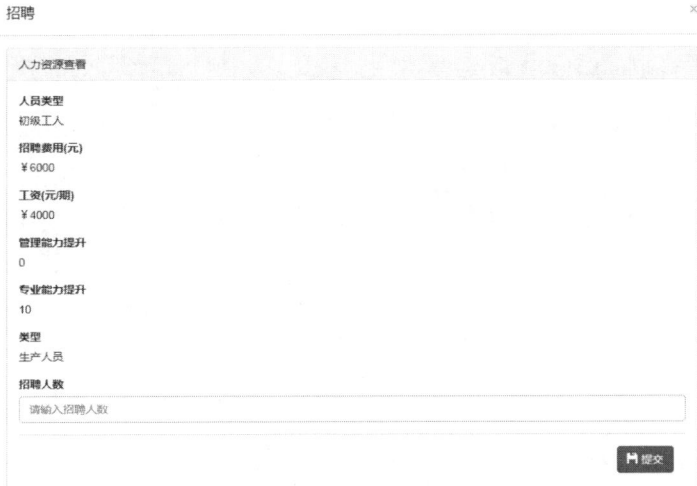

图 4 - 114　初级工人招聘详情界面

四、库存管理

(一)实训目的

通过模拟实训,学生可以了解库存管理的基本知识,掌握入库、出库及移库的相关操作。

(二)实训内容

模拟企业所购买的原材料及产成品都需要存放在仓库中,企业在厂区界面可以查看库存情况。企业根据需要可以购买或租赁多个仓库,拥有多个仓库时,可以对仓库进行编号,也可以将产品移库。

(三)实训操作

1.物料多仓库入库操作

企业采购的原材料或是购买的产成品在签收入库时,可以放入多个仓库中。以签收 800件 M1 为例,见图 4 - 115。点击签收右侧的"确认",在确认窗口中,可以看到剩余数量为 800件;选择其中一个仓库,如在大型综合仓库中入库 400 件 M1,点击"提交"(见图 4 - 116);可以看到系统提示"剩余数量:400",此时可以选择小型综合仓库入库,然后输入要入库的 M1 数量,点击"提交"即可,见图 4 - 117。入库完成后,系统会提示"签收完成"。

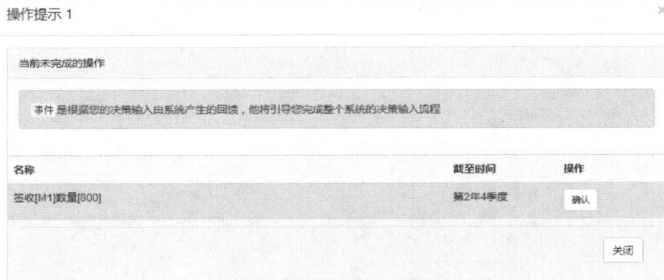

图 4 - 115　签收物料

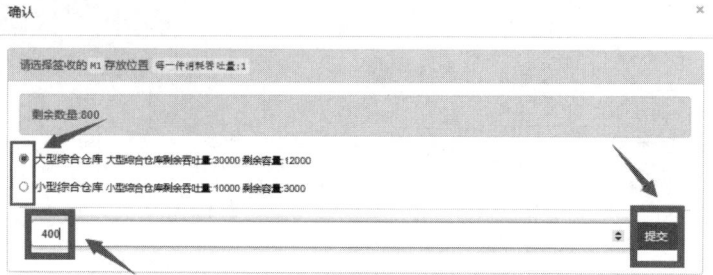

图 4-116　签收确认界面

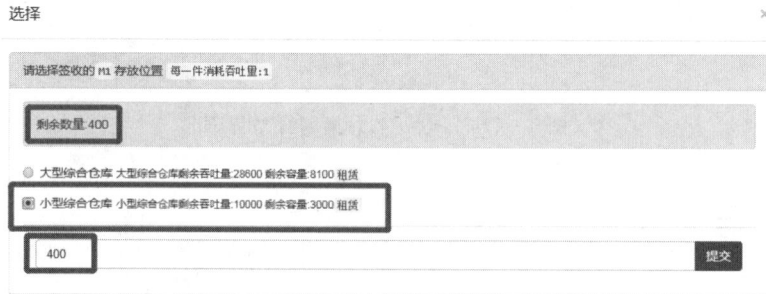

图 4-117　选择入库的仓库

2. 物料多仓库出库操作

在交付产品或是将原材料调入生产线时,需要将物料从仓库出库。以 1000 件 L 型产品出库为例(见图 4-118),点出"出库",若企业库存足够,即使企业将 1000 件产品分别在大型综合仓库存了 700 件,在小型综合仓库存了 300 件,系统仍然会自动完成产品出库,不需要企业进行仓库的切换。只有入库时需要切换不同的仓库,以避免吞吐量的不足。

图 4-118　物料 L 型产品出库

需要注意的是,入库和出库都会消耗仓库的吞吐量。移库同样会消耗移出仓库的吞吐量,还会消耗移入仓库的吞吐量,若吞吐量不足,则无法完成移库。因吞吐量不足导致无法入库、出库和移库,这是企业运营中的常见问题,也是企业运营的重要风险。吞吐量不足也会导致企业无法完成交易而违约,由此给企业带来直接损失。

第六节　货物运输实训

一、实训目的

通过模拟实训,学生可以了解企业如何与物流企业进行合作,掌握货物的物流运输业务。

二、实训内容

模拟企业将货物在国内市场销售时,需要通过物流企业完成订单交付。这时卖方企业需与物流企业签订物流合同,由物流企业将货物从卖方企业运送到目标市场。

三、实训操作

具体操作详见第十章第四节物流中心实训项目"四、物流合同管理"内容,在此不再赘述。

第七节　银行贷款实训

一、实训目的

通过模拟实训,学生可以了解企业向银行贷款的基本流程,并根据企业经营策略进行银行贷款规划,包括何时进行贷款及贷款多少金额。

二、实训内容

模拟企业可以通过银行贷款扩大企业生产规模。系统平台仅提供向商业银行申请信用贷款功能。模拟企业从金融服务区找到商业银行,根据商业银行的信用贷款流程完成贷款业务,银行放贷后,模拟企业在系统的操作提示中可以进行贷款的签收。

三、实训操作

具体操作详见第五章第四节银行实训项目"四、贷款管理"内容,在此不再赘述。

第五章　银行业务实训

银行是依法成立的经营货币信贷业务的金融机构,以吸收存款的方式,把社会上闲置的货币资金和小额货币节余集中起来,然后以贷款的形式借给需要补充货币的人及企业使用。银行充当着贷款人和借款人的中介。银行为企业和个人办理货币的收付、结算等业务,它又充当着支付中介。在模拟实训中,银行主要承担管理企业资金的职责,并为企业提供贷款服务。

第一节　银行业务介绍

一、银行业务概述

(一)银行的基本业务

按照资产负债表的构成,银行业务主要分为三类:负债业务、资产业务、中间业务。负债业务是商业银行形成资金来源的业务,其资金主要来自自有资本和吸收的外来资金两部分;资产业务是指银行将自己通过负债业务所聚集的资金加以运用的业务;中间业务是指凡银行并不需要用自己的资金而代理客户承办支付和其他委托事项,并据以收取手续费的业务。

(二)银行的开户业务

银行开户是银行为企业或个人开立企业基本账户或个人账户的行为。根据开户用户的不同,银行账户可以分为以下几种。

(1)基本存款账户。基本存款账户是企事业单位的主要存款账户,该账户主要办理日常转账结算和现金收付,存款单位的工资、奖金等现金的支取只能通过该账户办理。基本存款账户的开立须报当地人民银行审批并核发开户许可证,许可证正本由存款单位留存,副本交开户行留存。企事业单位只能选择一家商业银行的一个营业机构开立一个基本存款账户。

(2)一般存款账户。一般存款账户是企事业单位在基本账户以外的银行因借款开立的账户,该账户只能办理转账结算和现金缴存,不能支取现金。

(3)临时存款账户。临时存款账户是外来临时机构或个体经营户因临时经营活动需要开立的账户,该账户可办理转账结算和符合国家现金管理规定的现金缴存。

(4)专用存款账户。专用存款账户是指存款人按照法律、行政法规和规章,对其特定用途资金进行专项管理和使用而开立的账户,开设专用账户需要经过人民银行批准。

(三)银行贷款

银行贷款是指银行根据国家政策以一定的利率将资金贷放给资金需要者,并约定期限归还的一种经济行为。根据不同的划分标准,银行贷款具有不同的类型。

(1)按偿还期不同,银行贷款可分为短期贷款、中期贷款和长期贷款。

(2)按偿还方式不同,银行贷款可分为活期贷款、定期贷款和透支。

（3）按贷款用途或对象不同，银行贷款可分为工商业贷款、农业贷款、消费者贷款、有价证券经纪人贷款等。

（4）按贷款担保条件不同，银行贷款可分为票据贴现贷款、票据抵押贷款、商品抵押贷款、信用贷款等。

（5）按贷款金额大小不同，银行贷款可分为批发贷款和零售贷款。

（6）按利率约定方式不同，银行贷款可分为固定利率贷款和浮动利率贷款等。

二、模拟实训中的商业银行业务规则

（一）业务总则

在模拟企业实训中，商业银行工作人员必须遵守银行业务总则。

（1）商业银行的宗旨是为企业提供资金支持，并为客户提供优质的银行服务。

（2）商业银行必须坚持公平、公正的原则为企业提供金融服务，严格执行国家的金融政策，遵守相关法律法规，尊重客户的商业信息隐私权。

（3）凡是在商业银行建立账户的企业，都需要遵守商业银行的管理规定，接受商业银行的监督。

（4）商业银行有权监督企业对所贷款项的使用情况。

（二）业务细则

商业银行在模拟实训中的主要业务及其业务细则如下：

（1）为客户提供开户管理。

（2）为客户提供贷款管理。贷款分为流动资金贷款和固定资产贷款两大类。流动资金贷款按季收取利息，固定资产贷款按合同约定时间收取利息。同时，贷款额度须由银行经过调查后商议决定。

（3）为客户提供银行询证函，并且为其进行转账操作。

（4）为客户提供国际结算。

（5）可以查看企业经营状况。

（三）考核规则

模拟实训中可以对银行进行评价，模拟实训企业还有其他的外围服务企业都可以对银行的工作情况进行点评，其主要考核指标包括：①业务办理的效率；②业务的正确率；③投诉率；④出勤率；④实训报告。

第二节　银行业务流程

在模拟实训中，商业银行的主要业务是办理银行开户及贷款两项业务。商业银行在系统平台的操作主界面如图5-1所示。

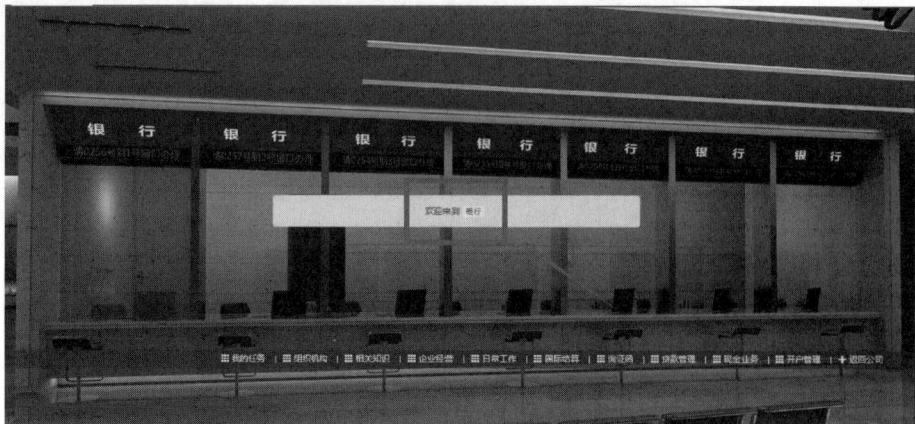

图 5-1 商业银行操作界面

一、开户管理

开户管理即银行开户，是指企业（客户）开设账户的行为。公司在领取营业执照并刻制公章之后，即可到银行办理开户手续，开设银行结算账户。

企业首先向银行发送开户申请书，银行对其申请书进行确认，如果确认通过则企业填写开立银行结算账户申请书，填好后发送给银行，银行对申请书进行审核，审核通过后提交到人民银行做最后的审核确认，如果审核通过，则开户成功。其中任何一个审核环节审核不通过，则申请都需要重新开始。

（一）银行开户需要提交的材料

企业办理银行开户时，需要准备如下材料：①企业营业执照正本复印件多份；②企业增值税一般纳税人登记资格证明正本复印件多份；③企业纳税人税务补充信息表证明正本复印件多份；④企业法人代表身份证明复印件多份(注：代理人身份证明复印件多份)；⑤企业公章、财务章、法人章、发票专用章；⑥银行基本账户相关申请表格；⑦银行需提供的其他材料。

（二）银行开户流程

模拟实训中的企业填写开户申请书，并提交给银行，由银行审核开户申请书。若审核未通过，则修改后再次提交。若银行审核通过，企业填写银行结算账户申请书，填好后发送给银行。若银行审核不通过则驳回；若审核通过，则会由人民银行审核银行结算账户申请书。人民银行审核不通过仍然会驳回，若人民银行审核通过则开户成功。具体的开户申请流程后面将详细介绍。

二、贷款办理

贷款办理，即银行为企业、个人或组织办理贷款的行为。银行贷款一般要求提供担保、房屋抵押，或者收入证明、个人征信报告，然后才可以申请。在不同的国家和一个国家的不同发展时期，贷款类型是有差异的。如美国的工商贷款主要有普通贷款限额、营运资本贷款、备用贷款承诺、项目贷款等几种类型，而英国的工商业贷款多采用票据贴现、信贷账户和透支账户等形式。

贷款办理的基本流程如下：

（1）贷款的申请。借款人向银行提出借款申请。除申请农村小额贷款外，申请其他种类的贷款须提供有关资料：借款人及保证人基本情况；财政部门或会计（审计）事务所核准的上年度财务报告，以及借款申请前一期的财务报告；原有不合理占用的贷款的纠正情况；抵押物、质押物清单和有处分权人的同意抵押、质押的证明及保证人拟同意保证的有关证明；项目建议书和可行性报告；银行认为需要提供的其他有关资料。

（2）信用等级评估。信用等级评估是指银行对借款人的信用等级进行评估。

（3）贷款调查。贷款调查是指银行对借款人的合法性、安全性、盈利性等情况进行调查。

（4）贷款审批。贷款审批是指银行按审贷分离、分级审批的贷款管理制度进行贷款审核。

（5）签订合同。签订合同是指银行与借款人签订借款合同。

（6）贷款发放。贷款发放是指银行按借款合同规定按期发放贷款。

（7）贷后检查。贷后检查是指银行对借款人执行借款合同情况及借款人经营情况进行追踪调查和检查。

（8）贷款归还。贷款归还是指贷款到期，借款人按时足额归还贷款本息，如要展期应在借款到期日之前，向银行提出贷款展期申请，是否展期由银行决定。

综上所述，贷款办理的基本流程是由企业（客户）向银行提出贷款的申请，接着银行受理企业的申请，然后银行对企业进行调查，并填写调查报告，调查审批通过后，银行与企业签订抵押合同，然后向企业发放贷款，最后企业进行贷款偿还。

贷款办理的基本流程见图 5-2。

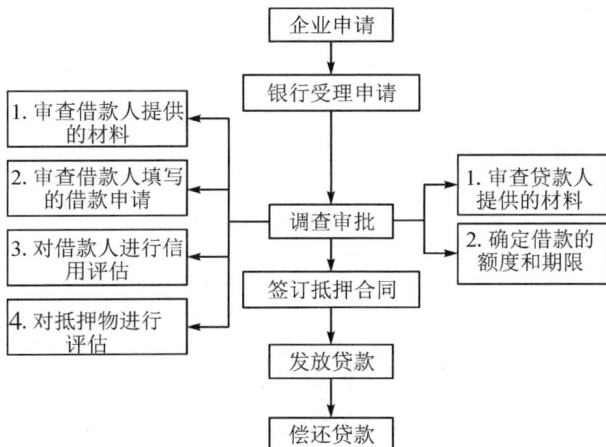

图 5-2　贷款办理的基本流程

三、询证函

询证作为审计中一种常用的程序和方法，它包括查询和函证。查询是审计人员对有关人员进行书面或口头询问以获取审计证据的方法。函证是指审计人员为印证被审计单位会计记录所载事项而向第三者发函询证的一种方法。询证函通常是由审计师以被审计者的名义向被询证人发出的，用以获取被询证人对于被审计者相关信息或现存状况的声明。

注册会计师写好询证函交给被审计单位盖章后，应亲自将询证函寄出，不可将询证函直接交给客户,客户反馈的询证函回函也要评估其可靠性,不可粗心大意。被审计者可以帮助审计师填写询证函的内容并提供被询证人的地址等信息,但是审计师必须对上述信息进行检查核对。询证函是审计师审计工作底稿的重要组成部分。

银行询证函是指会计师(审计)事务所在执行审计过程中,以被审计企业名义向银行发出的,用以验证该企业的银行存款与借款、投资人(股东)出资情况及担保、承诺、信用证、保函等其他事项是否真实、合法、完整的询证性书面文件。

完整的银行询证函一般包括:存款、借款、销户情况、委托存款、委托贷款、担保、承兑汇票、贴现票据、托收票据、信用证、外汇合约、存托证券及其他重大事项。

(一)询证函需提交的材料

(1)会计师事务所、审计师事务所直接向银行邮寄银行询证函或直接到柜台办理的,银行询证函上需有被函证单位的公章,被函证单位还需出具授权委托书。

(2)单位直接到银行办理的,需持企业法人营业执照副本或事业单位登记证或社会团体登记证书、加盖单位公章的银行询证函、法定代表人或经法定代表人授权委托代理人的有效身份证件。

(二)银行办理询证函的流程

企业与会计师事务所就验资事项签订验资合同,企业根据验资要求向银行发送询证函请求,然后由银行进行确认,银行发送询证函给会计师事务所,会计师事务所根据询证函的内容制作验资报告。银行询证函是会计师事务所在进行审计验资时的重要凭证。

银行办理询证函的操作流程,见图5-3。

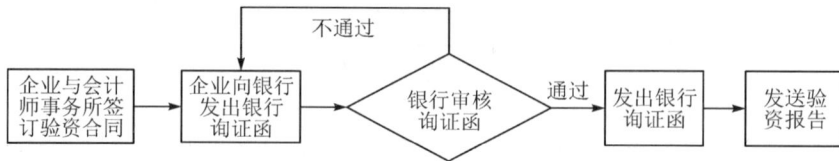

图5-3　银行询证函流程

四、国际结算

国际结算亦称国际清算,是指通过国际间的货币收付,对国与国之间由于经济、政治和文化往来而发生的债权债务予以了结清算。国际结算使用的支付票据有汇票、本票和支票。国际结算基本方式有国际汇兑结算、信用证结算和托收结算。

在模拟实训中,使用的国际结算方式主要是信用证结算。信用证是银行根据进口人(买方)的请求,开给出口人(卖方)的一种保证承担支付货款责任的书面凭证。在信用证内,银行授权出口人在符合信用证所规定的条件下,以该行或其指定的银行为付款人,开具不得超过规定金额的汇票,并按规定随附装运单据,按期在指定地点收取货款。信用证是有条件的银行的付款保证。信用证是国际贸易中最为常用的支付方式。

(一)提交材料

信用证结算需提交的材料有:①信用证;②出口合同;③履行出口合同产生的相关票据,如提单、发票、装船通知、汇票等。

（二）国际结算（以信用证结算为例）业务流程

信用证结算的基本流程，见图 5-4。

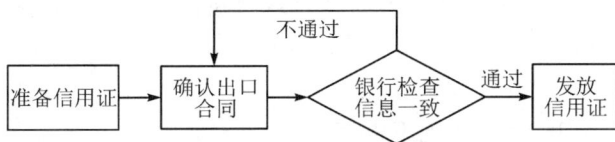

图 5-4　信用证结算业务流程

第三节　银行实训模块

在系统平台中，模拟商业银行的操作界面显示，其主要业务模块包括"开户管理""现金业务""贷款管理""询证函""国际结算""日常工作""企业经营""相关知识""组织机构"等。

一、开户管理

"开户管理"模块下主要有 6 个方面的业务内容，包括"利率管理""临时账户开户申请管理""开户申请书管理""开户银行管理""人民银行管理""工资结算管理"。

二、现金业务

"现金业务"模块下有 5 个方面的业务内容，包括"电子支票审核""电子支票转账""企业账户余额""对公现金业务""银行现金业务"。

三、贷款管理

"贷款管理"模块下有 7 个方面的业务内容，包括"调查报告管理""质押合同管理""抵押合同管理""信用合同管理""贷款合同管理""未还款情况查看""还款情况查看"。

四、询证函

"询证函"模块下有 3 个方面的业务内容，包括"银行询证函""转账历史记录""银行询证函训练"。

五、国际结算

"国际结算"模块下有 3 个方面的业务内容，包括"信用证开证""查看信用证""出售支票"。

六、日常工作

"日常工作"模块下有 3 个方面的业务内容，包括"银行公告""银行收款""工作日志"。

七、企业经营

"企业经营"模块下有 2 个方面的业务内容，包括"财务报表查看"和"企业报表签收"。

八、相关知识

"相关知识"模块下有 3 个方面的业务内容,包括"知识要点""操作案例""业务辅导"。

九、组织机构

具体内容参考第二章第二节,在此不再赘述。

十、我的任务

"我的任务"模块有"领取任务""待处理任务""任务评分"3 个业务内容,见图 5-5。"我的任务"模块是为方便银行业务操作而设计的,银行业务人员可以从"我的任务"模块中查看自己需要处理的任务。

图 5-5 "我的任务"界面

第四节 银行实训项目

一、组织机构人员岗位分配

(一)实训目的

通过商业银行实训,学生可以了解商业银行的日常业务种类及基本流程,熟悉商业银行的基本人员构成。学生在实训过程中需要完成商业银行的岗位职责说明书,熟悉所在岗位的工作内容及流程。

(二)实训内容

(1)模拟商业银行行长进行岗位分配。
(2)根据商业银行的业务列出基本业务清单。
(3)根据业务清单对岗位分工的合理性进行审核。

(三)实训操作

通过 CEO 竞选及模拟招聘会形成商业银行业务人员团队,组建仿真商业银行,人员构成大约 3~4 人。注册用户并登录实训平台,进入商业银行界面,见图 5-6。

图 5-6　商业银行业务主界面

"组织机构"包括"岗位管理"和"人员管理"两项业务,见图 5-7。点击"岗位管理",出现如图 5-8 所示界面,在"岗位管理"右侧点击"添加",填写岗位名称,见图 5-9;填入岗位名称后,点击"提交"。商业银行的岗位名称主要有银行行长、综合业务专员、贷款业务专员、开户业务专员。

图 5-7　"组织机构"界面

图 5-8　"岗位管理"界面

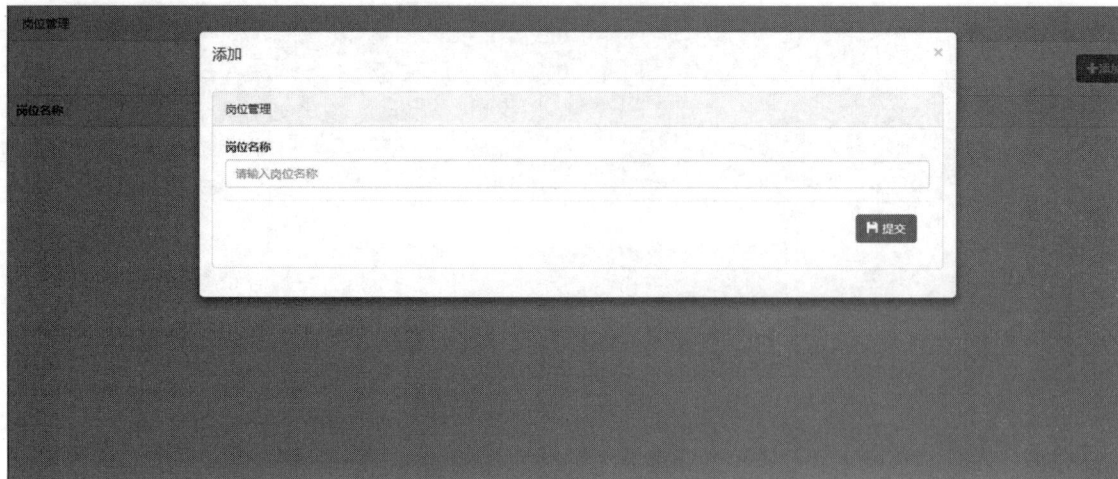

图 5-9　添加岗位名称

具体组织机构的设置操作参考第二章第二节内容,在此不再赘述。

二、工作制度制定

(一)实训目的

通过模拟实训,学生可以了解商业银行的基本工作制度,了解银行工作的相关要求。学生在老师的指导下,根据商业银行的岗位职责设计模拟商业银行的工作制度,并制定员工考核制度。

(二)实训内容

(1)了解商业银行企业的工作制度及制度制定的规则与要求。

(2)根据模拟实训中银行员工的岗位划分,制定岗位规章制度,并制定岗位员工考核制度与要求。

(三)实训操作

(1)团队成员研究分析银行部门的性质、了解银行的组织结构及岗位职责。

(2)了解银行的基本业务种类,对模拟实训中可能发生的业务进行预测。

(3)制定银行部门管理制度的大纲目录,并撰写、修改和完善。

(4)对银行部门的管理制度进行汇总,并按要求编辑、排版后提交。

三、开户管理

(一)实训目的

通过模拟实训,学生可以了解企业进行银行开户的基本流程和相关业务知识。学生在教师指导下,进行银行开户业务,以及开户的基本流程,掌握开户申请书、开立单位银行结算账户申请书的填写要求,并协助企业进行填制。

(二)实训内容

(1)商业银行审核企业的开户申请。

（2）商业银行审核企业提交的开立单位银行结算账户申请书。

（3）商业银行以人民银行的身份审核开立单位银行结算账户申请书。

（三）实训操作（企业与银行的交互实训）

1. 企业申请企业基本账户开户

企业进入银行业务大厅界面,可以查看的业务有"开户业务""贷款业务""国际结算""银行知识""账户信息",以及"我的任务",见图5-10。

图5-10　银行业务大厅界面

点击银行业务大厅界面右下角"开户业务"选项卡,然后点击左侧"企业基本财产开户业务",可以看到企业基本账户开户业务的流程图,见图5-11。

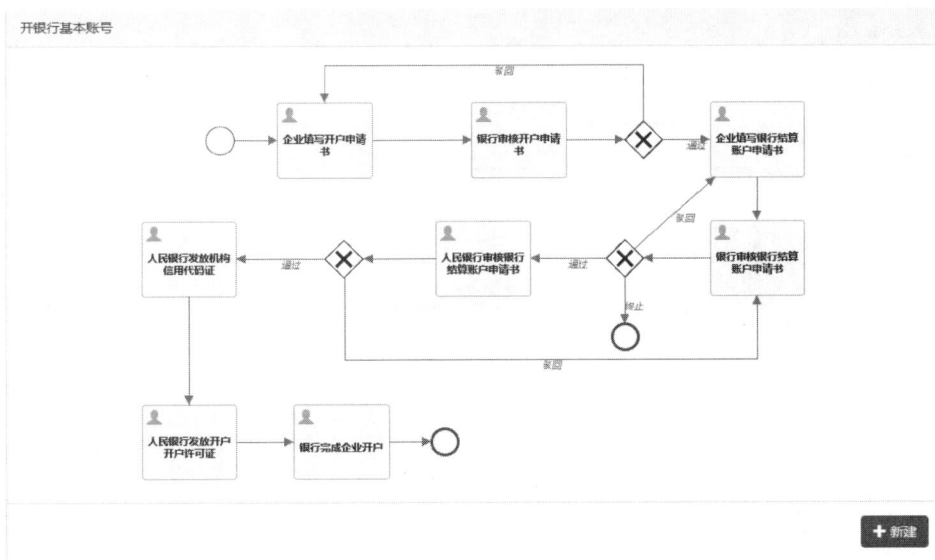

图5-11　企业基本账户开户业务流程图

点击图5-11中右下角"新建",填写企业基本账户开户申请表,样表填写见图5-12;填写完成后,点击页面下方"提交",此时回到企业基本账户开户申请界面,见图5-13。

— 103 —

企业基本账户开户申请

企业名称	兰州大米科技有限责任公司
申请理由	企业设立开户
申请人	大米

提交

图 5-12　企业基本账户开户申请表

图 5-13　企业基本账户开户申请界面

点击"流程跟踪",可以看到基本账户开户流程处于"银行审核开户申请书"阶段(见图 5-14)。此时,企业可带上纸质单据到商业银行柜台办理企业基本账户开户业务。

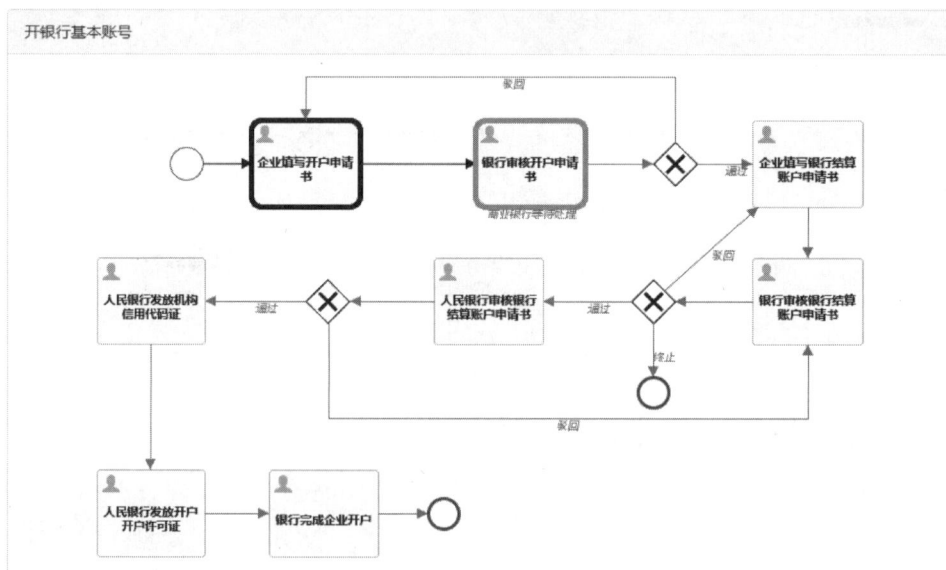

图 5-14　企业基本账户开户流程跟踪(银行审核阶段)

2. 银行审核企业基本账户开户申请

商业银行工作人员在业务操作界面,点击"开户管理",点击左侧"开户申请书管理",见图5-15,然后点击"领取任务";在弹出的页面中点击"领取并处理",再点击"确定",然后可以看到企业基本账户开户申请表,见图5-16。

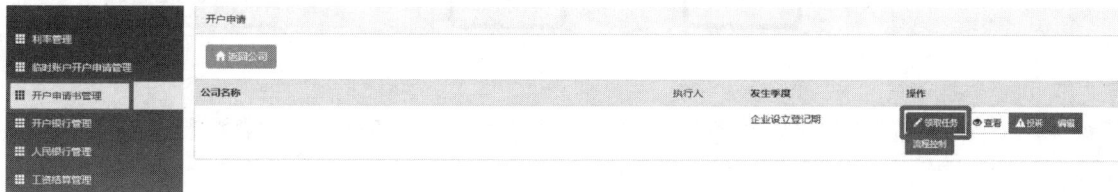

图5-15 开户申请书管理界面

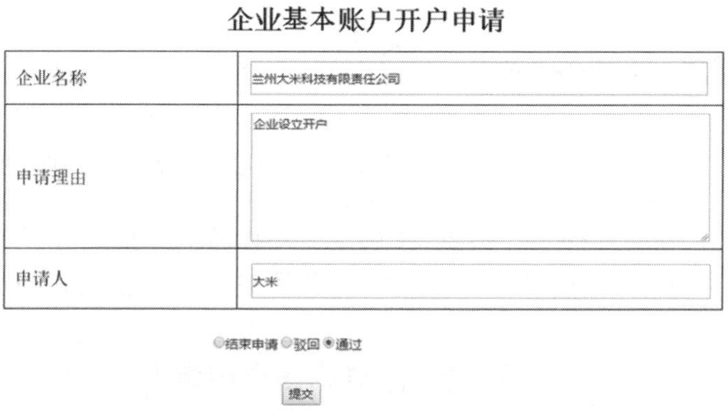

企业基本账户开户申请

企业名称	兰州大米科技有限责任公司
申请理由	企业设立开户
申请人	大米

○结束申请 ○驳回 ●通过

提交

图5-16 审核企业基本账户开户申请表

若企业提交的基本账户开户申请表不符合要求,点击"驳回"按钮,然后点击"提交";若企业提交的基本账户开户申请表符合要求,点击"通过"按钮,然后点击"提交";如果银行要结束流程,点击"结束申请"并点击"提交",则结束企业开户流程。

若商业银行审核通过,商业银行可以在企业基本账户开户申请审核界面点击"流程跟踪",此时流程跟踪处于"企业填写结算账户申请表"的阶段。

3. 企业填写开立单位银行结算账户申请书

企业从商业银行业务大厅界面进入开户业务界面,点击左侧"企业基本开户业务",进入企业基本开户业务开户申请界面,此时可以看到有待领取的任务,见图5-17;点击"领取任务",可以看到企业基本开户业务流程跟踪提示处于"企业填写结算账户申请表"阶段,见图5-18。

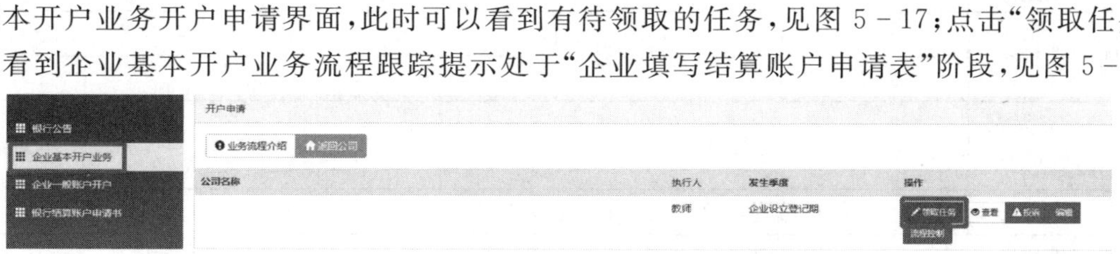

图5-17 企业基本开户业务开户申请界面

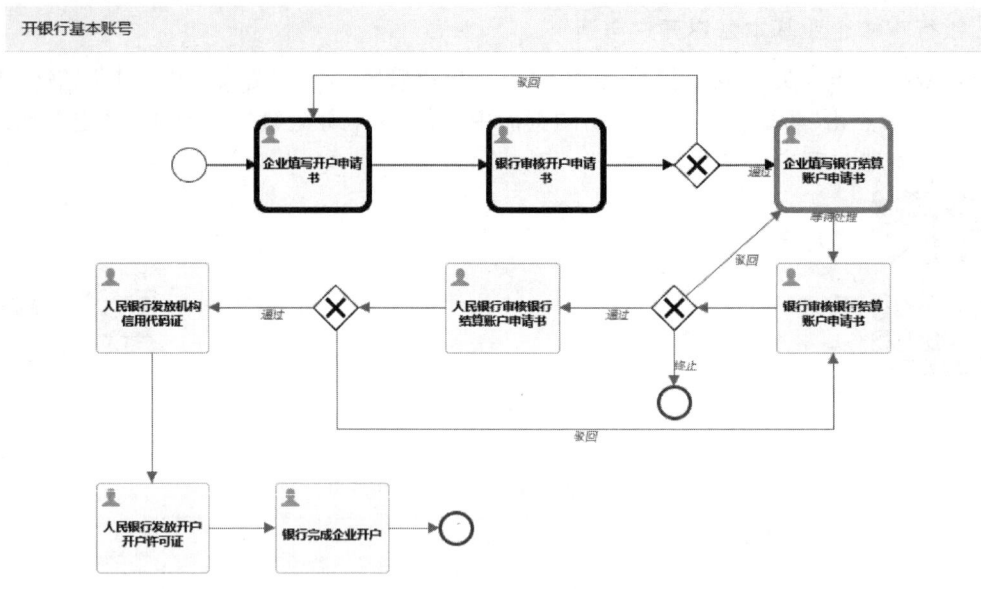

图 5-18　企业基本开户业务流程跟踪(企业填写银行结算账户申请书阶段)

　　点击页面右下角"领取并处理",再点击"确定",可以看到空白的开立单位银行结算账户申请书(见图 5-19),企业根据企业情况进行填写,填写完成后点击页面下方的"提交",由商业银行进行审核。

开立单位银行结算账户申请书

存款人		电话	
地址		邮编	
存款人类别		组织机构代码	
法定代表人(　)	姓名		
单位负责人(　)	证件种类		
行业分类	A(　)B(　)C(　)D(　)E(　)F(　)G(　)H(　)I(　)J(　) K(　)L(　)M(　)N(　)O(　)P(　)Q(　)R(　)S(　)T(　)		
注册资金		地区代码	
经营范围			
证明文件种类		证明文件编号	
税务登记证编号 (国税或地税)			
关联企业	关联企业信息填列在"关联企业登记表"上		
账户性质	基本(　)一般(　)专用(　)临时(　)		
资金性质		有效日期至	年　月　日

图 5-19　空白的开立单位银行结算账户申请书(部分)

4. 银行审核开立单位银行结算账户申请书

商业银行工作人员进入业务操作界面,点击"开户管理",再点击"开户申请书管理",可以看到有待领取的任务,点击页面中的"领取任务",再点击"领取并处理",然后点击"确定",可以看到企业提交审核的开立单位银行结算账户申请书。

银行审核后,若内容填写不符合要求,银行则可以点击页面下方的"驳回",并点击"提交",将该表单退回到企业,由企业进行修改;若内容填写符合要求,银行则点击"通过",并点击"提交",完成审核;若要结束流程,银行则点击"结束申请",并点击"提交"。

5. 人民银行审核开立单位银行结算账户申请书

商业银行审核开立单位银行结算账户申请书通过后,系统会自动跳转到"银行审核结算账户申请书"界面,见图5-20;点击"领取任务",可以看到流程跟踪处于"人民银行审核银行结算账户申请书"阶段,见图5-21。

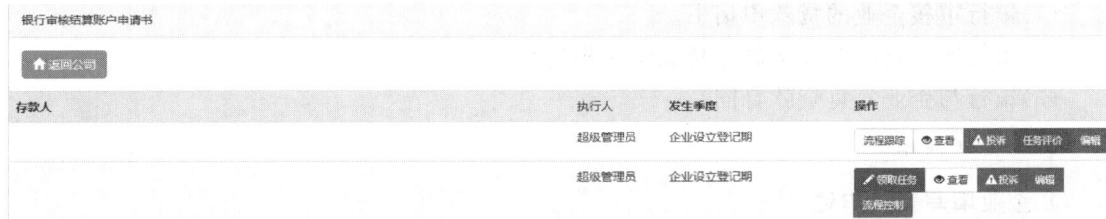

图 5-20 "银行审核结算账户申请书"界面

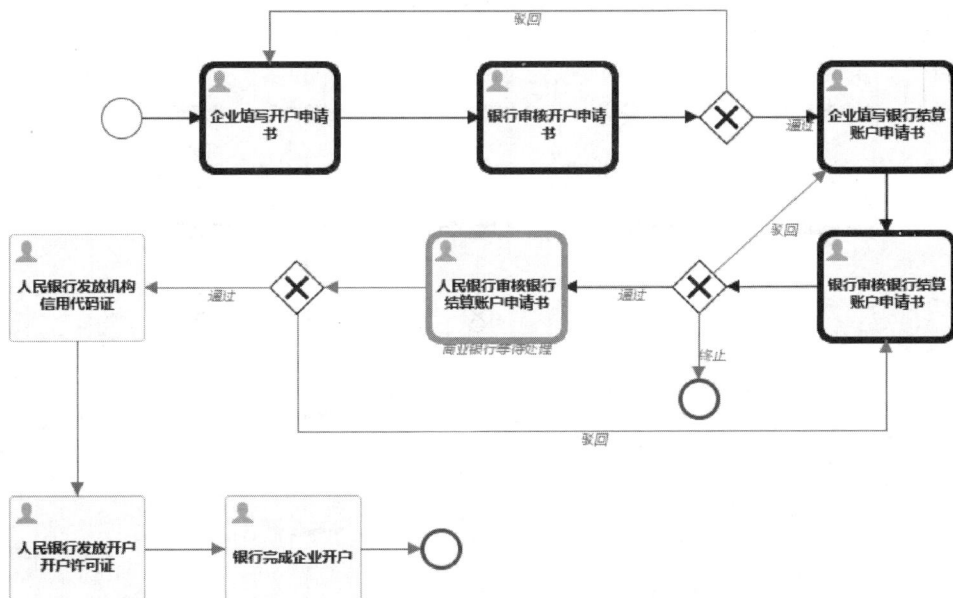

图 5-21 企业基本账户开户流程跟踪(人民银行审核阶段)

由于人民银行在模拟实训中的业务较少,因此在系统平台中人民银行的业务由商业银行代为处理。此时,银行可在其业务界面看到有待处理事项,点击"领取并处理",再点击"确定",则可进行对企业结算账户的审核,若审核不符合要求,可以点击"驳回",并点击"提交";若审核符合要求,则填写需由人民银行填写的部分,然后直接点击"提交"即可。此时企业基本账户开户流程结束。

企业除开立基本账户外,还需要提交单位银行结算账户管理协议、银行开户授权书、印鉴卡等。

四、贷款管理

(一)实训目的

通过模拟实训,学生可以了解企业申请银行贷款的基本流程及知识。学生在教师指导下,掌握银行贷款的基本流程及贷款申请书、调查报告等的填制。

(二)实训内容

(1)银行审核企业的贷款申请书。
(2)银行实施贷款调查并制作贷款调查报告。
(3)银行与企业签订贷款合同。

(三)实训操作

1. 企业填写贷款申请

企业进入商业银行主界面,点击页面下方的"贷款业务",点击左侧"申请贷款",进入申请贷款主界面,可以看到企业贷款的整个流程,见图5-22。

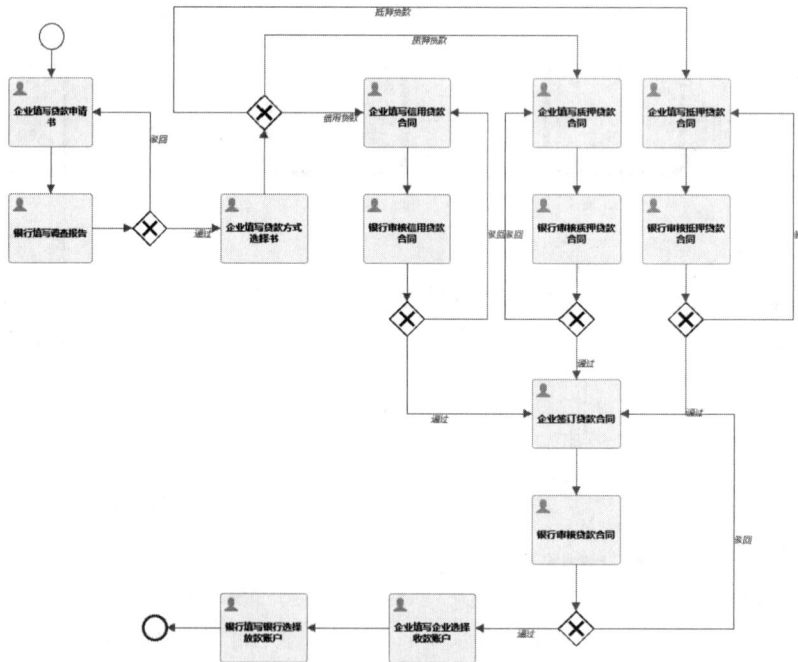

图5-22 企业贷款流程

点击图5-22右下方的"新建",可以看到空白贷款申请书(见图5-23),企业填写公司简介、贷款理由、贷款金额及贷款用途等信息后，点击页面下方的"提交"按钮。

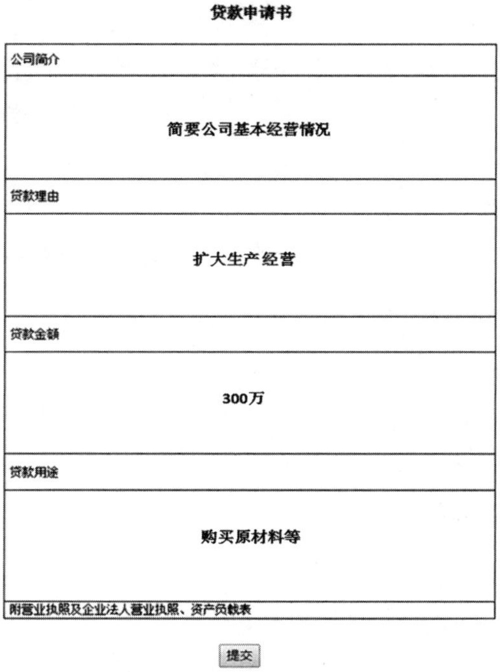

图 5 - 23　空白贷款申请书

企业填完提交后，点击"贷款申请书"页面中的"流程跟踪"，见图 5 - 24，然后可以看到企业贷款流程处于"银行填写调查报告"阶段。

图 5 - 24　"贷款申请书"页面

2. 银行填写调查报告

银行业务人员进入贷款管理界面，点击左侧"调查报告管理"，可以看到有一项任务待领取，见图 5 - 25；点击"领取任务"后，可以看到企业贷款流程跟踪提示此时处于"银行填写调查报告"阶段；点击页面下方的"领取并处理"，再点击"确定"，此时可以看到空白的调查报告（见图 5 - 26），商业银行认真填写完成后，点击页面下方的"提交"。提交后，商业银行工作人员可以点击"贷款调查报告"页面的"流程跟踪"，可以看到企业贷款流程跟踪提示当前处于"企业填写贷款方式选择书"阶段。

图 5-25 贷款调查报告界面

图 5-26 空白的贷款调查报告

3. 企业选择贷款方式

企业进入商业银行业务大厅,点击贷款业务,然后点击左侧"贷款方式选择",进入贷款方式选择界面,可以看到有任务待领取,点击"领取任务",可以看到企业贷款流程跟踪提示处于"企业填写贷款方式选择书"阶段,点击页面下方的"领取并处理",再点击"确定",可以看到如图 5-27 所示的"贷款方式选择书"。下面以抵押贷款为例介绍,即此处选择"抵押贷款",然后点击"提交"。

图 5-27 贷款方式选择书

4. 企业填写抵押贷款合同

完成以上操作后,此时在贷款方式选择界面会出现一个待领取任务,点击"领取任务",可以看到企业贷款流程跟踪提示目前处于"企业填写抵押贷款合同"阶段,此时点击页面下方的"领取并处理",然后点击"确定",可以看到空白的"借贷抵押合同",见二维码 5-1。企业填写完成后,点击页面下方"提交",提交银行审核。此时系统自动跳回借贷抵押合同界面,点击"流程跟踪",可以看到企业贷款流程跟踪提示此时处于"银行审核抵押贷款合同"的阶段。

二维码 5-1 借贷抵押合同

5. 银行审核抵押贷款合同

商业银行业务人员进入贷款管理界面,点击左侧"抵押合同管理",可以看到有一条任务处于待领取状态,点击"领取任务",可以看到企业贷款流程跟踪提示此时处于"银行审核抵押贷款合同"阶段,点击页面下方的"领取并处理",点击"确定",可以看到企业提交的抵押贷款合同。

银行在审核抵押贷款合同时,若合同内容不符合要求,则点击"驳回",然后点击"提交",则抵押贷款合同退回企业进行修改,然后企业修改完成后可以再次提交;若审核后合同内容符合要求,则点击"通过",然后点击"提交"。此时银行可以查看流程跟踪,系统提示此时处于"企业签订贷款合同"阶段。

6. 企业填写贷款合同

企业进入商业银行业务大厅,点击贷款业务,然后点击左侧"贷款合同",进入"人民币资金借贷合同"界面,见图 5-28;点击图 5-28 右下角的"领取任务",可以看到流程跟踪提示处于"企业签订贷款合同"阶段,点击页面下方的"领取并处理",再点"确定",可以看到空白的"人民币资金借贷合同"(见二维码 5-2)。

图 5-28 "人民币资金借贷合同"界面

注意:系统平台要求借款金额必须是整数,不能出现小数点;贷款期限只能使用1、2、3、……这样的整数数字,1 表示借款期限是 1 个季度,2 表示借款期限是 2 个季度,以此类推。

二维码 5-2 空白的人民币资金借贷合同

企业填写完成后,点击页面下方"提交",即提交给商业银行进行审核。此时企业点击页面中的"流程跟踪",可以看到流程跟踪提示处于"银行审核贷款合同"阶段。

7. 银行审核贷款合同

商业银行业务人员进入贷款管理界面,然后点击左侧"贷款合同管理",可以看到有一项待领取任务,点击"领取任务",可以看到流程跟踪提示处于"银行审核贷款合同"阶段,点击页面下方的"领取并处理",点击"确定",可以看到企业提交的人民币资金借贷合同。

商业银行在审核人民币资金借贷合同时,若填写不符合要求,点击"驳回",然后点击"提交",退回企业修改;若企业填写符合要求,点击"通过",然后点击"提交",完成审核工作。

商业银行点击页面中的"流程跟踪",可以看到流程跟踪提示此时处于"企业填写企业选择收款账户"阶段。

8. 企业选择收款账户

企业进入商业银行业务大厅,点击贷款业务,然后点击左侧"贷款合同",进入"人民币资金借贷合同"界面,可以看到一项待领取任务,点击"领取任务",可以看到流程跟踪提示处于"企业填写企业选择收款账户"阶段,点击页面下方的"领取并处理",点击"确定",可以看到如图5-29所示界面,企业在此选择要使用的收款账号,然后点击"提交",将任务提交给银行继续完成。

9. 银行选择放款账号

商业银行业务人员进入贷款管理界面,然后点击左侧"贷款合同管理",可以看到有一条任务待领取,点击"领取任务",可以看到流程跟踪提示"银行填写银行选择放款账户",点击页面下方的"领取并处理",点击"确定",可以看到"银行选择放款账户"界面,见图5-30。银行选择合适的放款账户后,点击页面下方的"提交"。至此,整个贷款流程全部结束。

图5-29 "企业选择收款账号"界面   图5-30 "银行选择放款账户"界面

五、国际结算

(一)实训目的

通过模拟实训,学生可以了解国际结算的基本流程及相关知识。在教师指导下,学生可以熟悉信用证的申请要求,掌握信用证结算的基本流程。

(二)实训内容

(1)审核企业提交的出口合同。

(2)根据出口合同及企业要求为企业开立信用证。

(3)为开出的信用证办理结算业务。

（三）实训操作

模拟企业在银行业务界面中选择"国际结算"，进入国际结算界面，点击左侧"信用证开证"，进入信用证开证界面；填写信用证的内容，填写完成后，点击"提交"；再点击"查看"，可以查看填写的信用证内容；审核信用证和审核出口合同均由国外银行填写并发回一些单据，银行人员可以查看其内容。此实训中没有实际的操作业务，银行只需要单击"发放信用证"将信用证发给对应的企业即可。

六、团队总结

（一）实训目的

通过对模拟商业银行的工作总结，学生可以对银行业务有更全面的认识与了解，从而加深对模拟实训教学内容的掌握。

（二）实训内容

（1）总结银行的业务种类及流程，以及贷款的基本流程。

（2）总结模拟实训期间团队成员的表现。

（3）小组成员完成个人实训报告并完成团队总结。

（三）实训操作

（1）总结银行各岗位的职责及要求。

（2）总结团队成员的工作表现，找出不足之处。

（3）完成个人实训报告，完成小组总结报告和演示文稿（PPT）。

（4）完成对银行工作的总结与评价。

第六章　市场监督管理局业务实训

第一节　市场监督管理局介绍

国家为了建立和维护市场经济秩序,通过市场监督管理和行政执法等机关,运用行政和法律手段,对市场经营主体及其市场行为进行监督管理。

一、市场监督管理局的主要职责

市场监督管理局的主要职责如下:

(1)负责市场监督管理和行政执法的有关工作,起草有关法律法规草案,制定市场监督管理规章和政策。

(2)负责各类企业、农民专业合作社和从事经营活动的单位、个人以及外国(地区)企业常驻代表机构等市场主体的登记注册并监督管理,承担依法查处取缔无照经营的责任。

(3)承担依法规范和维护各类市场经营秩序的责任,负责监督管理市场交易行为和网络商品交易及有关服务的行为。

(4)承担监督管理流通领域商品质量和流通环节食品安全的责任,组织开展有关服务领域消费维权工作,按分工查处假冒伪劣等违法行为,指导消费者咨询、申诉、举报受理、处理和网络体系建设等工作,保护经营者、消费者合法权益。

(5)承担查处违法直销和传销案件的责任,依法监督管理直销企业和直销员及其直销活动。

(6)负责垄断协议、滥用市场支配地位、滥用行政权力排除限制竞争方面的反垄断执法工作(价格垄断行为除外)。依法查处不正当竞争、商业贿赂、走私贩私等经济违法行为。

(7)负责依法监督管理经纪人、经纪机构及经纪活动。

(8)依法实施合同行政监督管理,负责管理动产抵押物登记,组织监督管理拍卖行为,负责依法查处合同欺诈等违法行为。

(9)指导广告业发展,负责广告活动的监督管理工作。

(10)负责商标注册和管理工作,依法保护商标专用权和查处商标侵权行为,处理商标争议事宜,加强驰名商标的认定和保护工作。负责特殊标志、官方标志的登记、备案和保护。

(11)组织指导企业、个体工商户、商品交易市场信用分类管理,研究分析并依法发布市场主体登记注册基础信息、商标注册信息等,为政府决策和社会公众提供信息服务。

(12)负责个体工商户、私营企业经营行为的服务和监督管理。

(13)开展市场监督管理方面的国际合作与交流。

(14)领导市场监督管理业务工作。

(15)承办上级部门交办的其他事项。

市场监督管理局在实训平台中的主要作用是为企业的成立和生产运营提供良好的市场环境,并对企业的运营进行检查和监督管理。

二、市场监督管理局实训的业务规则

(一)业务总则

根据市场监督管理局在仿真市场环境中的作用、地位,得出市场监督管理局的业务总则有以下几条。

(1)市场监督管理局是模拟实训中的管理机构,监督仿真市场的运行,维护模拟实训的经济秩序和工作秩序,促进仿真市场经济的健康发展。

(2)市场监督管理局是虚拟的职能机构,主管市场监督管理和行政执法。市场监督管理局的基本任务是:确认市场主体资格,规范市场主体行为,维护市场经济秩序,保护商品生产经营者和消费者的合法权益;参与市场体系的规划、培育;负责商标的统一注册和管理;实施对广告活动的监督管理;监督管理仿真市场的正常有序运行。

(3)市场监督管理局行使职权,坚持依法、公正、效率、廉洁的原则。

(4)市场监督管理局依法独立行使职权,不受非法干预。

(5)市场监督管理局实行执法监督制度,并接受模拟实训公众的监督。

(二)业务细则

根据市场监督管理局的实训业务总则,得出市场监督管理局在平台中主要实现的业务以及其规则如下。

(1)市场监督管理局负责模拟实训中商品生产、经营活动的各类企业(简称经营者,下同)的法人资格或合法经营地位。它受理经营者的设立、变更、分公司和注销登记申请,并依照法律、法规规定的原则和程序,审查是否予以核准登记。

(2)市场监督管理局受理各个经营者的商标注册申请。

(3)市场监督管理局负责对已成立公司和其分公司的年度检查任务,对各个经营者的登记注册及其相关活动进行监督管理。

(4)市场监督管理局还负责接收模拟实训中任何组织和个人的举报及申诉登记,并进行记录、查证、处理,同时负有保护投诉人、保证不泄漏投诉内容的义务。

(5)市场监督管理局还可对各个仿真企业的违法行为进行罚款处理,根据其触犯情况的严重程度,对其进行不同数额的罚款。

(三)考核规则

模拟实训中可以对市场监督管理局进行评价,其服务的仿真生产企业还有其他的外围服务业都可以对市场监督管理局的工作情况进行点评,其主要考核标准为:①业务登记与办理的效率;②业务的正确率;③投诉率;④出勤率;⑤实训报告。

三、市场监督管理局的功能

市场监督管理局在模拟实训中主要负责对模拟实训中的企业进行企业注册登记以及对企业的年度检查进行管理,同时接受企业的监督投诉。根据市场监督管理局在模拟实训中的作用,得出其主要的功能如图6-1所示。

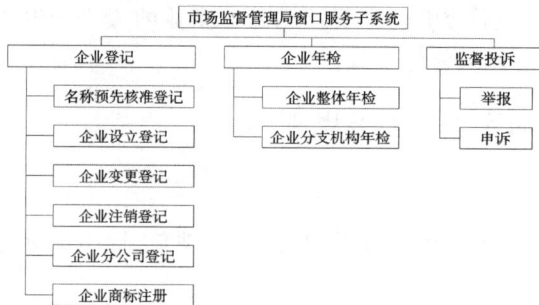

图 6-1   市场监督管理局的功能

第二节   市场监督管理局业务流程

一、企业名称预先核准

企业名称预先核准,是指由市场监督管理局对企业拟申请的公司名称进行审核。企业名称一般包括四部分:行政区域名称、字号、行业或经营特点、组织形式,如兰州大米科技有限责任公司。企业名称预先核准一般由企业通过市场监督管理局的网上办公系统预先进行名称登记。

(一)需要提交的材料

现实生活中,企业名称登记需要提交的材料内容有名称信息、企业信息、投资人信息等。

名称信息包括名称行政区划、名称地域、行业信息、组织形式、申请字号、申请名称。

企业信息包括注册资本、住所所在地、住所所在行政区划、行业门类、经营(业务)范围、联系人名字和电话。

投资人信息包括投资人姓名、投资人类型、证件类型、证件号码等信息,也可以增加多条投资人信息。

实训模拟中,企业名称预先核准线上申报通过后,企业需要打印"企业名称预先核准申请书"和"企业名称预先核准审核表",其具体样表见二维码 6-1、二维码 6-2。

二维码 6-1   企业名称预先核准申请书

二维码 6-2   企业名称预先核准审核表

（二）企业名称预先核准登记线上申请流程

企业名称预先核准登记的线上申请基本流程如图6-2所示。该企业名称预先核准的基本流程，是真实企业的名称预先核准的基本流程，并非是模拟实训中的情况。

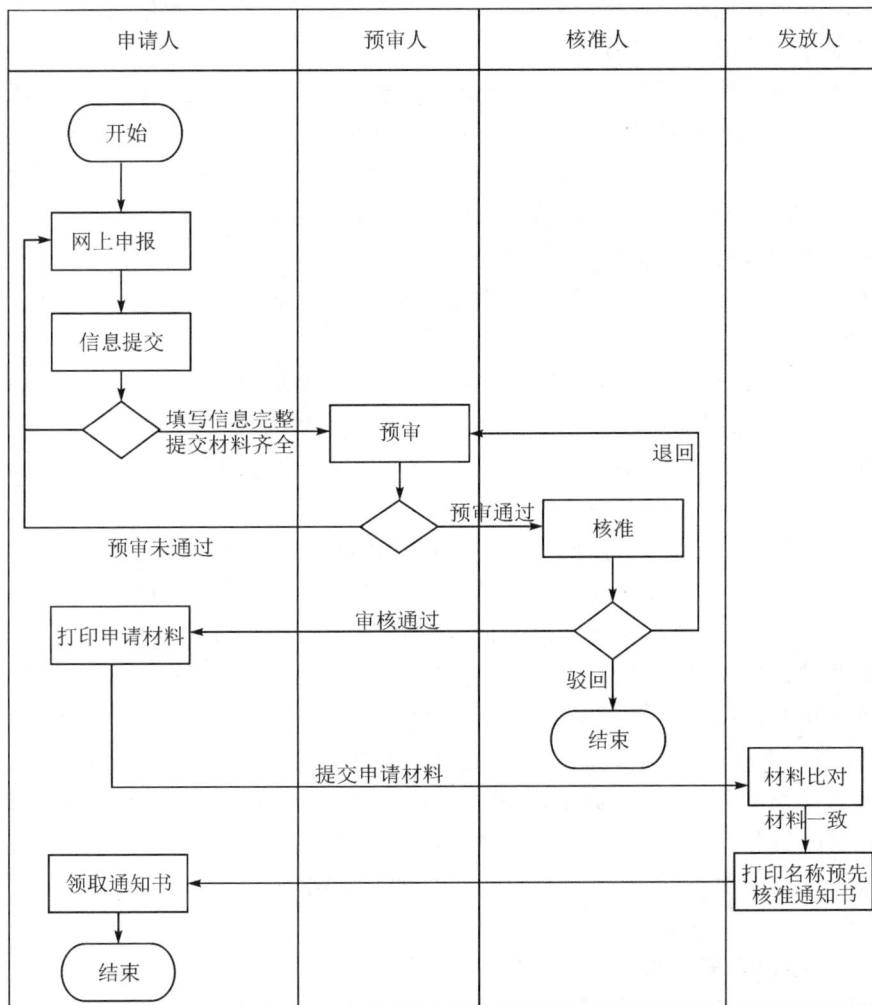

图6-2 企业名称预先核准线上申请基本流程

二、企业设立登记

企业申请的名称预先核准审核通过后，企业就可以使用申请的名称进行后续的企业设立登记工作。通过企业先在网上提交的相交资料，市场监督管理局审核通过后，企业带全部纸质材料到市场监督管理局办理登记业务，待市场监督管理局现场确认后，市场监督管理局收取全部纸质材料。市场监督管理局审核材料齐全无异议后，会为企业下发"新企业设立审核通过"的通知（多是网上通知），一般一周内企业就可以到市场监督管理局领取营业执照正本和副本。

（一）需要提交的材料

企业设立登记期（以股份制公司为例，下同）需要向市场监督管理局提交的材料如下：

（1）公司法定代表人签署的"公司设立登记申请书"，即公司登记（备案）申请书，以及"公司设立登记审核表"。

（2）全体股东签署的"指定代表或者共同委托代理人的证明"及指定代表或委托代理人的身份证件复印件；应标明指定代表或者共同委托代理人的办理事项、权限、授权期限。

（3）全体股东签署的公司章程。

（4）股东的主体资格证明或者自然人身份证件复印件；股东为企业的，提交营业执照副本复印件；股东为事业法人的，提交事业法人登记证书复印件；股东为社团法人的，提交社团法人登记证复印件；股东为民办非企业单位的，提交民办非企业单位证书复印件；股东为自然人的，提交身份证复印件；其他股东提交有关法律法规规定的资格证明。

（5）依法设立的验资机构出具的验资证明。

（6）股东（发起人）出资情况表，股东首次出资是非货币财产的，提交已办理财产权转移手续的证明文件。

（7）董事、监事和经理的信息表，任职文件及身份证件复印件。

（8）法定代表人任职文件及身份证件复印件；根据《中华人民共和国公司法》和公司章程的有关规定，提交股东会决议、董事会决议或其他相关材料。股东会决议由股东签署，董事会决议由董事签字。

（9）住所（经营场所）登记表，住所（经营场所）使用证明；自有房产提交房屋产权证复印件；租赁房屋提交租赁协议复印件以及出租方的房屋产权证复印件。有关房屋未取得房屋产权证的，属城镇房屋的，提交房地产管理部门的证明或者竣工验收证明、购房合同及房屋销售许可证复印件；属非城镇房屋的，提交当地政府规定的相关证明。出租方为宾馆、饭店的，提交宾馆、饭店的营业执照复印件。使用军队房产作为住所的，提交"军队房地产租赁许可证"复印件。将住宅改变为经营性用房的，属城镇房屋的，还应提交"登记附表-住所（经营场所）登记表"及所在地居民委员会（或业主委员会）出具的有利害关系的业主同意将住宅改变为经营性用房的证明文件；属非城镇房屋的，提交当地政府规定的相关证明。

（10）房屋方位图、承诺书、企业名称自主申报使用承诺书。

（11）财务负责人信息（表）、联络员信息（表）。

（12）企业名称预先核准通知书。

（13）法律、行政法规和国务院决定规定设立有限责任公司必须报经批准的，提交有关的批准文件或者许可证书复印件。

（14）公司申请登记的经营范围中有法律、行政法规和国务院决定规定必须在登记前报经批准的项目，提交有关的批准文件或者许可证书复印件或许可证明。

另外需要注意的是：

（1）依照《中华人民共和国公司法》《中华人民共和国公司登记管理条例》设立的除一人有限责任公司和国有独资公司以外的有限责任公司申请设立登记适用以上规范。

（2）"公司设立登记申请书""指定代表或者共同委托代理人的证明""登记附表-住所（经营场所）登记表"可以通过国家市场监督管理总局"中国企业登记网"（http://qyj.saic.gov.cn）下载或者到市场监督管理部门领取。

（3）提交的申请书与其他申请材料应当使用A4型纸。

以上各项未注明提交复印件的，应当提交原件；提交复印件的，应当注明"与原件一致"并由股东签署,或者由其指定的代表或委托的代理人加盖公章或签字。

以上涉及股东签署的,自然人股东由本人签字,自然人以外的股东加盖公章。

(二)企业设立登记的流程

企业设立登记的一般流程是向市场监督管理局提交公司设立登记申请书,并提供相关材料,包括委托代理人委托证明书、公司章程、验资证明、股东身份证复印件、股东会决议、营业场所证明、企业名称预先核准通知书等。市场监督管理局审核材料无误齐全后,发放营业执照;若审核不通过,则企业重新提交材料。企业设立登记的流程见图6-3,此图是真实企业在办理企业设立登记时的流程。

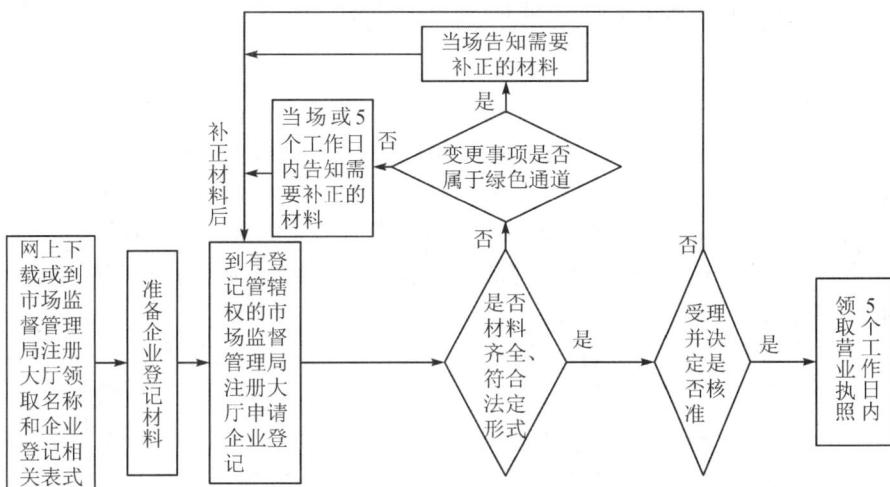

图6-3 企业设立登记流程图

三、商标注册

(一)商标注册概述

商标注册是商标使用人取得商标专用权的前提和条件,只有经核准注册的商标才受法律保护。商标注册原则是确定商标专用权的基本准则,不同的注册原则的选择是各国立法者在这一问题中对法律的确定性和法律的公正性二者关系进行权衡的结果。商标通过确保商标注册人享有用以标明商品或服务,或者许可他人使用以获取报酬的专用权,而使商标注册人受到保护。

商标注册,是指商标使用人将其使用的商标依照法律规定的条件和程序,向国家商标主管机关(国家市场监督管理总局商标局)提出注册申请,经国家商标主管机关依法审查,准予注册登记的法律事实。在中国,商标注册是商标得到法律保护的前提,是确定商标专用权的法律依据。商标使用人一旦获准商标注册,就标志着它获得了该商标的专用权,并受到法律的保护。

(二)需要提交的材料

企业在完成设立登记后,可以进行商标注册,所需材料如下:

(1)加盖申请人公章的商标注册申请书。

(2)商标图样6张(申请书背面贴1张,交5张),要求图样清晰,规格为长和宽不小于5厘米且不大于10厘米。若指定颜色,贴着色图样1张,交着色图样5张,附黑白图样1张。

（3）申请人的主体资格证明文件的复印件（一般为营业执照副本复印件，注意是副本而非正本）。

（4）加盖申请人公章的商标代理委托书。

（5）如申请注册的商标是人物肖像，应附送经过公证的肖像权所有人同意将此肖像作为商标注册的声明文件。

同时，还需注意以下两方面事项：

（1）申请费用：需向商标局缴300元费用；委托代理机构办理的，还需向代理机构交600～800元左右的代理费。

（2）商标局大约1个月发出受理通知书；初审公告期3个月；商标注册完成，大约需要1年的时间。

（三）商标注册流程

商标注册流程一般是：先对商标进行查询，如果现在没有相同或近似的商标，就可以制作申请文件，递交新商标申请了；申请递交后3个月左右，商标局会下发申请受理通知书（此期间为形式审查阶段）。形式审查完毕后，进入实质审查阶段，需9个月左右。如果实质审查合格，进入公告程序（此期间为3个月，也称为异议期间）；公告期满，无人提出异议的，企业则获得商标注册证。商标注册流程如图6-4所示。

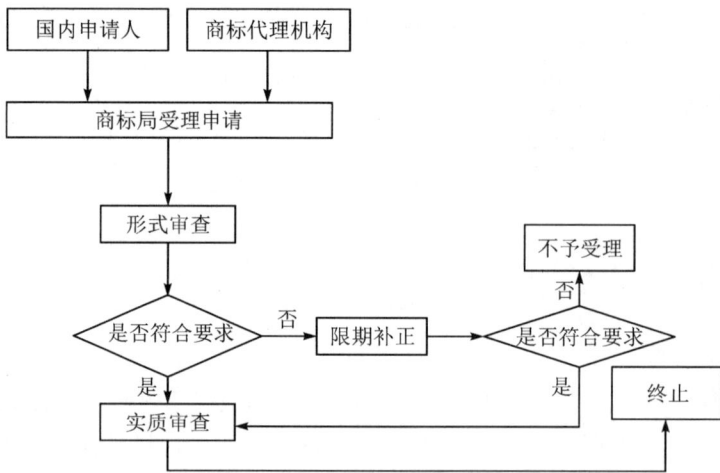

图6-4　商标注册流程

四、企业及其分支机构年检

（一）企业年检概述

企业年度检验（即企业年检）是指市场监督管理机关依法按年度对企业进行检查，确认企业继续经营资格的法定程序。凡领取"中华人民共和国企业法人营业执照""中华人民共和国营业执照""企业法人营业执照""营业执照"的有限责任公司、股份有限公司、非公司企业法人和其他经营单位，均须参加年检。当年设立登记的企业，自下一年起参加年检。2014年2月以后，企业年度检验制度改为企业年度报告公示制度。

企业年检的主要目的是审核已登记的企业是否合法经营，是否具有继续经营的能力。其中,对注册资本的年检是一个相当重要的内容,因为是否有足够的资本是考核企业是否有持续经营能力的一个重要标志。实质上,注册资本的年检是对企业注册资本的一种定期审核,可在一定程度上防止企业在验资通过后再抽逃资金,远比对企业时点资金的验资要可靠得多,这也是为什么要进行企业年检的目的之一。

(二)年检准备材料

年检应准备以下材料:

(1)年检报告书;登记事项情况;备案事项情况;对外投资情况;设立、撤销分支机构情况;经营情况。

(2)企业指定的代表或者委托代理人的证明。

(3)营业执照副本。

(4)经营范围中有属于企业登记前置行政许可经营项目的,加盖企业印章的相关许可证件、批准文件的复印件。

(5)国家市场监督管理总局规定要求提交的其他材料。

(6)企业法人应当提交年度资产负债表和损益表。

(7)企业应当提交由会计师事务所出具的审计报告。

(8)企业有非法人分支机构的,还应当提交分支机构的营业执照副本复印件。

(9)已进入清算的企业只提交年检报告书。

(10)企业非法人分支机构、其他经营单位申报年检除提交年检报告书外,非法人分支机构还应当提交隶属企业上一年度已年检的营业执照副本复印件;其他经营单位还应当提交隶属机构的主体资格证明复印件。

(三)年检审查内容

企业登记机关对企业的年检材料主要审查下列内容:

(1)企业是否按照规定使用企业名称,改变名称是否按照规定办理变更登记。

(2)企业改变住所是否按照规定办理变更登记。

(3)企业变更法定代表人是否按照规定办理变更登记。

(4)企业有无虚报注册资本行为;股东、发起人是否按照规定缴纳出资,以及有无抽逃出资行为。

(5)经营范围中属于企业登记前置行政许可的经营项目的许可证件、批准文件是否被撤销、吊销或者有效期届满;经营活动是否在登记的经营范围之内。

(6)股东、发起人转让股权是否按照规定办理变更登记。

(7)营业期限是否到期。

(8)企业修改章程,变更董事、监事、经理,是否按照规定办理备案手续。

(9)设立分公司是否按照规定办理备案手续,是否有分公司被撤销、依法责令关闭、吊销营业执照的情况。

(10)企业进入清算程序后,清算组是否按照规定办理备案手续。

(11)一个自然人是否投资设立多个一人有限责任公司。

(四)年检流程

企业接受年检的基本流程如下:

(1)企业申领、报送年检报告书和其他有关材料。

（2）登记主管机关受理审核年检材料。

（3）企业交纳年检费。

（4）登记主管机关加贴年检标识，加盖年检戳记。

（5）登记主管机关发还企业营业执照。

企业年检的详细流程如图6-5所示。

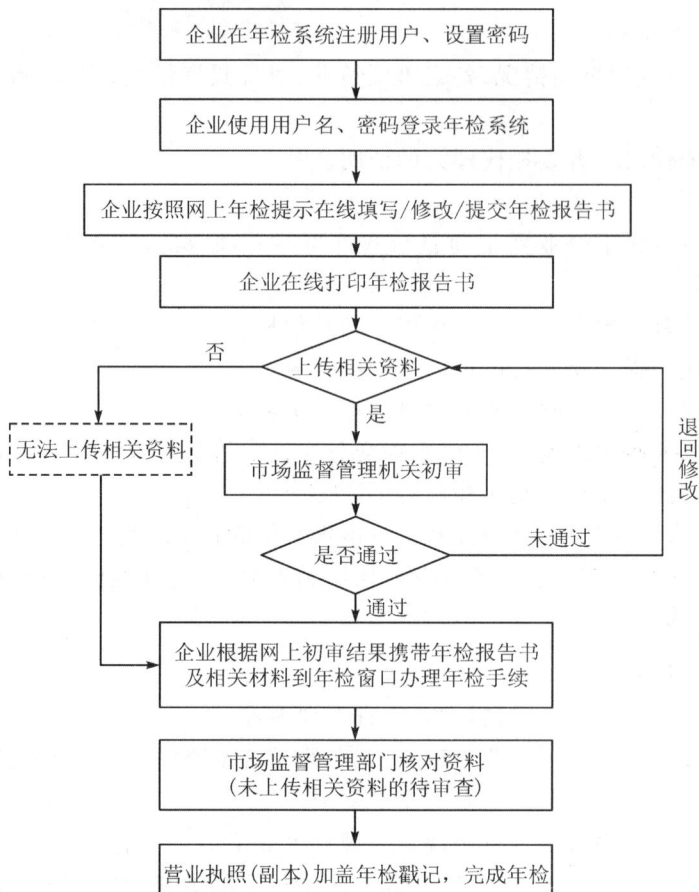

图6-5　企业年检详细流程

第三节　市场监督管理局实训模块

模拟市场监督管理局的主要业务有企业登记、企业年检、监督投诉、查看企业、工作日志、组织机构、财务系统等，具体可参见图6-6。

一、企业登记

企业登记模块下有7个工作内容，即企业设立登记、核准名称信息变更、商标注册、企业分公司登记、企业变更登记、企业注销登记、企业现金收据。

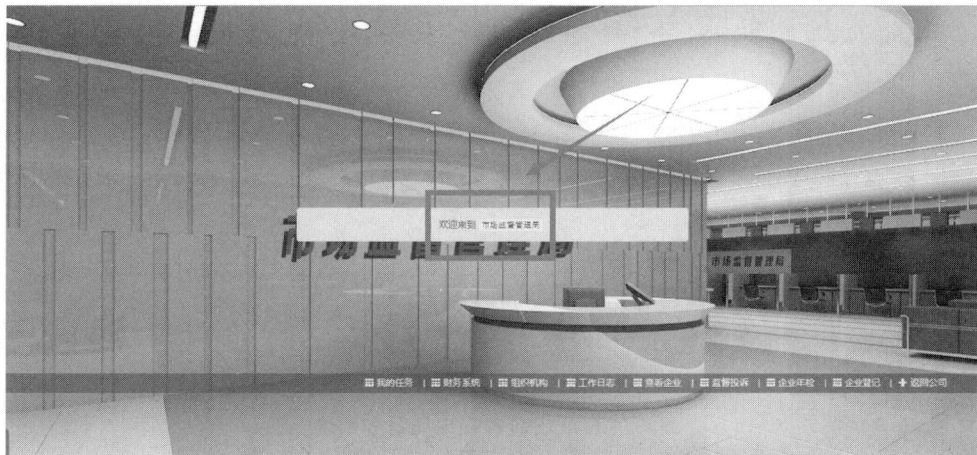

图 6-6　市场监督管理局业务主界面

二、企业年检

企业年检模块下有 2 个工作内容,即企业年检、企业分支机构年检。

三、监督投诉

监督投诉模块下仅监督投诉 1 项业务,该业务的具体工作包括 3 个方面,即举报登记单、申诉登记单、工商罚款。

四、查看企业

在查看企业模块下,模拟市场监督管理局可以查看企业发票使用情况、查看财务报表及查询企业不良付款记录。

五、工作日志

工作日志模块下包括 4 个方面的内容:要求市场监督管理局进行工作日志的填写,记录市场监督管理局的会议纪要,进行市场监督管理局的企业预算,填写市场监督管理局每个成员的学习报告。此部分是为学生模拟实训考核提供参考资料。

六、组织机构

组织机构模块下主要有岗位管理和人员管理 2 部分内容,具体操作参考第二章第二节内容。

七、财务系统

在财务系统模块下,可查看各企业的财务运行情况。点击打开财务系统后,可以看到如图 6-7 所示界面。在此模块中,模拟市场监督管理局可以查看各企业的记账凭证配置、报表参数配置、科目数据报告、财务报表报告、数据分析报告、企业排名等信息。

图 6-7 市场监督管理局财务系统

八、我的任务

在我的任务模块下，企业可以领取任务、查看待处理任务、进行任务评分，见图 6-8。这一模块是为方便模拟市场监督管理局提供业务操作而设计的。

图 6-8 "我的任务"界面

第四节 市场监督管理局实训项目

一、组织机构人员岗位分配

(一)实训目的

通过模拟市场监督管理局实训，学生可以了解市场监督管理局的日常业务种类及基本流程，熟悉市场监督管理局的基本人员构成。模拟市场监督管理局的学生需要熟悉市场监督管理局的岗位职责说明书，熟悉所在岗位的工作内容及流程。

(二)实训内容

(1)模拟市场监督管理局局长进行岗位分配。

(2)团队根据市场监督管理局的业务,列出基本业务清单。

(3)根据业务清单对岗位分工合理性进行审核。

(三)实训操作

(1)通过CEO竞选及模拟招聘会形成市场监督管理局业务人员团队,组建仿真市场监督管理局,人员构成大约3~4人。

(2)注册用户并登录实训平台,进入市场监督管理局界面。

(3)"组织机构"模块包括"岗位管理"和"人员管理"两项功能,具体操作参见第二章第二节,在此不再赘述。

二、工作制度制定

(一)实训目的

通过模拟市场监督管理局,学生可以了解市场监督管理局的基本工作制度。学生在教师指导下拟定虚拟市场监督管理局的岗位职责,制定各部门规章制度及员工考核制度。

(二)实训内容

(1)了解市场监督管理部门工作制度制定的基本规则和要求。

(2)根据市场监督管理部门的岗位划分,制定系统平台中不同岗位的规章制度,以及各岗位的员工职责。

(三)实训操作

(1)首先了解企业在制定规章制度时由哪些部门负责,然后了解规章制度制定时需要遵守的规则和要求。企业在制定规章制度时,规章制度的规定要符合法律规定,务必注意是否与相关法律相抵触,制定的规章制度应具有公平合理性,并经过民主程序制定。在制定规章制度时,应注意以下细节:

①要注意法律的一些强制性规定,不得违背。

②规章制度中应避免没有责任的条款,否则这些条款也是无效的。

③规章制度中不能规定本应在合同中约定的事项。规章制度是企业单方面制定的,虽然有民主程序,经过了职工代表大会或全体职工的讨论、协商,但由于受很多程序上实际操作的限制,企业仍然享有较大的自主权。而劳动合同中的事项,都是双方当事人协商确定的事项,两者有着本质的区别。因为规章制度并不一定要与全体员工讨论,所以在实践中,凡是应当由双方协商确定的事项,没有经过协商而由企业单方面在规章制度中明确规定时,一般情况下,都不会作为审理案件的依据。

④明确规章制度的效力范围。规章制度制定时要明确其效力范围,也就是对哪些人有效、在哪些场合有效、适用于哪些事情、什么时候生效、有无溯及力等。

(2)登录系统平台,进入市场监督管理局的业务操作界面。

(3)学生团队共同分析市场监督管理局的基本组织架构,了解市场监督管理局的岗位分配特点,并对各岗位的职责及要求加以熟悉,为模拟实训中的市场监督管理局制定岗位工作制度,但同样要遵守市场监督管理局制定规章制度时的合理性、合法性等原则。

(4)工作制度最终要交给老师,作为实训材料备案存档。

三、企业登记

(一)实训目的

通过模拟实训,学生可以了解市场监督管理局设定企业设立登记流程及办理业务时需要提交的材料。教师帮助学生熟悉企业设立登记的业务流程、所需材料,并指导学生做好审核企业提交材料的准备。学生准备好需要向企业下发的企业设立登记申请书、准予设立登记通知书、营业执照及副本等空白单据。

(二)实训内容

市场监督管理局与企业进行企业设立登记的交互业务,企业向市场监督管理局提交相关材料,由市场监督管理局审核,如企业名称预告核准委托人代理申请书、企业名称预先核准申请书、投资人(合伙人)名录、企业设立登记申请书、法人代表及监理等信息表。

如果企业提交的材料审核通过,市场监督管理局则向企业发放营业执照及营业执照副本。

(三)实训操作

1. 企业进入市场监督管理局

在完成平台注册、模拟企业员工登录平台后,可以看到如图6-9所示的提示界面。

图6-9 注册期操作提示

在任务提示对话框中,直接点击"完成企业登记",可快速进入市场监督管理局的业务大厅。

2. 企业填写"名称预先核准委托人代理申请书"

点击业务大厅界面右下角的"企业登记",进入企业登记界面,然后点击左侧"企业登记",在右侧下拉列表中点击"名称预先核准委托人代理申请书",见图6-10。

进入界面后,可以看到如图6-11所示的"新企业登记流程",通过此图可以了解企业登记的整个登记过程及要办理的登记业务。当流程开始后,企业正在进行的环节将会以加粗的绿色框框起来,企业已经完成的环节将会以加粗的黑色框框起来,通过这种提示,企业可以了解登记环节的进度。

图 6-10　企业登记

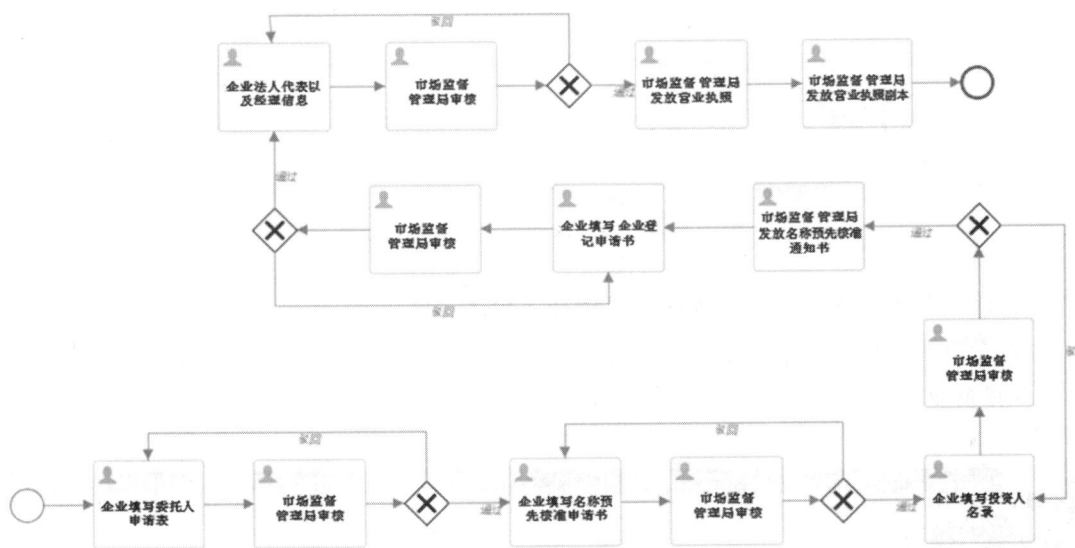

图 6-11　新企业登记流程

查看完企业登记流程图后,点击该图右下方的"新建"按钮,开始名称预先核准委托人代理申请书的填写。二维码 6-3 为名称预先核准委托书,各个企业可根据实际情况进行填写。

二维码 6-3　名称预先核准委托书

填完后点击"提交",然后点击界面中的"流程跟踪",可以看到"企业填写委托人申请表"环节已经由加粗的黑色框框起来(见图 6-12),表示这一环节已经完成,而"市场监督管理局审核"一项由加粗的绿色框框起来,表示当前正处于市场监督管理局审核环节。在后面的操作中,流程跟踪均会以这种规律进行提示,后面不再进行说明。此时,需要公司人员到市场监督管理局窗口申请办理企业名称预先核准登记,并提交纸质"名称预先核准委托人代理申请书",由市场监督管理局予以审核。

— 127 —

新企业登记流程

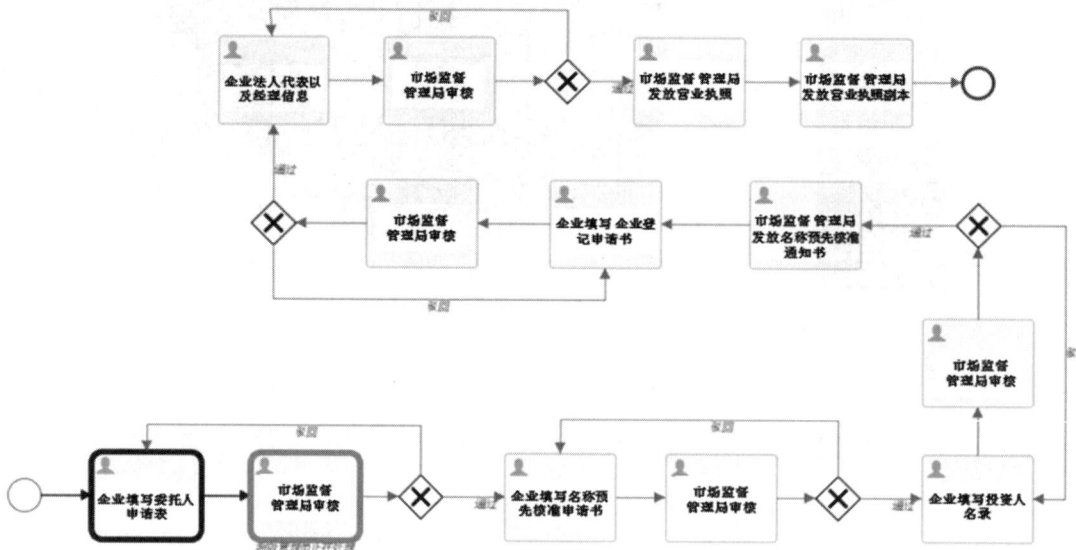

图 6-12　名称预先校准委托代理人申请流程跟踪

3. 市场监督管理局审核名称预先核准委托人代理申请书

市场监督管理局进入平台系统的业务大厅,点击页面右下角的"企业登记";然后点击左侧第一行的"企业设立登记",点击弹出的"名称预先核准委托人代理申请书",进入如图 6-13 所示界面。

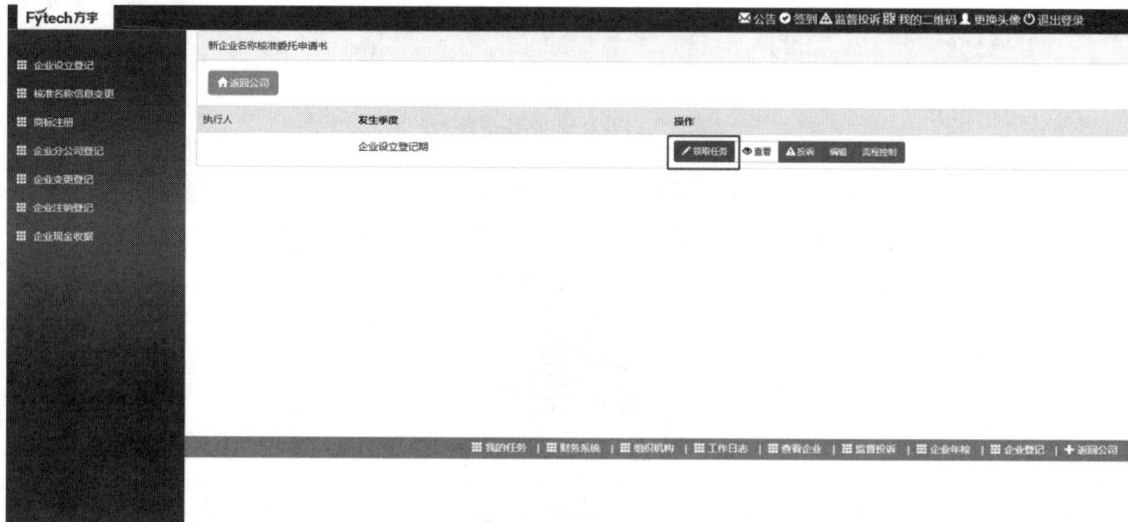

图 6-13　市场监督管理局新企业名称核准委托申请书任务领取界面

市场监督管理局点击"领取任务",在弹出的窗口中可以查看企业的申请进度。市场监督管理局点击右下角的"领取并处理",然后点击图 6-14 中的"确定"。

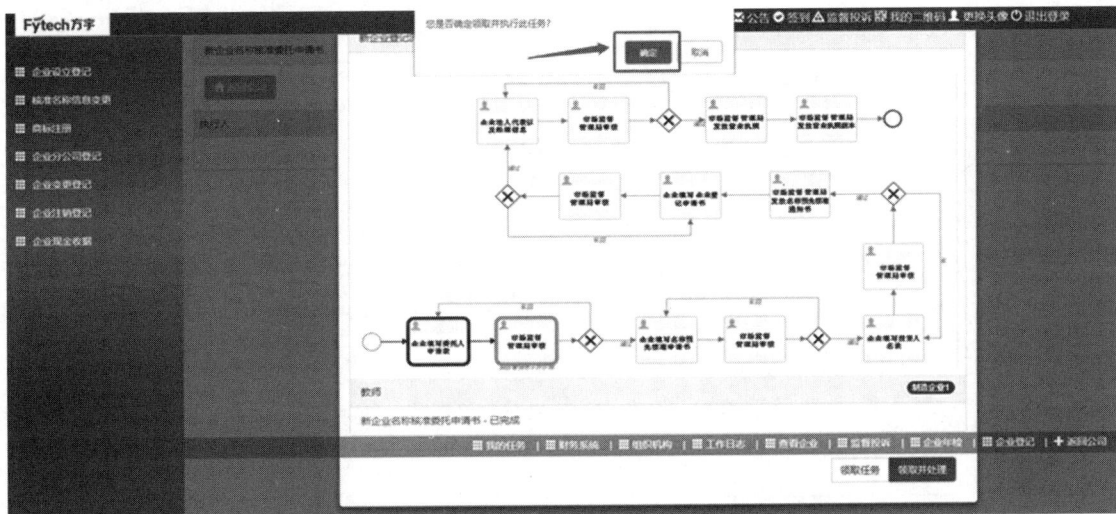

图 6-14　确定领取并执行此任务的询问界面

　　此时市场监督管理局可以查看到企业提交的名称预先核准委托人代理申请书,市场监督管理局认真审核,若审核通过,则点击右下角的"通过";若审核不通过,则点击右下角的"驳回"。

　　如果企业名称预先核准被市场监督管理局柜员驳回,企业并不会收到其他相关提示,但是企业重新进入企业登记界面,在"新企业名称核准委托申请书"的界面点选"领取任务",然后可以看到流程跟踪中加粗的绿色框又回到了"企业填写委托人申请表"这一环节。点击右下方"新企业名称核准委托申请书—等待处理—点击领取任务",然后选择"领取并处理",在页面上方弹出提示"您是否确定领取并执行此任务?"点击"确定",对原来填写的"名称预先核准委托申请书"进行修改,修改后再次提交,并到市场监督管理局提交纸质申请表。

4. 企业填写名称预先核准申请书

　　如果企业名称预先核准被市场监督管理局柜员准予通过,企业则在"企业登记的新企业名称核准委托申请书"界面,点击"领取任务",可以看到流程跟踪图中加粗绿色框向前进了一步,提示进入"企业填写名称预先核准申请书"环节。此时,点击页面右下角"领取并处理"任务,填写名称预先核准申请书,则流程跟踪变更为如图 6-15 所示界面。

　　企业在市场监督管理局业务大厅,点击"企业登记",在左侧"企业登记"栏,点击进入"名称预先核准申请书",然后点击"领取任务",在弹出的窗口右下角点击"领取并处理",点击上方弹出窗口中的"确定",然后填写"名称预先核准申请书",可以二维码 6-4 提供的"名称预先核准申请书"样本及填写作为示范。

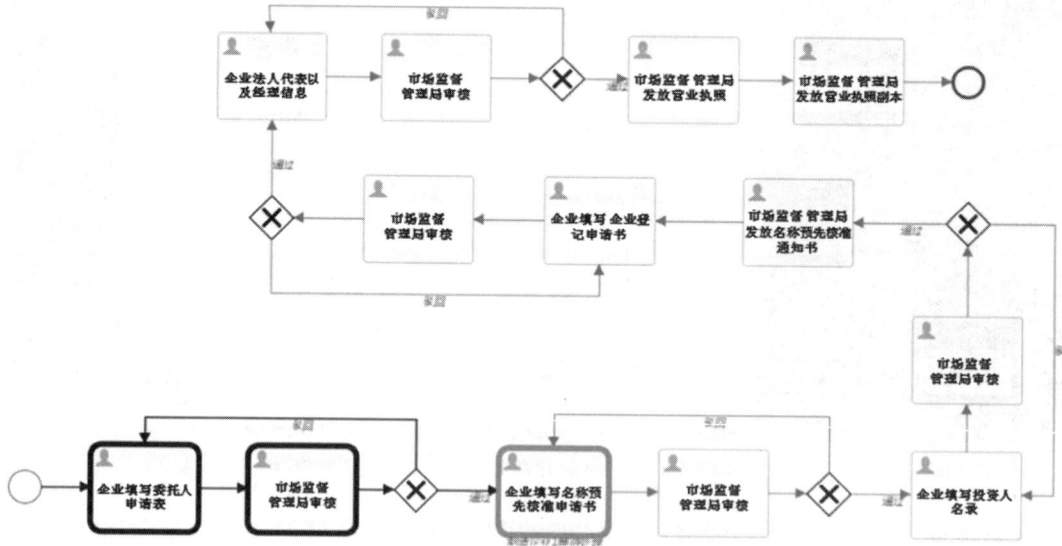

图 6-15　新企业登记流程跟踪变更后(1)

二维码 6-4　名称预先核准申请书样表

填写完后,点击页面下方的"提交"按钮,然后查看"流程跟踪",可以看到绿色框提示进入"市场监督管理局审核"环节。此时,企业工作人员可带上纸质"名称预先核准申请书"到市场监督管理局柜台办理;如果被市场监督管理局驳回,则重新修改继续提交办理;若通过,则继续企业设立登记流程。

5. 市场监督管理局审核"名称预先核准申请书"

市场监督管理局点击"企业设立登记",点击"名称预先核准申请书",点击"领取任务",点击"领取并处理",点击"确定",然后审核企业提交的"名称预先核准申请书",并核对纸质版本与电子版本是否一致。若审核不通过,则点击页面下方的"驳回";若审核通过,则点击页面下方的"通过"。

6. 企业填写投资人(合伙人)名录

如果市场监督管理局审核通过了企业的"名称预先核准申请书",则企业回到企业登记页面,点击左侧"企业登记",再点击"名称预先核准投资人名录",进入新企业名称核准申请书界面,点击"领取任务",然后选择"领取并处理",填写"投资人(合伙人)名录",具体可参照二维码6-5内容填写。

填写完成后点击"提交",再点击"流程跟踪",系统提示进入"市场监督管理局审核"环节,这时企业可带上纸质凭证"投资人(合伙人)名录"到市场监督管理局柜台办理;若市场监督管理局审核通过,会向企业发放"名称预先核准通知书"。在此阶段,企业需等待市场监督管理局审核。

二维码6-5 投资人(合伙人)名录样表

7.市场监督管理局审核投资人(合伙人)名录

市场监督管理局工作人员点击"企业设立登记",点击"名称预先核准投资人名录",点击"领取任务",点击"领取并处理",再点击"确定",进入审核投资人(合伙人)名录的界面。若市场监督管理局审核无误通过,则直接在界面中点击"提交";若需要返回企业修改,市场监督管理局则点选"驳回",让企业重新修改并提交。市场监督管理局审核通过后,回到新企业名称核准投资人名录界面,点击界面中的"领取任务",进入如图6-16所示流程跟踪界面;然后点击下方"领取并处理",再点击"确定",将出现"企业名称预先核准通知书"界面,如图6-17所示。

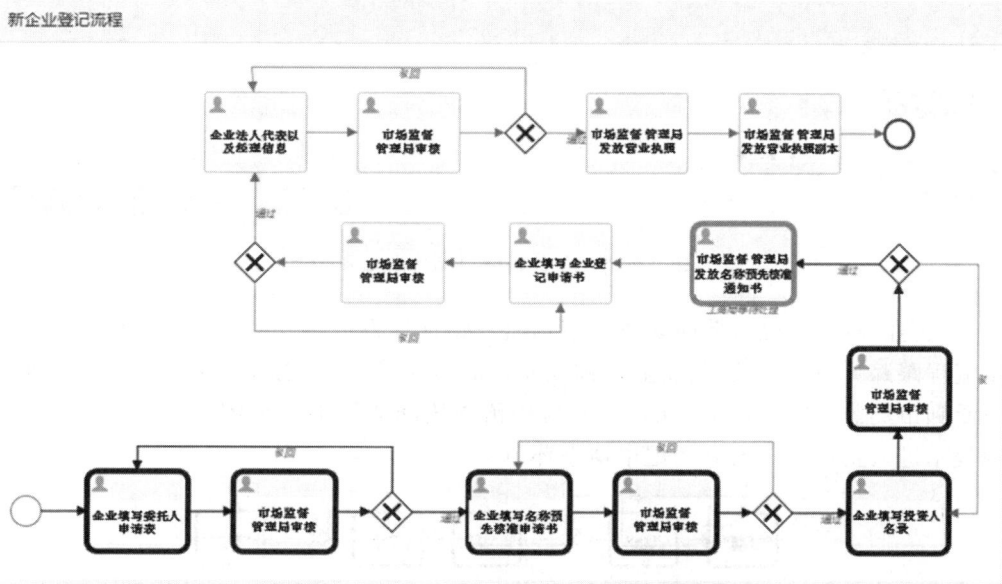

图6-16 新企业登记流程跟踪变更(2)

市场监督管理局填写"企业名称预先核准通知书",并点击"提交"后,企业可以从系统平台中看到该通知书。

8.企业查看"企业名称预先核准通知书"

企业到市场监督管理局办理完名称预先核准后,可以在自己的系统平台内查看"企业名称预先核准通知书"。

企业回到市场监督管理局业务办理界面,点击左侧"企业登记",点击"名称预先核准通知书",在界面中,先不点击"领取任务",而是点击其旁边的"查看",见图6-18,则可以看到"企业名称预先核准通知书"。

图 6-17　企业名称预先核准通知书

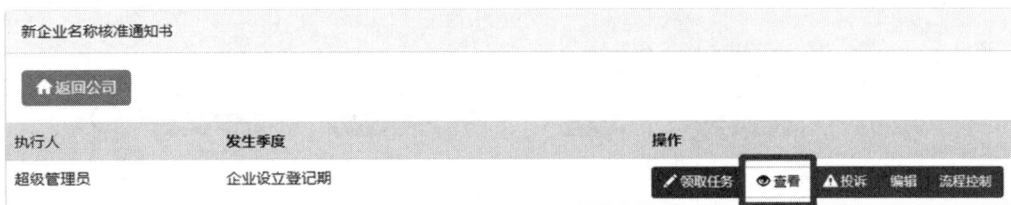

图 6-18　查看名称预先核准通知书

或者,企业领取任务后,此时要查看市场监督管理局发放的"企业名称预先核准通知书",可点击流程跟踪页面下方的"新企业名称预先核准通知书-已完成",操作如图 6-19 所示。此时可以看到市场监督管理局下发的"企业名称预先核准通知书"(见图 6-17),并可以看到流程跟踪提示进入企业填写设立登记申请书环节。

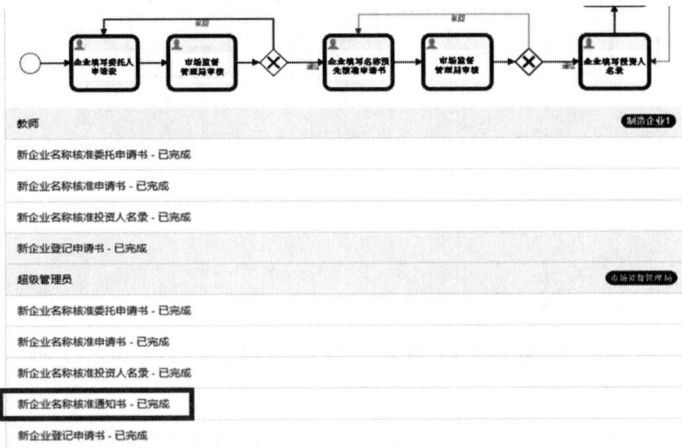

图 6-19　查看新企业名称核准通知书

9. 企业填写设立登记申请书

企业回到市场监督管理局办理业务界面，点击左侧"企业登记"，点击"设立登记申请书"，在界面中点击"领取任务"，然后点击"领取并处理"，点击"确定"，进入"内资公司设立登记申请书"（见二维码6-6）的填写界面，企业可参考填写。

二维码6-6　内资公司设立登记申请书

填写并提交后，点击查看流程跟踪，此时流程跟踪提示处于"市场监督管理局审核"阶段，这时可带上纸质"内资公司设立登记申请书"到市场监督管理局柜台办理业务。

10. 市场监督管理局审核"内资公司设立登记申请书"

市场监督管理局工作人员点击"企业设立登记"，点击"设立登记申请书"，点"领取任务"，点击"领取并处理"，点击"确定"，可以看到企业提交的"内资公司设立登记申请书"。

市场监督管理局审核企业"内资公司设立登记申请书"时，若审核未通过，需要企业修改，则先点击界面右下方的"驳回"，再点击"提交"；若审核通过，则直接点击界面下方的"提交"即可。此时，市场监督管理局若要查看该企业设立登记期的进度，可以在界面中点击"流程跟踪"。

11. 企业填写"法人代表以及经理等信息表"

市场监督管理局审核通过后，企业回到市场监督管理局企业登记界面，点击左侧"企业登记"，点击"法人代表以及经理等信息表"，点击"领取任务"，可以看到流程跟踪提示进入"企业填写法人代表以及经理信息"环节。点击下方"领取并处理"，填写二维码6-7中的内容。

二维码6-7　法定代表人、董事、经理、监事信息表

填完后"提交"，等待市场监督管理局审核，并带上纸质登记表到市场监督管理局柜台办理。如果被驳回，企业则需要修改再提交。提交后，点击"流程跟踪"，看到系统提示处于市场监督管理局审核阶段后，可带上纸质法定代表人、董事、经理、监事信息表到市场监督管理局办理业务。

12. 市场监督管理局审核法人代表以及经理等信息表

市场监督管理局工作人员点击"企业设立登记"，点击"法人代表以及经理等信息表"，点击"领取任务"，可以看到流程跟踪提示处于"市场监督管理局审核"环节。点击下方"领取并处理"，点击"确定"，可以看到企业提交的"法人代表以及经理等信息表"。市场监督管理局需严格审核企业提交的"法人代表以及经理等信息表"，包括填制的规范性和正确性，股东盖章签字处需审核签字。

　　市场监督管理局审核未通过,则点击页面右下方的"驳回",然后点击页面下方的"提交";若审核通过,则直接点击页面下方的"提交"。市场监督管理局审核通过后,企业可以通过查看流程跟踪下方的"新企业登记法人以及经理信息登记表-已完成"(见图 6-20),查看已经审核通过的登记表。

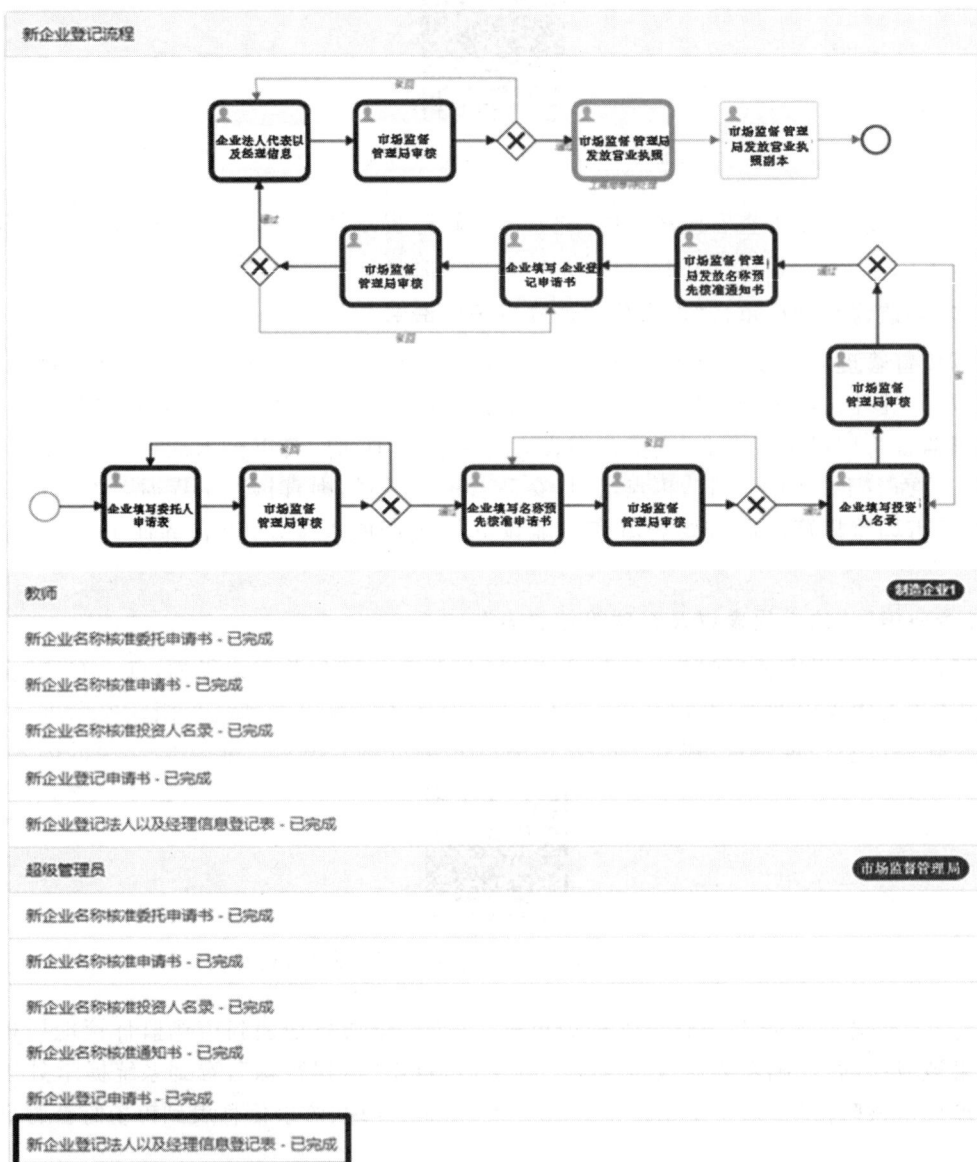

图 6-20　流程跟踪

　　此时,企业等待市场监督管理局颁发营业执照。

13. 市场监督管理局发放营业执照

　　市场监督管理局审核通过企业提交的法人代表以及经理等信息表后,就可以开始进行营业执照的填制。市场监督管理局进入业务办理界面,点击"企业登记",点击"法人代表以及经理等信息表",然后在出现的"新企业登记法人以及经理信息登记表"的界面,点击"领取任务",然后在弹出的新企业登记流程中可以看到流程处于"市场监督管理局发放营业执照"环节,然后点击下方的"领取并处理",点击"确定",然后填写营业执照正本的信息。

市场监督管理局根据企业的名称、类型、住所等信息填制营业执照。统一社会信用代码无须填写,直接点击"生成流水号",即自动生成。填完后,点击"提交",然后在页面中点击"领取任务",点击"领取并处理",点击"确定",然后填制"营业执照"(副本)。

市场监督管理局在制作纸质营业执照时,需与电子版本一致,写明日期并加盖市场监督管理局公章。

市场监督管理局若要查看营业执照,进入市场监督管理局业务大厅界面,点击"企业登记"业务,再点击左侧"企业登记",点击"营业执照正本"或"营业执照副本",点击流程跟踪旁边的"查看",即可看到企业的营业执照正本与营业执照副本。

14. 企业查看营业执照

市场监督管理局下发营业执照后,企业此时已经无法快速进入市场监督管理局,必须从实训导航界面,在政务服务区找到市场监督管理局的办公楼图标,点击进入市场监督管理局。然后从"企业登记"入口进入企业登记业务办理的界面,点击左侧"企业登记",此时可以看到界面中有"营业执照正本"与"营业执照副本"选项,见图6-21。至此,企业登记完成。

图6-21 "营业执照"正本与"营业执照副本"选项

四、企业年检

(一)实训目的

通过模拟实训,学生可以了解企业年检报告书的基本内容,掌握年检报告书的填制方法,能够帮助企业完成法人年检报告书的填制。

(二)实训内容

(1)审核企业法人年检报告书。

(2)审核分支机构企业年检报告书。

(3)协助企业完成年检报告书的填写。

（三）实训操作（企业与市场监督管理局的交互实训）

1. 企业填写法人年检报告书

企业进入市场监督管理局业务大厅，点击页面下方的"企业年检"，然后点击左侧"企业年检"，点击"申请年检报告书"，可以看到企业年检的流程，见图 6－22。

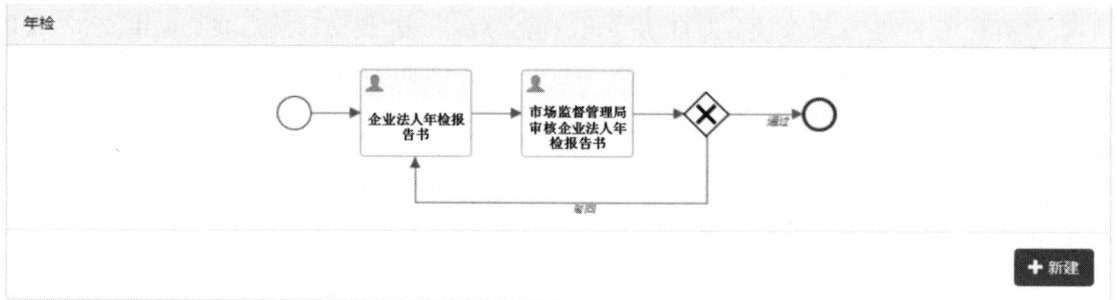

图 6－22　企业年检流程

点击右侧"新建"，建立一个新的年检流程，可以看到空白的"企业法人年检报告书"。企业将"企业法人年检报告书"填写完成后，点击页面下方的"提交"，提交给市场监督管理局进行年检审核。

2. 市场监督管理局审核"企业法人年检报告书"

市场监督管理局进入业务界面，点击页面下方"企业年检"，进入企业年检界面，点击左侧"企业年检"，点击"企业年检管理"，进入"申请年检报告书"界面，可以看到申请企业年检的所有任务列表中有待领取的任务，见图 6－23；点击"领取任务"，然后点击"领取并处理"，点击"确定"，此时可以看到企业提交的"企业法人年检报告书"。

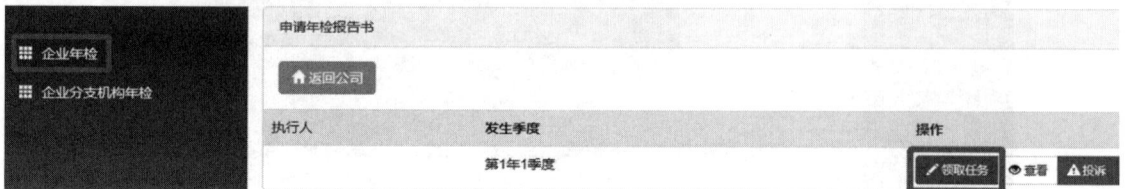

图 6－23　"申请年检报告书"界面

市场监督管理局对企业填写的法人年检报告书进行审核，若发现填写内容不符合要求，则点击页面下方的"驳回"，然后点击"提交"，将年检报告书退回企业，则企业需修改后再次提交；若发现填写内容符合要求，则点击页面下方的"通过"，然后点击"提交"，即完成年检报告书的审核。

第七章　税务局业务实训

第一节　税务局介绍

一、税务局的主要职责及功能

(一)税务局的主要职责

税务局的主要职责是为国家征收各种税收,并且办理各种税务的相关业务,模拟实训中主要涉及税务部门的行政审批和纳税申报两项业务。行政审批主要是对税务登记、发票领购、纳税征收方式申请、减免税审批、延期纳税申请、税务检查等业务进行管理。纳税申报主要是对增值税、营业税、消费税、企业所得税等税种进行申报管理。

国家税务总局的主要职责如下:

(1)具体起草税收法律法规草案及实施细则并提出税收政策建议,与财政部共同上报和下发,制订贯彻落实的措施。负责对税收法律法规执行过程中的征管和一般性税政问题进行解释,事后向财政部备案。

(2)承担组织实施中央税、共享税及法律法规规定的基金(费)的征收管理责任,力争税款应收尽收。

(3)参与研究宏观经济政策、中央与地方的税权划分并提出完善分税制的建议,研究税负总水平并提出运用税收手段进行宏观调控的建议。

(4)负责组织实施税收征收管理体制改革,起草税收征收管理法律法规草案并制定实施细则,制定和监督执行税收业务、征收管理的规章制度,监督检查税收法律法规、政策的贯彻执行,指导和监督地方税务工作。

(5)负责规划和组织实施纳税服务体系建设,制定纳税服务管理制度,规范纳税服务行为,制定和监督执行纳税人权益保障制度,保护纳税人合法权益,履行提供便捷、优质、高效纳税服务的义务,组织实施税收宣传,拟订注册税务师管理政策并监督实施。

(6)组织实施对纳税人进行分类管理和专业化服务,组织实施对大型企业的纳税服务和税源管理。

(7)负责编报税收收入中长期规划和年度计划,开展税源调查,加强税收收入的分析预测,组织办理税收减免等具体事项。

(8)负责制定税收管理信息化制度,拟订税收管理信息化建设中长期规划,组织实施金税工程建设。

(9)开展税收领域的国际交流与合作,参加国家(地区)间税收关系谈判,草签和执行有关的协议、协定。

(10)办理进出口商品的税收及出口退税业务。

(11)对全国国税系统实行垂直管理,协同省级人民政府对省级地方税务局实行双重领导,对省级地方税务局局长任免提出意见。

(12)承办国务院交办的其他事项。

税务局在模拟实训中的主要职责是对企业进行税收管理并对企业的缴税纳税情况进行监督管理。

(二)税务局的主要功能

模拟实训中税务局的主要功能如图7-1所示。

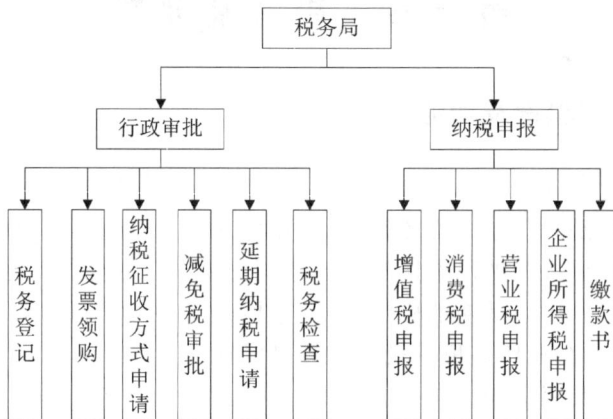

图7-1 税务局的功能

二、税务局的业务规则

(一)业务总则

根据税务局在模拟实训中的地位和作用,总结得出税务局的业务总则。税务局全体工作人员必须根据业务总则的各项规定开展工作。

(1)税务部门是模拟实训中办理各项税收业务的虚拟机构,是执行国家、地方有关税收政策的唯一合法组织。

(2)税务部门不分设国家税务总局和地方税务局,模拟实训所有企业各项涉税业务均由税务部门办理。

(3)税务部门的内部机构设置及工作流程主要参考当前实际税务机关的做法,并结合模拟实训的具体情况而制定,因此一些具体流程及规则与实际不一定完全相符。

(4)税务部门是模拟实训中的管理与服务机构。一方面要行使税收管理职责,完成税收业务;另一方面要体现服务社会的职能,积极为各个仿真公司(即纳税人)服务。

(二)业务细则

税务局在模拟实训中的主要业务以及其规则如下:

(1)模拟实训中的所有经营者都是纳税义务人,是税务部门的征税对象,所有的纳税义务人都要到税务部门办理税务登记,依法纳税。同时,税务部门还负责处理纳税义务人的税务变更、税务注销、停业登记。纳税人必须如实填写税务登记表,并提供相关证件、资料,税务部门对报送的表格、资料要于一个月审核完毕(模拟实训中为1到2个小时)。

（2）税务部门对发票进行领购、缴销处理。税务部门要建立纳税人的发票账簿，用于记录、管理、监督纳税人发票使用情况。

（3）税务部门对纳税征收方式进行申请、审批管理。办理纳税申报时，办税人员主要审核纳税人各税种纳税申报表填置的合理性和合法性，审核无误后为纳税人填开"纳税缴款书"。

（4）模拟实训中的生产企业可以向税务部门提出减免税审批、延期申报申请和延期纳税申请。

（5）税务部门还具有对生产企业进行税务检查的义务，主要包含违法案件调查报告、税务行政处罚决定书、税务处理决定书、强制执行决定书、罚款记录。税务部门对检查结果以书面形式发给企业。

（6）生产企业有对税务部门的决定提出异议的权利，可以通过复议申请书和申诉书来行使纳税人的权利。纳税人进行复议申诉时，需先执行处罚决定，在处罚决定送达的两个季度内（实际为60天）向上级税务机关申请复议。过期则视为纳税人服从处罚决定，放弃复议申请。

（7）税务部门可以进行纳税申报，包含增值税、消费税、营业税等税种的申报管理，以及根据缴款书进行税款缴纳。

申报增值税时，纳税人需另附增值税发票的填开及抵扣的明细及原始凭证，以备对专用发票进行稽核。

（三）考核规则

在模拟实训中，税务局服务的模拟生产企业及其他的外围服务业企业都可以对税务局的工作情况进行点评，其主要考核规则有：①业务办理的熟练程度和正确率；②办理业务时的服务态度；③投诉率；④出勤率；⑤实训报告。

三、其他相关管理规定

（一）税务登记的相关规定

1. 税务登记的管理规定

（1）国家税务总局、地方税务局对同一纳税人的税务登记应当采用同一代码，信息共享。一般情况下，从事工商行业者的税务登记由国家税务总局办理，从事其他行业的税务登记由各地方税务局办理。

（2）税务机关对税务登记证件实行定期验证和换证制度。纳税人应当在规定的期限内持有关证件到主管税务机关办理验证或者换证手续。

（3）纳税人应当将税务登记证件正本在其生产、经营场所或者办公场所公开悬挂，接受税务机关检查。

（4）纳税人遗失税务登记证件的，应当在15日内书面报告主管税务机关，并登报声明作废。

（5）从事生产、经营的纳税人到外县（市）临时从事生产、经营活动的，应当持税务登记证副本和所在地税务机关填开的外出经营活动税收管理证明，向营业地税务机关报验登记，接受税务管理。

（6）从事生产、经营的纳税人外出经营，在同一地累计超过180天的，应当在营业地办理税务登记手续。

（7）纳税人按照国务院税务主管部门的规定使用税务登记证件，税务登记证件不得转借、涂改、损毁、买卖或者伪造。

2. 税务登记的期限

(1)从事生产、经营的纳税人应当自领取营业执照之日起30日内,向生产、经营地或者纳税义务发生地的主管税务机关申报办理税务登记,如实填写税务登记表,并按照税务机关的要求提供有关证件、资料。

(2)扣缴义务人应当自扣缴义务发生之日起30日内,向所在地的主管税务机关申报办理扣缴税款登记,领取扣缴税款登记证件;税务机关对已办理税务登记的扣缴义务人,可以只在其税务登记证件上登记扣缴税款事项,不再发放扣缴税款登记证件。

(3)纳税人税务登记内容发生变化的,应当自市场监督管理机关或者其他机关办理变更登记之日起30日内,持有关证件向原税务登记机关申报办理变更税务登记;纳税人税务登记内容发生变化,不需要到市场监督管理机关或者其他机关办理变更登记的,应当自发生变化之日起30日内,持有关证件向原税务登记机关申报办理变更税务登记。

(4)纳税人发生解散、破产、撤销以及其他情形,依法终止纳税义务的,应当在向市场监督管理机关或者其他机关办理注销登记前,持有关证件向原税务登记机关申报办理注销税务登记;按照规定不需要在市场监督管理机关或者其他机关办理注册登记的,应当自有关机关批准或者宣告终止之日起15日内,持有关证件向原税务登记机关申报办理注销税务登记。

(5)纳税人因住所、经营地点变动,涉及改变税务登记机关的,应当在向市场监督管理机关或者其他机关申请办理变更或者注销登记前,或者住所、经营地点变动前,向原税务登记机关申报办理注销税务登记,并在30日内向迁达地税务机关申报办理税务登记。

(6)纳税人被市场监督管理机关吊销营业执照或者被其他机关予以撤销登记的,应当自营业执照被吊销或者被撤销登记之日起15日内,向原税务登记机关申报办理注销税务登记;纳税人在办理注销税务登记前,应当向税务机关结清应纳税款、滞纳金、罚款,缴销发票、税务登记证件和其他税务证件。

(7)从事生产、经营的纳税人外出经营,在同一地累计超过180天的,应当在营业地办理税务登记手续。

(二)发票的相关规定

发票是指一切单位和个人在购销商品、提供劳务或接受劳务、服务以及从事其他经营活动,所提供给对方的收付款的书面证明,是财务收支的法定凭证,是会计核算的原始依据,也是审计机关、税务机关执法检查的重要依据。

依法办理税务登记的单位和个人,在领取税务登记证件后,应向主管税务机关申请领购发票。

1. 普通发票的开具规定

(1)在销售商品、提供服务以及从事其他经营活动对外收取款项时,应向付款方开具发票。特殊情况下,由付款方向收款方开具发票。

(2)开具发票应当按照规定的时限、顺序、逐栏、全部联次一次性如实开具,并加盖单位财务印章或发票专用章。

(3)使用计算机开具发票,须经国税机关批准,并使用国税机关统一监制的机外发票,并要求开具后的存根联按顺序号装订成册。

(4)发票限于领购的单位和个人在本市、县范围内使用,跨出本市、县范围的,应当使用经营地的发票。

(5)开具发票单位和个人的税务登记内容发生变化时,应相应办理发票和发票领购簿的变更手续;注销税务登记前,应当缴销发票领购簿和发票。

(6)所有单位和从事生产、经营的个人,在购买商品、接受服务,以及从事其他经营活动支付款项时,向收款方取得发票,不得要求变更品名和金额。

(7)对不符合规定的发票,不得作为报销凭证,任何单位和个人有权拒收。

(8)发票应在有效期内使用,过期应当作废。

2. 增值税专用发票的开具规定

纳税人有下列行为不得开具增值税专用发票:向消费者个人销售货物或者应税劳务的;销售货物或者应税劳务适用免税规定的;小规模纳税人销售货物或者应税劳务的;销售报关出口的货物;在境外销售应税劳务;将货物用于非应税项目;将货物用于集体福利和个人福利;将货物无偿赠送他人;提供非应税劳务转让无形资产或销售不动产。另外,向小规模纳税人销售应税项目可以不开具专用发票。

3. 发票的主要内容

发票一般包括:票头、字轨号码、联次及用途、客户名称、银行开户账号、商(产)品名称或经营项目、计量单位、数量、单价、金额,以及大小写金额、经手人、单位印章、开票日期等。实行增值税的单位所使用的增值税专用发票还应有税种、税率、税额等内容。1993 年 1 月 1 日全国实行统一发票后,发票联必须套印"发票监制章",统一后的"发票监制章"形状为椭圆形,规管长轴为 3 厘米,短轴为 2 厘米,边宽 0.1 厘米,内环加一细线。上环刻制"全国统一发票监制章"字样,下环刻有"税务局监制"字样,中间刻制监制税务机关所在地省(市、区)、市(县)的全称或简称,字体为正楷,印色为大红色,套印在发票联票头中央。

4. 发票保管及丢失被盗处理

保管发票的措施为:要建章立制;设置台账;定期保存,已开具的发票存根联和发票登记簿及账册应当保存 10 年,保存期满报经国税机关查验后销毁。防止发票丢失的措施为:增值税专用发票要专人保管;放在保险柜内;设置领、用、存登记簿;取得的发票抵扣联装订成册;已开具的存根保存 10 年,期满后报主管税务机关查验后销毁;未经批准,不得跨规定的区域携带、邮寄、运输空白的发票;禁止携带、邮寄、运输空白的发票出入国境。

纳税人发生丢失、被盗增值税专用发票和普通发票时,应立即报告主管国税机关,并接受税务机关处罚。丢失、被盗增值税专用发票的,纳税人应在事发当日书面报告国税机关,并在《中国税务报》公开声明作废。

第二节　税务局业务流程

一、税务登记

(一)税务登记介绍

税务登记又称纳税登记,是税务机关对纳税人实施税收管理的首要环节和基础工作,是征纳双方法律关系成立的依据和证明,也是纳税人必须依法履行的义务。

税务登记是指税务机关根据税法规定,对纳税人的生产经营活动进行登记管理的一项基本制度。它的意义在于:有利于税务机关了解纳税人的基本情况,掌握税源,加强征收与管理,防止漏管漏征;有利于建立税务机关与纳税人之间正常的工作联系,强化税收政策和法规的宣传,增强纳税意识等。

（二）税务登记提交材料及流程

1. 提交材料

新公司拿到三证合一的营业执照后,要去税务局登记要带的材料有:①三证合一以后的营业执照副本原件复印件;②法人身份证原件复印件、公章、法人名章;③需要开通三方协议的,还需要带银行开户许可证复印件;④公司注册资本万分之五的印花税款。

2. 税务登记流程

2015 年 10 月 1 日起,营业执照、组织机构代码证和税务登记证三证合一。国家税务总局印发了《关于落实"三证合一"登记制度改革的通知》,根据规定,企业在领取了载有法人和其他组织统一社会信用代码的"三证合一"营业执照后,就不用再次进行税务登记了。企业办理涉税事宜时,在税务机关完成补充信息采集后,可凭加载统一代码的营业执照代替税务登记证使用。

实行"三证合一、一照一码"登记模式后的企业到市场监督管理部门登记"一个窗口"统一受理申请后,其申请材料和登记信息在部门间共享,各部门数据互换、档案互认。对于市场监督管理部门登记已采集的信息,税务机关不再重复采集;其他必要涉税基础信息可在企业办理有关涉税事宜时,及时采集,陆续补齐。若相关信息发生变化的,企业应直接向税务机关申报变更,税务机关也应及时更新税务系统中的企业信息。

二、发票领购

（一）发票概述

发票是指一切单位和个人在购销商品、提供或接受服务以及从事其他经营活动中,所开具和收取的业务凭证,是会计核算的原始依据,也是审计机关、税务机关执法检查的重要依据。企业在办理完税务登记后,可以向主管的税务机关申请领购发票。

（二）发票领购流程

企业到税务局办理完增值税一般纳税人资格登记和纳税人税务补充信息后,就完成了税务登记,便可以向税务局领购发票。如果是初次领购发票,企业需提交的资料有发票领购申请单、经办人身份证明原件及复印件、发票专用章印模等,税务局受理、审查批准后,税务局发放发票领购簿。凭发票领购簿和办税人身份证件,企业可以从税务局领购发票。如果不是首次领购发票,企业需携带已用发票、发票领购簿和办税人身份证明,由税务局进行审验且通过后发放发票。发票领购流程见图 7-2。

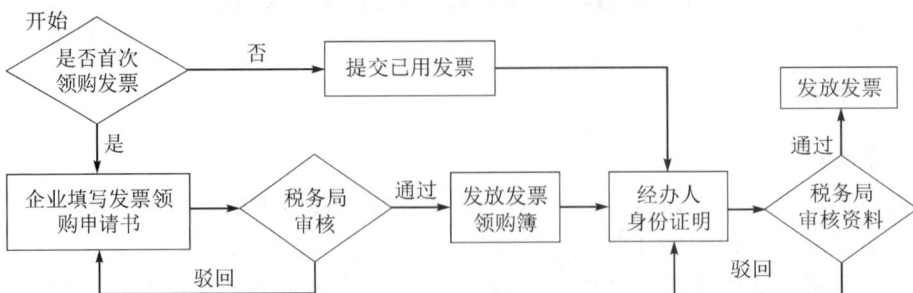

图 7-2　发票领购流程

三、纳税征收方式申请

(一)纳税征收方式介绍

纳税征收方式是指税务机关根据各税种的不同特点、征纳双方的具体条件而确定的计算征收税款的方法和形式,是依照税法规定和纳税人生产经营、财务管理情况以及便于征收和保证国家税款及时足额入库的原则而采取的具体组织税款入库的方法。税款征收的方式主要有查账征收、核定征收、查验征收、定期定额征收、委托代征税款、邮寄纳税及其他方式。

(二)纳税征收方式流程

1. 提交材料

根据纳税征收方式的不同,所需要提交的材料也不同。核定征收是税务机关对不能完整、准确提供纳税资料的纳税人,采用特定方法确定其应纳税收入或应纳税额,纳税人据以缴纳税款的一种征收方式。

若申请核定征收中的定期定率征收方式,企业需要提交的材料有:准确核算收入方式方法的书面说明或其他证明材料原件和复印件;纳税人生产经营场所自有房产证明、租赁房产房屋租赁合同或其他证明的原件和复印件;从业人员工资表原件和复印件;最近月份电费的原始单据和复印件;最近月份水费的原始单据和复印件;电话费的原始单据和复印件。

若申请核定征收中的定期定额征收方式,企业需要提交的材料有:核定征收方式申请表;纳税人生产经营场所自有房产证明、租赁房产房屋合同或其他证明的原件和复印件;从业人员工资表原件和复印件;最近月份电费的原始单据和复印件;最近月份水费的原始单据和复印件;缴纳增值税纳税人的国税局核定决定(通知)书原件及复印件(缴纳增值税纳税人必须提供);电话费的原始单据和复印件等。

若申请核定征收中的核定应税所得率征收方式,企业需要提交的材料有:准确核算收入或费用方式方法的书面说明或其他证明材料原件和复印件;纳税人生产经营场所自有房产证明、租赁房产房屋合同或其他证明的原件和复印件;从业人员工资表原件和复印件;最近月份电费的原始单据和复印件;最近月份水费的原始单据和复印件;电话费的原始单据和复印件。

除上述材料外,企业在纳税时还应提供其他材料、成本、费用单据,以便税务局准确地核定纳税。

2. 纳税征收方式申请流程

企业向税务局提交纳税征收方式申请审批单,税务局进行审核,通过或是驳回其征收方式的申请,通过则确定纳税征收方式。具体业务流程见图7-3。

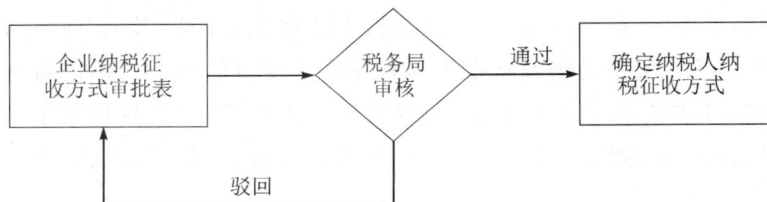

图 7-3 纳税征收方式申请流程

四、减免税审批

(一)减免税介绍

减免税是对某些纳税人或课税对象的鼓励或照顾措施。减税是减征部分应纳税款;免税是免征全部应纳税款。减税免税规定是为了解决按税制规定的税率征税时所不能解决的具体问题而采取的一种措施,是在一定时期内给予纳税人的一种税收优惠,同时也是税收的统一性和灵活性相结合的具体体现。

(二)减免税流程

1. 提交材料

企业需到税务局领取并填写"减免税审批表",并将需要的其他材料一并交到税务机关。当企业的减免税批准通过时,税务机关需在 2 日内将"减免税批准通知书"送达申请的企业。办理减免税需要的材料有:营业执照副本复印件、现有服务型企业吸纳下岗失业人员认定证明、下岗失业人员再就业优惠证和身份证复印件、企业财务报表、企业工资支付凭证、减免税申请报告和减免税申请表。

2. 减免税审批流程

企业向税务局提交减免税审批申请表,税务局根据企业提交的营业执照、税务登记信息及减免税相关资料进行审核。审核通过后,企业到税务局领取减免税申请审批表,填写完成后提交税务局审核。审核通过后,税务局通知企业领取减免税通知书。减免税审批流程见图 7-4。

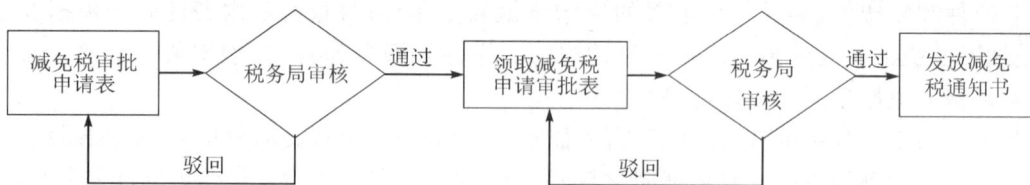

图 7-4 减免税审批流程

五、延期纳税申请

(一)延期纳税申请介绍

延期纳税申请包括延期纳税申报和延期缴纳税款两个方面。

1. 延期申报

延期申报是指纳税人、扣缴人基于法定原因,不能在规定的期限内办理申报,经主管税务机关批准,推迟向税务机关报送纳税申报表和有关纳税资料的行为。不能按期办理纳税申报或者报送代扣代缴、代收代缴税款报告表的,经税务机关核准,可以延期申报。延期申报应当在纳税期内按照上期实际缴纳的税额或者税务机关核定的税额预缴税款,并在核准的延期内办理税款结算。

2. 延期缴纳税款

延期缴纳税款是允许纳税人将其应纳税款延迟缴纳或分期缴纳。纳税人、扣缴义务人按照规定的期限办理纳税申报或者报送代扣代缴、代收代缴税款报告表确有困难,需要延期的,纳税人、扣缴义务人因不可抗力,不能按期办理纳税申报或者报送代扣代缴、代收代缴税款报告表的,可以申请延期缴纳税款。延期纳税是国家为了保障税收收入、保护纳税人的合法权益、照顾纳税人在其履行纳税义务的过程中遇到的特殊困难所做的规定。这些"特殊困难"主要是:水、火、风、雹、海潮、地震等人力不可抗拒的自然灾害;可供纳税的现金、支票以及其他财产遭遇偷盗、抢劫等意外事故;国家调整经济政策的直接影响;短期贷款拖欠;其他经省级税务机关明文列举的特殊困难。纳税人在批准延期缴纳税款的期限内,不加收滞纳金;逾期未缴的,税务机关将从批准的期限届满次日起,按日加收未缴税款万分之五的滞纳金,并发出催缴税款通知书,责令其在最长不超过 15 日的期限内缴纳;逾期仍未缴的,税务机关会将应缴未缴的税款连同滞纳金一并强制执行。

(二)延期纳税申请流程

1. 提交材料

企业申请延期申报需要提交书面申请报告、延期申报审批表、税务机关要求报送的其他资料。

企业申请延期缴纳税款必须在法律、法规、税务机关规定的申报期之前,以书面形式载明延期缴纳的税种、税额、税款所属时间和申请延期缴纳税款的理由,报送税务机关审查。审查合格的,纳税人应当填写税务机关统一格式的"延期缴纳税款申请审批表",经基层征收单位对准予延期的税额和期限签注意见后,逐级报批。

2. 延期纳税申请流程

(1)延期申报申请流程。企业向税务局提交延期申报申请表,然后由税务局进行审核。若审核通过,则企业可以享受延期纳税申报;若审核不通过,则企业仍然要按期进行纳税申报。延期纳税申报申请流程见图 7-5。

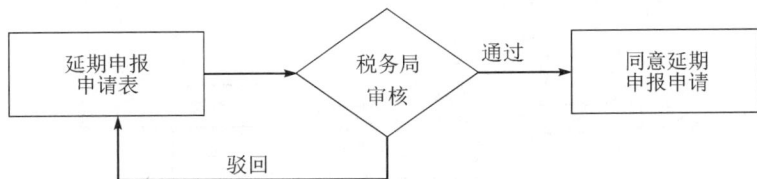

图 7-5　延期纳税申报申请流程

(2)延期缴纳税款流程。企业向税务局提交延期缴纳税款申请表及其他相关资料,由税务局进行审核。若审核认为符合延期缴纳税款条件则通过,企业可以享受延期缴纳税款;若审核认为不符合延期缴纳税款条件则审核不通过,企业仍然要按期缴纳税款。延期缴纳税款流程见图 7-6。

图 7-6　延期缴纳税款流程

六、税务检查

(一)税务检查介绍

税务检查是税务机关依法对纳税人履行缴纳税款义务和扣缴义务人履行代扣、代收税款义务的状况进行的监督检查。税务检查是税收征收管理的一个重要环节。通过税务检查,既有利于全面贯彻国家的税收政策,严肃税收法纪,加强纳税监督,查处偷税、漏税和逃骗税等违法行为,确保税收收入足额入库,也有利于帮助纳税人端正经营方向,促使其加强经济核算,提高经济效益。

(二)税务检查流程

税务局开展税务检查主要检查企业是否存在脱逃税款行为。如果检查发现企业存在逃税行为,则向企业下发决定书,企业收到决定书后审阅并可以提出异议,若不同意,可以向税务局提交申诉书,税务局审核后若驳回,则企业可以重新提交申诉书。若企业同意税务局决定书,则企业需要补交税款,流程结束。若企业提出异议进行申诉,税务局审核通过,则流程结束。税务检查流程见图 7-7。

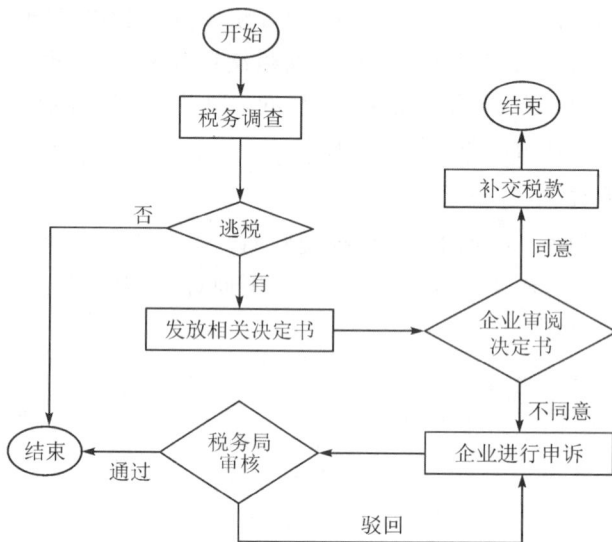

图 7-7　税务检查流程

七、增值税申报

(一)增值税介绍

增值税是对销售货物或者提供加工、修理修配劳务以及进口货物的单位和个人就其实现的增值额征收的一种税。从计税原理上说,增值税是对商品生产、流通、劳务服务中多个环节的新增价值或商品的附加值征收的一种流转税。增值税实行价外税,也就是由消费者负担,有增值才征税,没增值不征税。一般纳税人增值税应纳税额计算公式为:应纳税额=当期销项税额-当期进项税额。销项税额是指纳税人提供应税服务按照销售额和增值税税率计算的增值税额。进项税额是指纳税人购进货物或者接受加工、修理修配劳务和应税服务,支付或者负担的增值税税额。当前,一般纳税人适用的税率有16%、10%、6%、0等,小规模纳税人适用征收率为3%。

(二)增值税纳税流程

1. 提交材料

企业办理增值税申报需要提交的材料有:①增值税纳税申报表(适用于增值税一般纳税人);②增值税纳税申报表附列资料;③资产负债表、损益表;④防伪税控企业,还需携带开票IC卡及销项税金统计表(抄税清单);⑤增值税专用发票存根联明细表;⑥增值税专用发票抵扣联明细表,增值税专用发票抵扣联明细表由防伪税控系统自动生成;⑦税务机关规定的其他必报资料。

2. 增值税申报流程

增值税申报首先是企业的财务人员核算本企业的增值税应纳税额,然后向税务局提交增值税申请表及相关资料,由税务局审核,若审核不通过,驳回增值税申请表,修改后再提交;若审核通过,企业填写缴款书,并发给税务局审核,通过则发缴款书给银行,然后由银行扣除增值税。增值税申报的具体流程见图7-8。

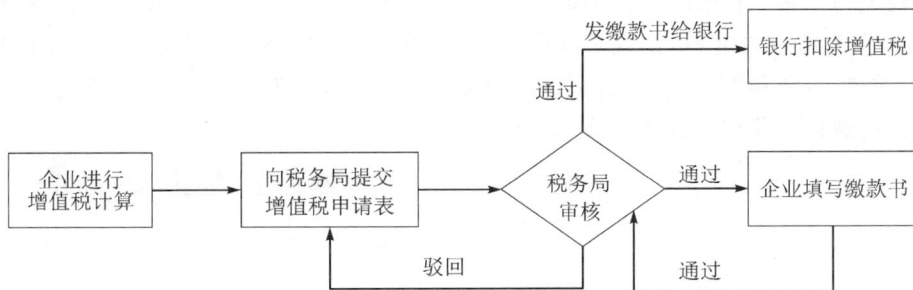

图7-8 增值税申报流程

八、消费税申报

(一)消费税介绍

消费税是以消费品的流转额作为征税对象的各种税收的统称,是政府向消费品征收的税项,可从批发零售环节征收。消费税是1994年税制改革在流转税中新设置的一个税种。消费税实行价内税,只在应税消费品的生产、委托加工和进口环节缴纳,在以后的批发、零售等环节,因为价款中已包含消费税,因此不用再缴纳消费税,税款最终由消费者承担。消费税的纳税人是在我国境内生产、委托加工、零售和进口应税消费品的国有企业、集体企业、私有企业、股份制企业及其他企业,行政单位、事业单位、军事单位、社会团体及其他单位,个体经营者及其他个人。消费税是在对货物普遍征收增值税的基础上,选择少数消费品再征收的一个税种,主要是为了调节产品结构,引导消费方向,保证国家财政收入。现行消费税的征收范围主要包括烟、酒、鞭炮、化妆品、成品油、贵重首饰及珠宝玉石、高尔夫球及球具、高档手表、游艇、木制一次性筷子、实木地板、摩托车、小汽车、电池、涂料等税目,有的税目还需要进一步划分若干子目。

（二）消费税纳税流程

1. 提交材料

消费税纳税申报需要提交的材料如下：

（1）消费税纳税申报表；

（2）生产企业产品销售明细表、生产企业生产经营情况表；

（3）纳税人在办理纳税申报时，如需办理消费税税款抵扣手续，除应按有关规定提供纳税申报所需资料外，还应按以下规定提供相关资料：外购应税消费品连续生产应税消费品的，应提供外购应税消费品增值税专用发票（抵扣联）原件和复印件；如果外购应税消费品的增值税专用发票属于汇总填开的，除提供增值税专用发票（抵扣联）原件和复印件外，还应提供随同增值税专用发票取得的由销售方开具并加盖财务专用章或发票专用章的销货清单原件和复印件；委托加工收回应税消费品连续生产应税消费品的，应提供"代扣代收税款凭证"原件和复印件；进口应税消费品连续生产应税消费品的，应提供"海关进口消费税专用缴款书"原件和复印件。

（4）税务部门要求的其他资料。

2. 消费税申报流程

消费税纳税申报，首先由企业的财务人员核算本企业的消费税应纳税额，然后向税务局提交消费税申请表及相关资料，由税务局审核，若审核不通过，驳回消费税申请表，修改后再提交；若审核通过，企业填写缴款书，并发给税务局审核，通过则发缴款书给银行，然后由银行扣除消费税。消费税纳税申报流程见图7-9。

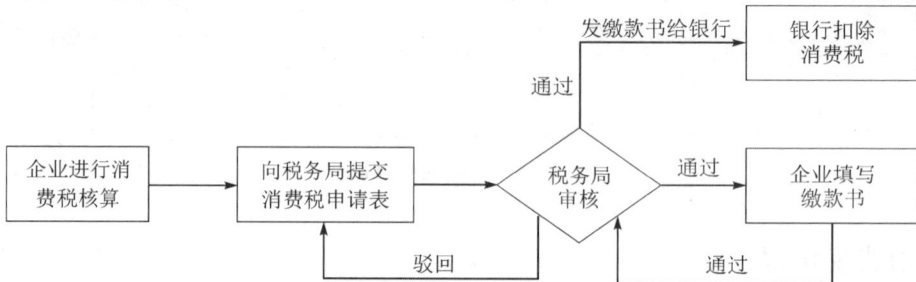

图 7-9 消费税纳税申报流程

九、企业所得税申报

（一）企业所得税介绍

企业所得税是对我国内资企业和经营单位的生产经营所得和其他所得征收的一种税。企业所得税的征税对象是纳税人取得的所得。企业所得税包括销售货物所得、提供劳务所得、转让财产所得、股息红利所得、利息所得、租金所得、特许权使用费所得、接受捐赠所得和其他所得。企业所得税的税率为25％。《中华人民共和国企业所得税法实施条例》规定了两项减免税优惠：一是民族区域自治地方的企业需要照顾和鼓励的，经省级人民政府批准，可以实行定期减税或免税；二是法律、行政法规和国务院有关规定给予减税免税的企业，依照规定执行。对税制改革以前的所得税优惠政策中，属于政策性强，影响面大，有利于经济发展和维护社会安定的，经国务院同意，可以继续执行。经国务院批准的高新技术产业开发区内的高新技术企业,减按 15％的税率征收所得税;新办的高新技术企业自投产年度起,免征所得税 2 年。

(二)企业所得税纳税流程

1. 提交材料

申报企业所得税需提交的材料有:企业所得税年度纳税申报表及其附表,企业会计报表(资产负债表、利润表、现金流量表及相关附表)、会计报表附注和财务情况说明书,备案事项的相关资料,主管税务机关要求报送的其他资料。

2. 企业所得税申报流程

企业所得税申报首先是由企业的财务人员核算本企业的企业所得税申报应纳税额,然后向税务局提交企业所得税申请表及相关资料,由税务局审核,若审核不通过,驳回企业所得税申请表,修改后再提交;若审核通过,企业填写缴款书,并发给税务局审核,通过则发缴款书给银行,然后由银行扣除企业所得税。企业所得税申报流程见图 7-10。

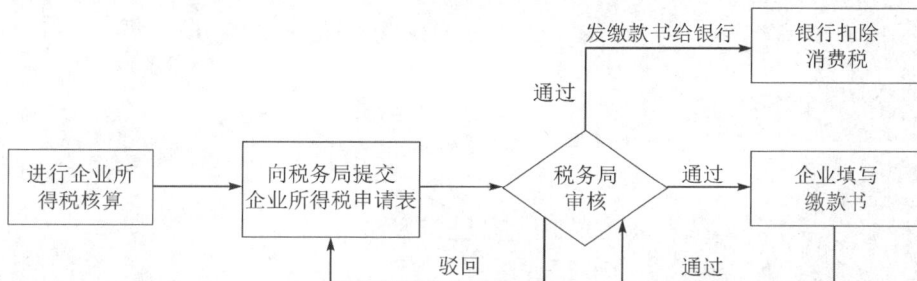

图 7-10 企业所得税申报流程

第三节 税务局实训模块

一、行政审批

在"行政审批"模块下有"税务报到""发票领购""纳税征收方式申请""减免税审批""延期纳税申请""税务检查""出口退税""银行基本账户""现金管理"等内容,见图 7-11。

图 7-11 "行政审批"界面

二、纳税申报

在"纳税申报"模块下,有"地税""国税""企业报表签收""企业不良付款记录查询"等业务内容,见图7-12。"地税"模块包括"营业税申报""房产税申报""缴款书及其他税申报";"国税"模块包括"增值税申报""企业所得税申报""消费税申报及缴款书";"企业报表签收"模块包括"手工资产负债表""手工总账科目表""手工损溢表";通过"企业不良付款记录查询"模块可以看到具有不良付款记录的企业名单及明细,"不良记录付款"功能可以通过强制执行来使企业账户直接扣款,并在企业操作记录中标记强制执行单位。

图7-12 "纳税申报"界面

三、工作日志

"工作日志"模块下包括四方面内容:要求税务局进行"工作日志"的填写;记录市场监督管理局的"会议纪要";进行税务局的"企业预算";填写税务局每个成员的"学习报告",见图7-13,此部分可以为学生模拟实训考核提供参考资料。

图7-13 "工作日志"界面

四、纳税辅导

"纳税辅导"模块下的主要工作是"查看单据",具体包括"税务登记""国税""发票领购"和"地税",可以查看相关的单据,见图7-14。

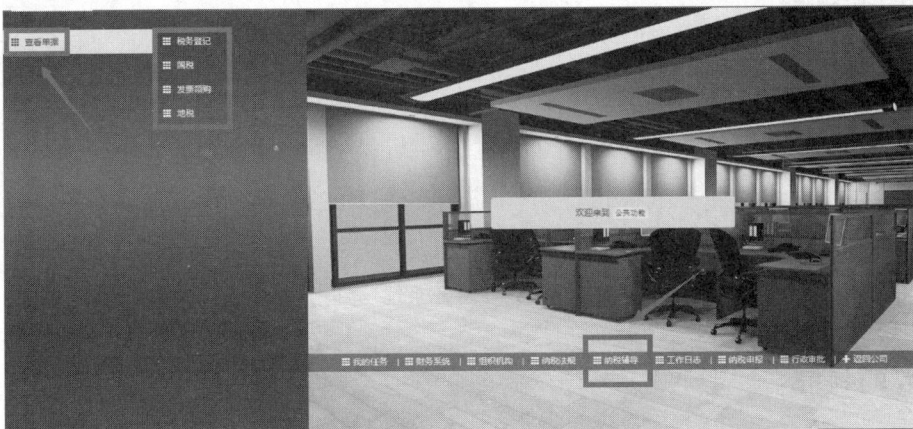

图7-14 "纳税辅导"界面

五、纳税法规

"纳税法规"模块目前尚处于开发中。

六、组织机构

"组织机构"模块主要有"岗位管理"和"人员管理"两部分内容,见图7-15。关于"组织机构"模块的详细操作可参见本章的组织机构人员岗位分配部分内容。

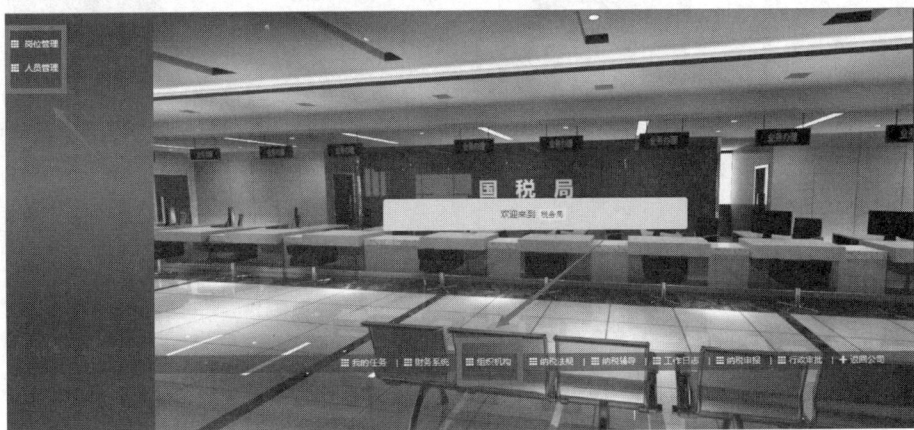

图7-15 "组织机构"界面

七、财务系统

"财务系统"模块下,主要工作有"科目数据报告""财务报表报告""数据分析报告""企业排名",见图7-16。关于"财务系统"的详细讲解可参考市场监督管理局实训项目部分的"财务系统"相关内容的讲解。

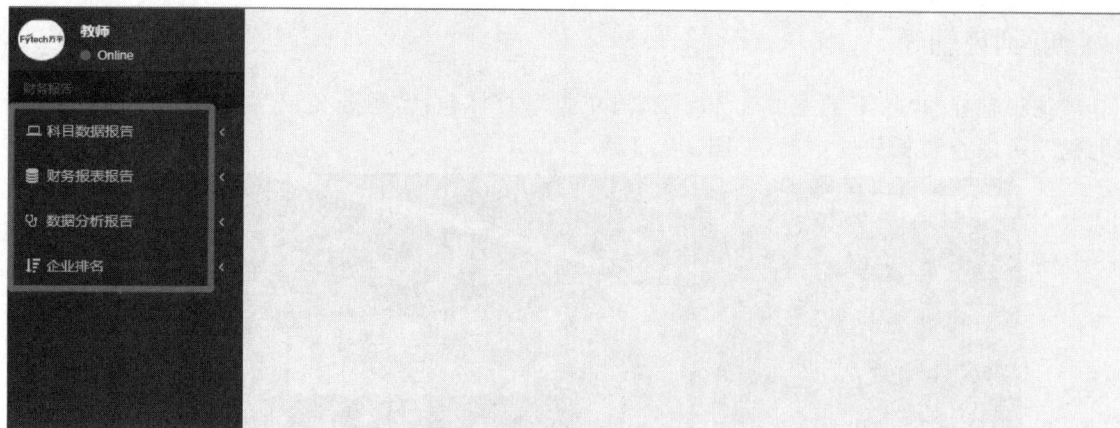

图 7-16 "财务系统"界面

八、我的任务

"我的任务"模块下,可以领取任务、查看待处理任务、进行任务评分,见图 7-17。该模块是为了方便税务局业务操作而设计的。

图 7-17 "我的任务"界面

第四节 税务局实训项目

一、组织机构人员岗位分配

(一)实训目的

通过税务局实训,学生可以了解税务局的日常业务种类及基本流程,熟悉税务局的基本人员构成。模拟税务局业务人员的学生完成税务局的岗位职责说明书,熟悉所在岗位的工作内容及流程。

（二）实训内容

（1）模拟税务局局长进行岗位分配。

（2）团队根据税务局的业务，列出基本业务清单。

（3）根据业务清单对岗位分工合理性进行审核。

（三）实训操作

（1）通过 CEO 竞选及模拟招聘会形成税务局业务人员团队，组建仿真税务局，人员构成大约 3～4 人。

（2）登录实训平台，进入税务局界面，见图 7-18。

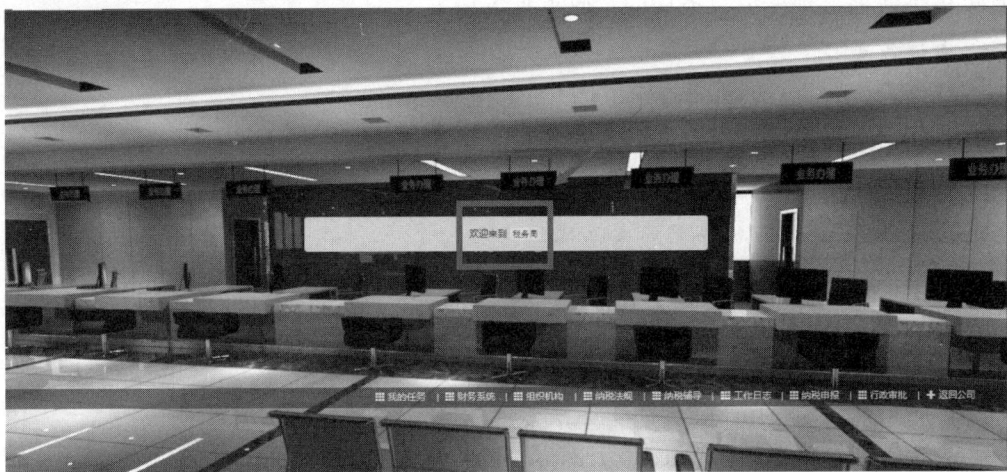

图 7-18　税务局业务主界面

二、工作制度制定

（一）实训目的

通过模拟税务局，学生可以了解税务局的基本操作流程。学生在教师指导下拟定虚拟税务局的岗位职责，制定各部门规章制度及员工考核制度。

（二）实训内容

（1）了解税务部门工作制度制定的基本规则和要求。

（2）根据税务部门的岗位划分，制定系统平台中不同岗位的规章制度，以及各岗位的员工职责。

（三）实训操作

（1）首先了解税务局在制定规章制度时由何部门负责，然后了解规章制度制定时需要遵守的规则和要求。企业在制定规章制度时，规章制度的规定要符合法律规定，不能与相关法律相抵触，要具有公平合理性并经过民主程序制定。在制定规章制度时，应注意一些细节：①不得违背法律的一些强制性规定。②规章制度中应避免出现责任缺失的条款，否则这些条款也是无效的。③规章制度中不能规定本应在合同中约定的事项。④要明确规章制度的效力范围。规章制度制定时要明确其效力范围，也就是规章制度对哪些人有效、在哪些场合有效、适用于哪些事情、什么时候生效、有无溯及力等。

— 153 —

(2)登录系统平台,进入税务局的业务操作界面。

(3)学生团队共同分析税务局的基本组织架构,了解税务的岗位分配特点,熟悉各岗位的职责及要求,为模拟实训中的税务局制定工作岗位制度,制定工作岗位制度时要遵守税务部门规章制度的合理性、合法性等原则。制定好的工作制度最终要提交给教师,以便作为实训材料备案存档。

三、税务登记

(一)实训目的

通过模拟实训,学生可以了解税务登记的基本流程,掌握办理税务登记所需填制的表单,并认真审核企业提交到模拟税务局的行政审批申请书。

(二)实训内容

(1)协助企业填写增值税一般纳税人资格登记表,并审核。

(2)协助企业填写纳税人税务补充信息表,并审核。

(三)实训操作(企业与税务局的交互实训)

1.企业申请行政审批"增值税一般纳税人资格登记表"

企业进入税务局业务大厅,点击右下角的"行政审批",见图7-19。

图7-19 税务局业务大厅

然后点击左侧"税务报到",可以看到"增值税一般纳税人资格登记",见图7-20。

点击"增值税一般纳税人资格登记",可以看到新一般纳税人资格登记流程,见图7-21。此时可以了解一般纳税人资格登记的基本流程,流程比较简单。点击右侧的"新建",可以看到空白的"增值税一般纳税人资格登记表",企业进行表单的填写。"增值税一般纳税人资格登记表"样表见图7-22。

图 7-20 "税务报到"界面(增值税一般纳税人资格登记)

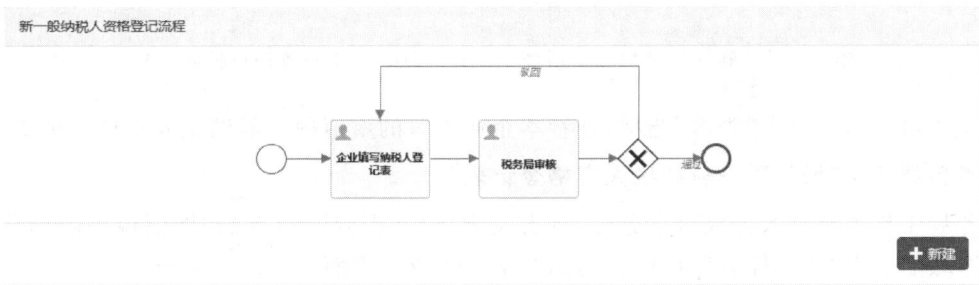

图 7-21 新一般纳税人资格登记流程

图 7-22 "增值税一般纳税人资格登记表"样表

企业将"增值税一般纳税人资格登记表"填写完成后，点击页面下方的"提交"，表格即提交给税务局进行审核。然后企业可带上纸质的材料到税务局办理审核业务。在业务流程跟踪页面中，可以查看一般纳税人资格登记流程，见图7-23。

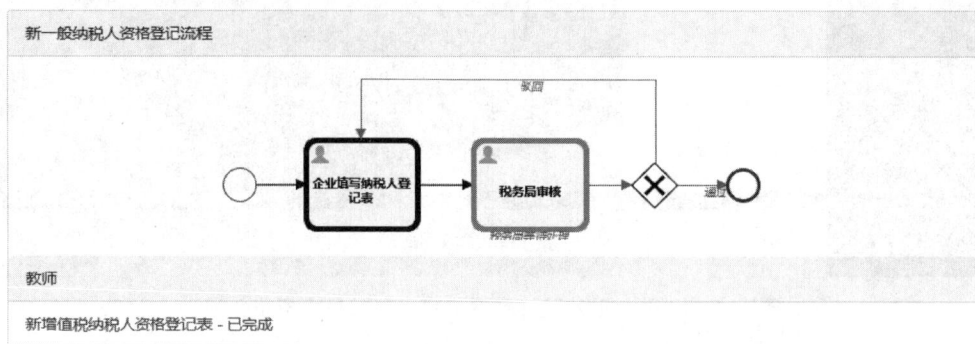

图7-23 "新一般纳税人资格登记流程"跟踪（处于税务局审核阶段）

企业还可以通过点击"查看"选项，查看本企业填写的增值税一般纳税人资格登记表。

2. 税务局审核"增值税一般纳税人资格登记表"

税务局工作人员进入行政审批界面，点击左侧"税务报到"，再点击"增值税一般纳税人资格登记"，然后点击"领取任务"，可以看到如图7-24所示界面。

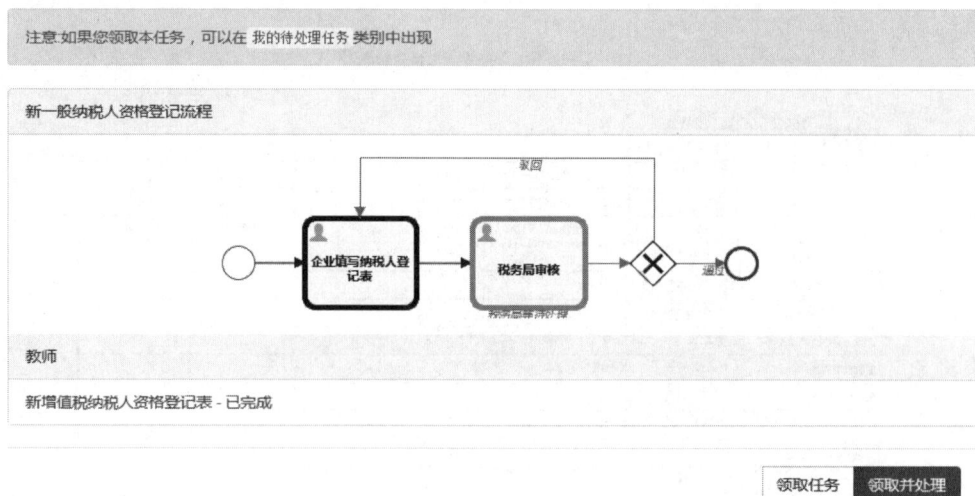

图7-24 "领取任务"界面

点击图7-24中的"领取并处理"，可以看到企业提交的"增值税一般纳税人资格登记表"。税务局审核企业提交的"增值税一般纳税人资格登记表"，若表中内容有误或者存在其他问题,则点击"驳回"后"提交",此时需要企业修改后再次提交;若审核通过,则直接点击页面下方的"提交",此时税务局审核结束。税务局可以点击查看"流程跟踪",见图7-25。

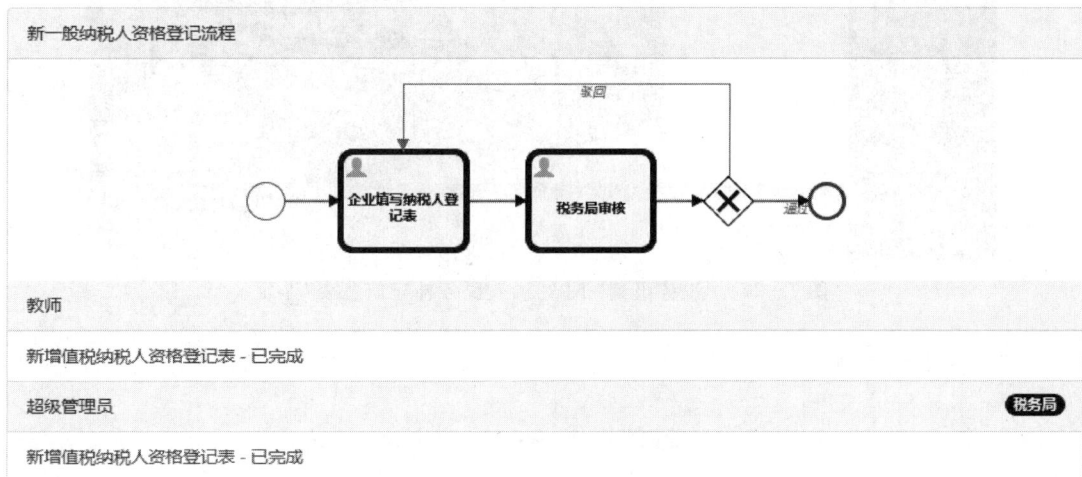

图7-25 "新一般纳税人资格登记流程"(流程结束)

3. 企业查看增值税一般纳税人资格登记流程

企业同样可以查看流程。企业进入行政审批界面,点击左侧"税务报到",然后点击"增值税一般纳税人资格登记",可以看到"新增值税纳税人资格登记表"的界面,见图7-26;然后点击"流程跟踪",同样可以看到图7-25。

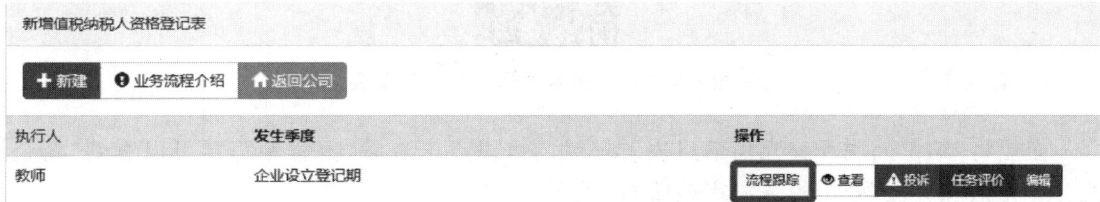

图7-26 "新增值税纳税人资格登记表"界面

4. 企业填写纳税人税务补充信息表

企业在行政审批界面,点击"税务报到",再点击"纳税人税务补充信息表",见图7-27。此时可以看到"新企业税务补充信息流程",见图7-28,点击右侧"新建",出现空白的"纳税人税务补充信息表",企业认真填写完成后,点击页面下方的"提交"。此时将信息表提交到税务局,由税务局审核。企业此时可带上纸质的申请材料到税务局办理审核。"纳税人税务补充信息表"样表见二维码7-1。

第七章 税务局业务实训

图 7-27 "税务报到"下"纳税人税务补充信息表"界面

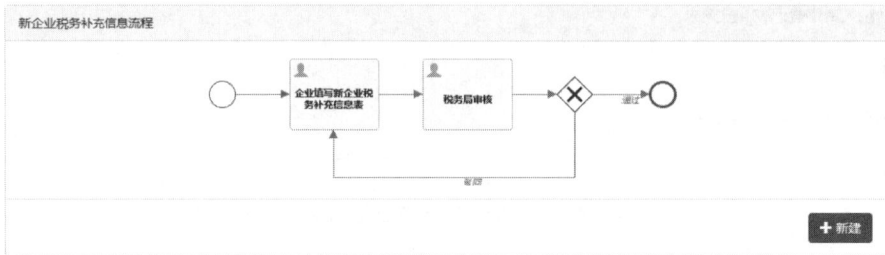

图 7-28 "新企业税务补充信息流程"界面

二维码 7-1 纳税人税务补充信息表

　　企业将"纳税人税务补充信信息表"提交后，可以点击查看"流程跟踪"，可以看到"新企业税务补充信息流程"处于税务局审核阶段，见图 7-29。

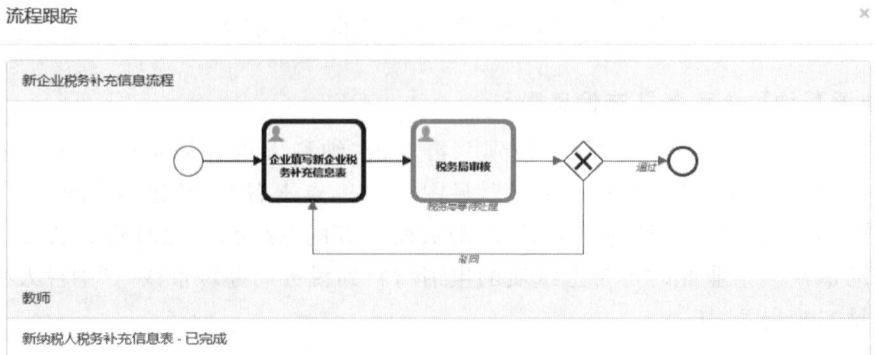

图 7-29 "新企业税务补充信息流程"（处于税务局审核阶段）

5. 税务局审核纳税人税务补充信息表

税务局工作人员在行政审核界面,点击左侧"税务报到",再点击"纳税人税务补充信息表",然后"领取任务",看到"新企业税务补充信息流程"提示目前处于税务局审核的阶段。点击"领取并处理",点击"确定",此时可以看到企业提交的"纳税人税务补充信息表"。

如果税务局对"纳税人税务补充信息表"审核未通过,税务局则点击"驳回",并点击"提交",此时需要企业修改后重新提交税务局审核;如果审核通过,则税务局直接点击页面下方的"提交"。

此时,若税务局想要查看流程情况,可以直接点击页面中的"流程跟踪",看到如图 7 - 30 所示界面。

图 7 - 30 "新纳税人税务补充信息表"界面

6. 企业查看"新企业税务补充信息流程"

企业可以通过随时查看"新企业税务补充信息流程",了解税务局是否审核结束。企业进入行政审批界面,点击左侧"税务报到",再点击"纳税人税务补充信息表",然后在新纳税人税务补充信息表界面点击"流程跟踪",可以看到"新企业税务补充信息流程"(见图 7 - 31)。根据流程,可知流程已经结束。

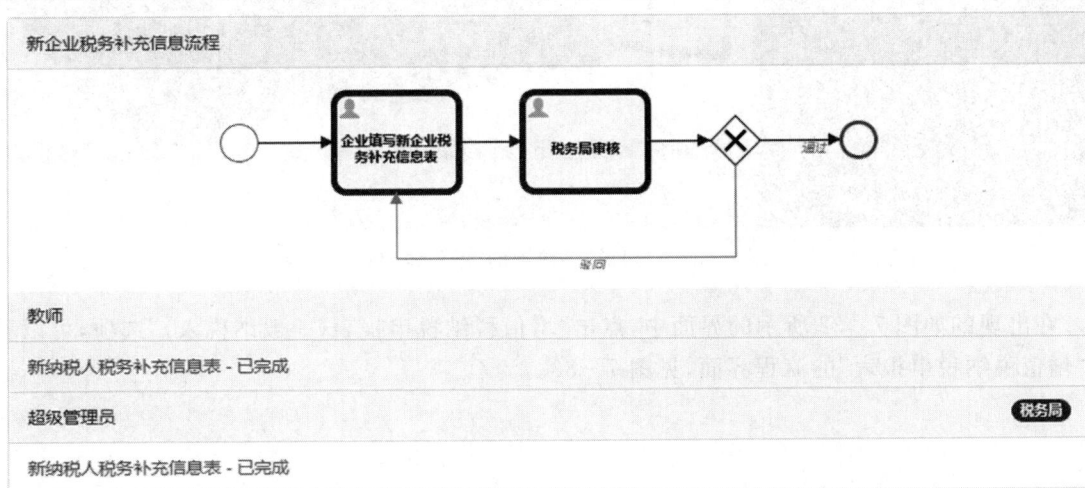

图 7 - 31 "新企业税务补充信息流程"(已结束)

四、纳税申报

（一）实训目的

通过模拟实训，学生可以了解国税和地税申报的基本流程，掌握办理国税所需要填制的各类表单，如增值税和消费税的申报表；并认真审核企业提交的地税纳税申报表，如营业税、房产税申报表。

（二）实训内容

（1）协助企业填写增值税纳税申报表，并审核。

（2）协助企业填写消费税纳税申报表，并审核。

（3）协助企业填写企业所得税纳税申报表，并审核。

（4）协助企业填写营业税纳税申报表，并审核。

（5）协助企业填写房产税纳税申报表，并审核。

（6）审核国税通用缴款书，审核地税通用缴款收。

（三）实训操作（企业与税务局的交互实训）

1. 国税

（1）企业填写增值税申报表。企业进入税务局的纳税申报界面，可以看到有"国税"和"地税"两个选项，点击左侧"国税"，在二级菜单中再点击"增值税申报"，见图 7 - 32。

图 7 - 32　"国税"菜单下的"增值税申报"

在出现的如图 7 - 32 所示的界面中，点击"增值税纳税申报表（一般纳税人）"选项，可以看到"增值税纳税申报表"的流程界面，见图 7 - 33。

图 7-33 "增值税纳税申报表(一般纳税人)"界面

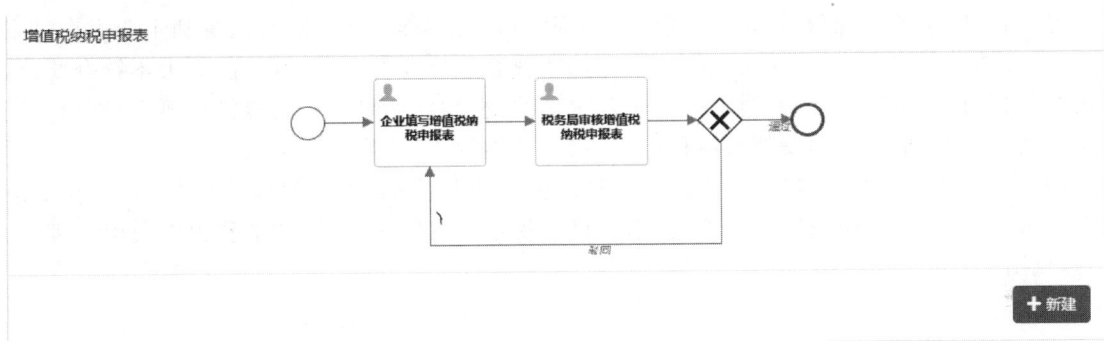

图 7-34 "增值税纳税申报表"的流程界面

点击图 7-34 右侧的"新建"选项,可以看到空白的"增值税纳税申报表(一般纳税人)",见二维码 7-2。企业填写完成后,点击页面下方的"提交"。此时由税务局审核增值税纳税申报表。

二维码 7-2 空白的"增值税纳税申请表(一般纳税人)"

(2)税务局审核增值税申报表。税务局进入纳税申报界面,然后点击左侧"国税"选项,点击"增值税申报",再点击"增值税纳税申报表",可以看到所有企业提交的增值税纳税申报表任务待领取,点击"领取任务",可以看到目前流程处于"税务局审核增值税纳税申报表"阶段,见图 7-35。

第七章 税务局业务实训

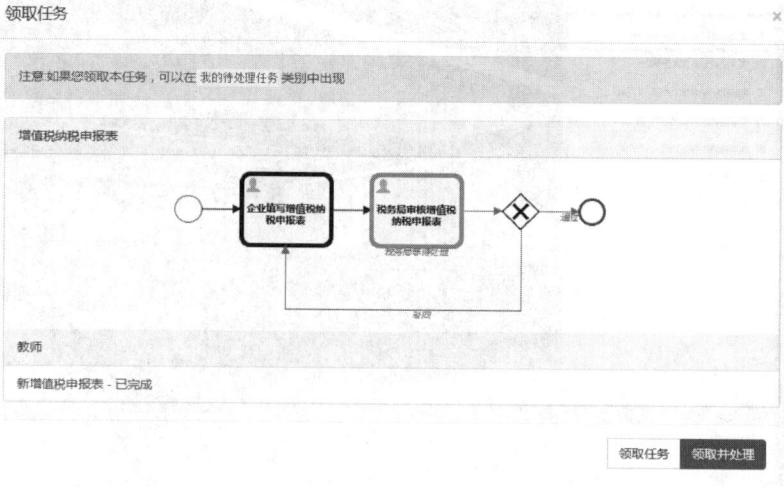

图7-35 "增值税纳税申报表"流程跟踪(处于税务局审核增值税纳税申报表阶段)

点击"领取任务"界面右下角的"领取并处理",再点击"确定",此时可以看到企业提交过来的"增值税纳税申报表(一般纳税人)"。税务局审核企业填写的审报表内容,如果不符合要求,点击"驳回",再点击"提交",此时退回给企业重新修改内容;如果填写内容符合要求,则税务局点击页面下方的"提交",即增值税纳税申报表(一般纳税人)操作流程结束。

(3)企业填写消费税纳税申报表。企业进入纳税申报界面,点击界面左侧"国税",在二级菜单中再点击"消费税申报",然后点击"消费税纳税申报表",可以看到"消费税纳税申报表"的流程,见图7-36。

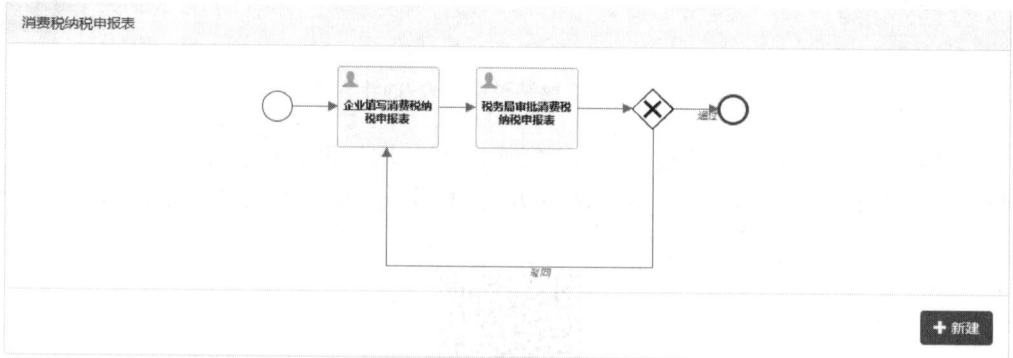

图7-36 "消费税纳税申报"表流程

点击图7-36右侧的"新建",可以看到空白消费税纳税申报表,其样表见二维码7-3。企业填写完成后,点击页面下方的"提交"。此时由税务局审核消费税纳税申报表。

二维码7-3 消费税纳税申报表样表

（4）税务局审核消费税纳税申报表。税务局进入纳税申报界面，然后点击界面左侧的"国税"，点击"消费税申报"，再点击"消费税申报"，可以看到所有企业提交的消费税纳税申报表任务待领取，点击"领取任务"，可以看到目前流程处于"税务局审核消费税纳税申报表"的阶段，见图7-37。

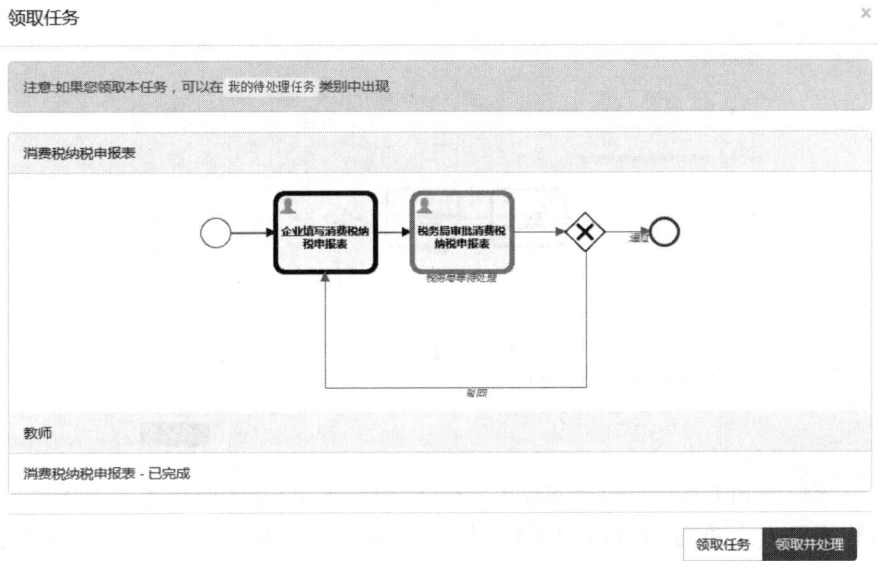

图7-37　消费税纳税申报表流程跟踪（处于税务局审核消费税纳税申报表阶段）

点击图7-37右下角的"领取并处理"，再点击"确定"，此时可以看到企业提交的"消费税纳税申报表"。税务局审核企业填写的内容，如果不符合要求，则点击"驳回"，再点击"提交"，退回企业重新修改内容；如果内容均符合要求，则点击页面下方的"提交"，消费税纳税申报表操作流程即结束。

（5）企业填写企业所得税月季度预缴纳税申报表A类。企业进入纳税申报界面，点击左侧的"国税"选项，在二级菜单中再点击"企业所得税申报"，然后点击"企业所得税月季度预缴纳税申报表A类"，可以看到"企业所得税月季度预缴纳税申报表A类"的流程，见图7-38。点击流程界面的"新建"，可以看到空白的企业所得税月季度预缴纳税申报表A类。企业填写完成后，点击页面下方的"提交"，由税务局审核企业所得税月季度预缴纳税申报表A类。

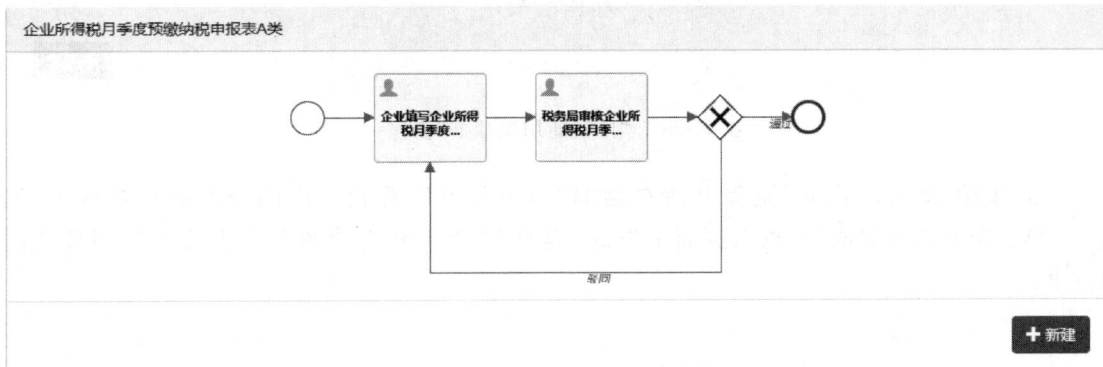

图7-38　"企业所得税月季度预缴纳税申报表A类"流程

(6)税务局审核企业所得税月季度预缴纳税申报表 A 类。税务局进入纳税申报界面,然后点击左侧"国税",点击"企业所得税申报",再点击"企业所得税月季度预缴纳税申报表 A 类",可以看到所有企业提交的企业所得税月季度预缴纳税申报表 A 类的审核任务待领取,点击"领取任务",可以看到目前处于"税务局审核企业所得税月季度预缴纳申报表"的阶段,见图 7-39。

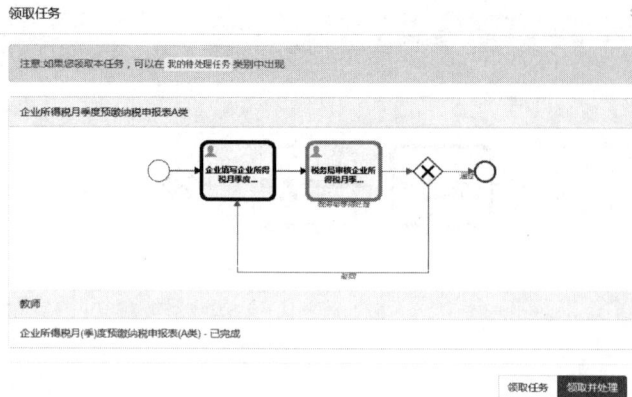

图 7-39 "企业所得税月季度预缴纳税申报表 A 类"流程跟踪

点击流程跟踪右下角的"领取并处理",再点击"确定",此时可以看到企业提交的"企业所得税月季度预缴纳税申报表 A 类"。税务局审核企业填写的内容,如果不符合要求,则点击"驳回",再点击"提交",此时退回企业重新修改内容;如果内容均符合要求,则点击页面下方的"提交",企业所得税月季度预缴纳税申报表 A 类的操作流程结束。

(7)企业填写国税通用缴款书。企业进入纳税申报界面,点击左侧的"国税",在二级菜单中再点击"缴款书",然后点击"国税通用缴款书",可以看到国税通用缴款书的流程,见图 7-40。

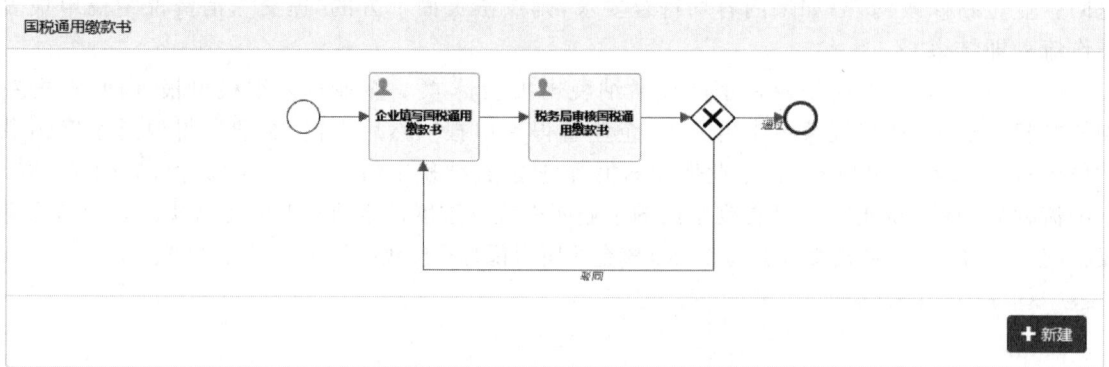

图 7-40 "国税通用缴款书"流程

点击"国税通用缴款书"流程界面右侧的"新建",可以看到空白的国税通用缴款书,见图 7-41。企业填写完成后,点击页面下方的"提交"。此时税务局审核企业提交的国税通用缴款书。

图 7-41　空白的国税通用缴款书

(8)税务局审核国税通用缴款书。税务局进入纳税申报界面,然后点击左侧"国税",在二级菜单中再点击"缴款书",然后点击"国税通用缴款书",可以看到所有企业提交的国税通用缴款书的审核任务待领取,点击"领取任务",可以看到目前处于"税务局审核国税通用缴款书"阶段,见图 7-42。

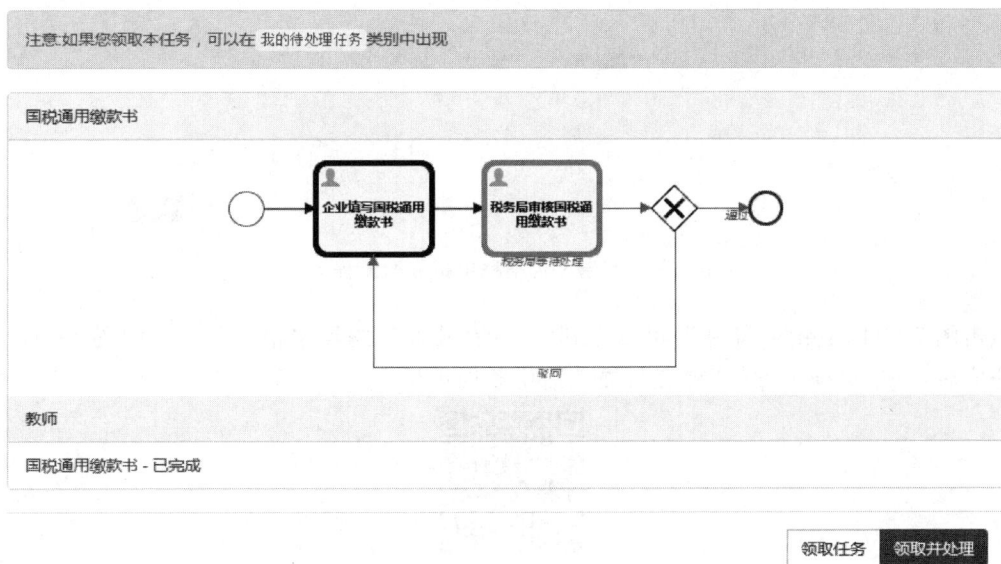

图 7-42　国税通用缴款书流程跟踪

点击图7-42右下角的"领取并处理",再点击"确定",此时可以看到企业提交的国税通用缴款书。税务局审核企业填写的内容,如果不符合要求,则点击"驳回",再点击"提交",此时退回企业重新修改内容;如果内容均符合要求,则点击页面下方的"提交",即国税通用缴款书的操作流程结束。

2. 地税

(1)企业填写营业税纳税申报表。企业进入税务局的纳税申报界面,点击左侧"地税"选项,在二级菜单中再点击"营业税申报",见图7-43。

图7-43 "地税—营业税申报"界面

在弹出的界面中,点击"营业税纳税申报表",可查看"营业税纳税申报表"的流程,见图7-44。

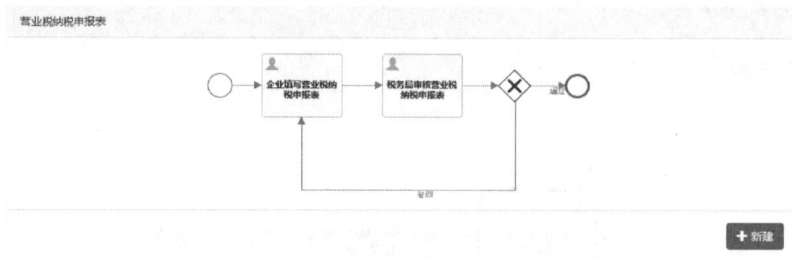

图7-44 营业税纳税申报表的流程图

点击图7-44右侧的"新建",可以看到空白的"营业税纳税申报表",见二维码7-4。企业填写完成后,点击页面下方的"提交",提交给税务局审核。

二维码7-4 空白的"营业税纳税申报表"

(2)税务局审核营业税纳税申报表。税务局进入纳税申报界面,然后点击左侧"地税",点击"营业税申报",再点击"营业税申报",可以看到所有企业提交的营业税纳税申报表任务待领取,点击"领取任务",可以看到流程目前处于"税务局审核营业税纳税申报表"阶段(见图7-45)。

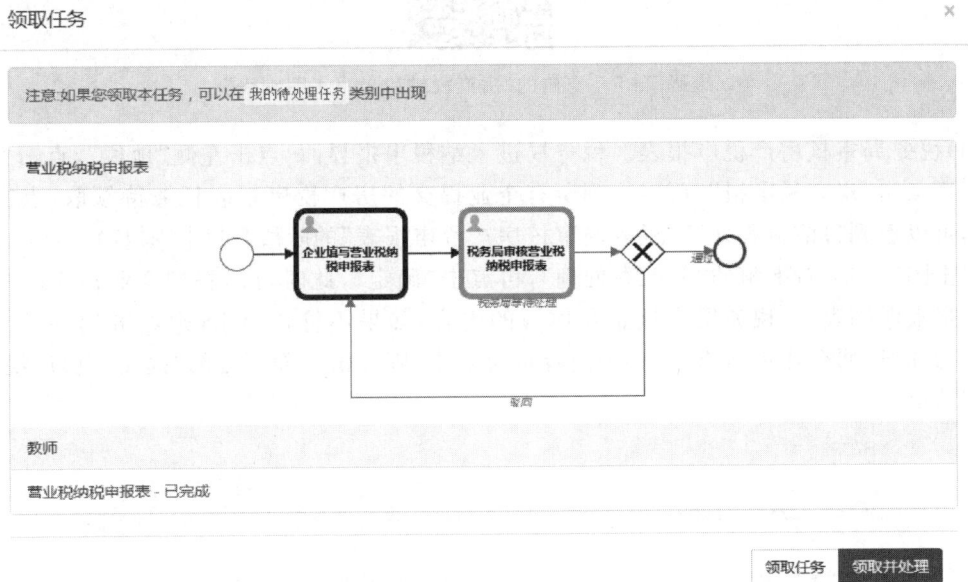

图7-45 "营业税纳税申报表"流程跟踪

点击图7-45右下角的"领取并处理",再点击"确定",此时可以看到企业提交的"营业税纳税申报表"。税务局审核企业填写的内容,如果不符合要求,则点击"驳回",再点击"提交",此时退回企业重新修改;如果内容符合要求,则点击页面下方的"提交",营业税纳税申报表操作流程结束。

(3)企业填写房产税申报表。企业进入税务局的纳税申报界面,点击左侧"地税",在二级菜单中点击"房产税申报",再点击"房产税申报表",出现"房产税申报表"流程,见图7-46。

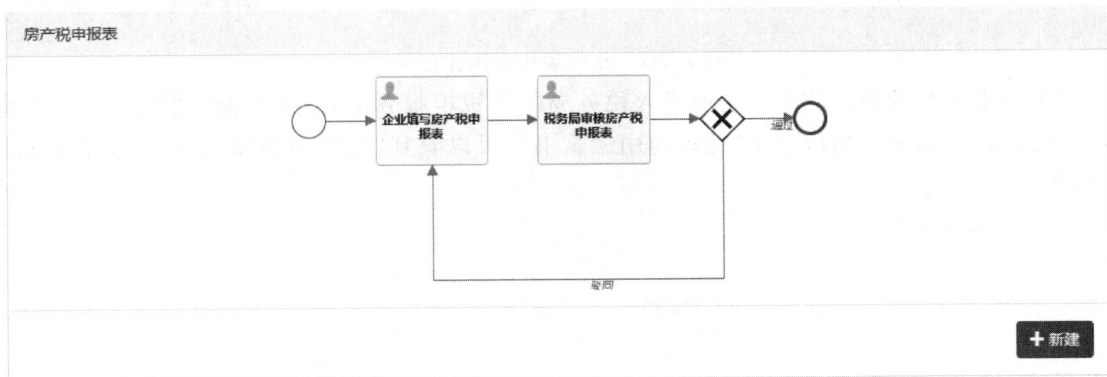

图7-46 "房产税申报表"流程

点击图7-46中的"新建",可以看到空白的"房产税申报明细表"(见二维码7-5)。企业填写完成后,点击页面下方的"提交",交由税务局审核。

— 167 —

二维码 7-5　空白的"房产税纳税申报表明细表"

(4)税务局审核房产税申报表。税务局进入纳税申报界面,点击左侧"地税",点击"房产税申报",再点击"房产税申报",可以看到所有企业提交的房产税申报表任务待领取,点击"领取任务",可以看到目前流程处于"税务局审核房产税申报表"的阶段(见图 7-47)。

点击图 7-47 右下角的"领取并处理",再点击"确定",此时可以看到企业提交的"房产税纳税申报表明细表"。税务局审核企业填写的内容,如果不符合要求,则点击"驳回",再点击"提交",此时退回企业重新修改;如果内容符合要求,则点击页面下方的"提交",房产税申报操作流程结束。

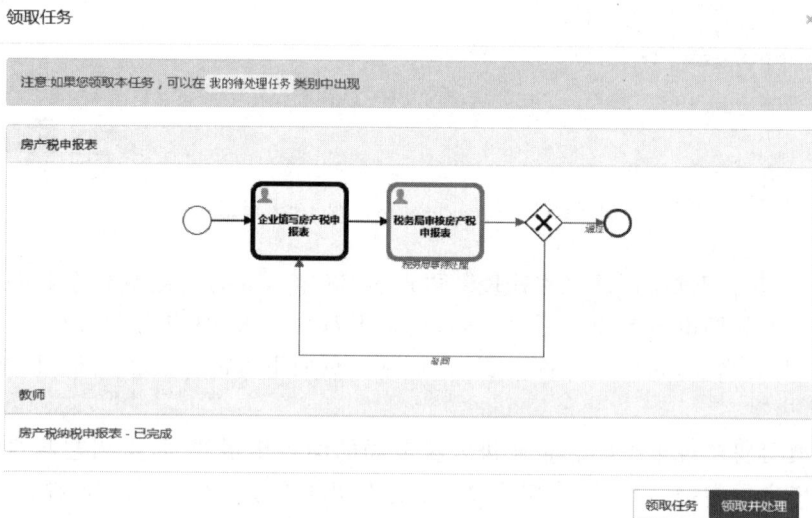

图 7-47　房产税申报流程跟踪

(5)企业填写地税缴款书。企业进入税务局的纳税申报界面,点击左侧"地税",在二级菜单中再点击"缴款书",然后点击"地税通用缴款书",可以看到"地税通用缴款书"的流程,见图 7-48。

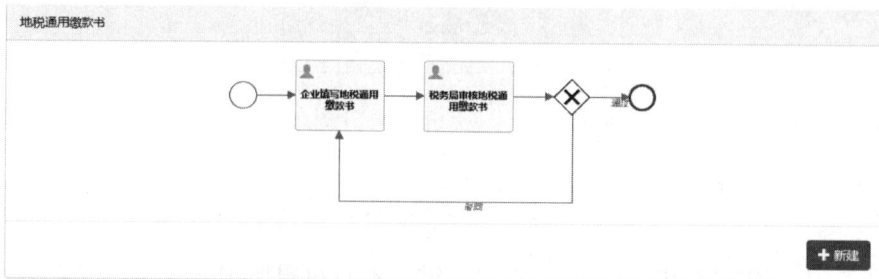

图 7-48　"地税通用缴款书"的流程

点击图 7－48 右侧的“新建”，可以看到空白的地税通用缴款书，见图 7－49。企业填写完成后，点击页面下方的“提交”，交由税务局审核。

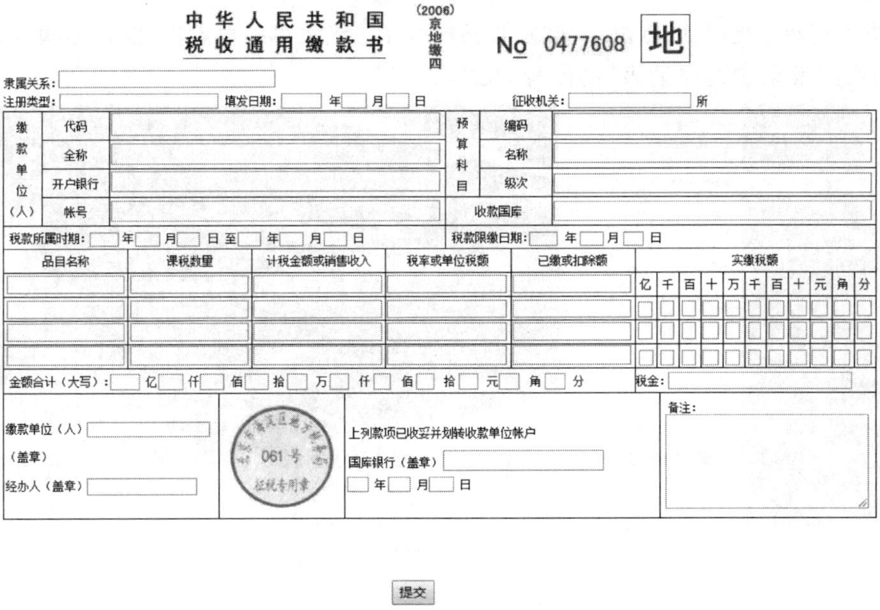
中华人民共和国
税收通用缴款书
(2006)京地缴四
No 0477608 地

隶属关系：
注册类型： 填发日期： 年 月 日 征收机关： 所

缴款单位（人）		预算科目	
缴款单位（人）	代码	预算科目	编码
	全称		名称
	开户银行		级次
	帐号		收款国库

税款所属时期： 年 月 日 至 年 月 日 税款限缴日期： 年 月 日

品目名称	课税数量	计税金额或销售收入	税率或单位税额	已缴或扣除额	实缴税额
					亿 千 百 十 万 千 百 十 元 角 分

金额合计（大写）： 亿 仟 佰 拾 万 仟 佰 拾 元 角 分 税金：

缴款单位（人）（盖章）
经办人（盖章）

061号
征税专用章

上列款项已收妥并划转收款单位帐户
国库银行（盖章）
年 月 日

备注：

提交

图 7－49 空白的地税通用缴款书

（6）税务局审核地税通用缴款书。税务局进入纳税申报界面，点击左侧“地税”，在二级菜单中再点击“缴款书”，然后点击“缴款书”，可以看到所有企业提交的地税通用缴款书的审核任务待领取，点击“领取任务”，可以看到目前流程处于“地税通用缴款书”阶段。

点击“领取任务”界面右下角的“领取并处理”，再点击“确定”，此时可以看到企业提交的地税通用缴款书。税务局审核企业填写的内容，如果不符合要求，则点击“驳回”，再点击“提交”，此时退回企业重新修改；如果内容符合要求，则点击页面下方的“提交”，地税通用缴款书的操作流程结束。

（7）其他税申报。其他税申报主要包括城镇土地使用税纳税申报表明细表、地方各税（费、基金）缴纳申报表、房产税纳税申报表明细表、代扣代缴个人所得税月份报告表、契税纳税申报表，具体申报流程在此不再赘述。

五、发票领购

（一）实训目的

通过模拟实训，学生可以了解税务局的发票领购业务流程，熟悉税务局常用的发票类型及发票填制要求，掌握发票领购过程中各类表单的填写及流程，了解发票缴销流程。

（二）实训内容

（1）审核企业提交的发票领购申请。

（2）发放发票领购簿。

（3）审核企业提交的发票缴销申请。

（三）实训操作（企业与税务局的交互实训）

1. 企业填写发票领购申请表

企业进入行政审批界面，点击左侧"发票领购"，在二级菜单中再点击"发票领购"，见图7-50。然后可以看到"发票领购申请表"的流程，见图7-51。

图7-50 "发票领购"界面

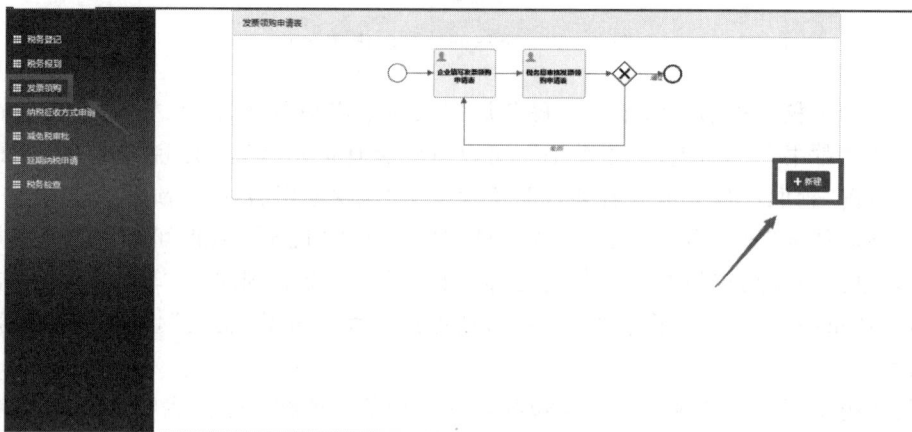

图7-51 "发票领购申请表"流程

点击图7-51右侧"新建"，可以看到空白的发票领购申请表，见二维码7-6。企业填写完成后，点击页面下方的"提交"，交由税务局处理发票领购申请表业务。

二维码7-6 空白的发票领购申请表

2. 税务局审核发票领购申请表

税务局进入行政审批界面，点击左侧"发票领购"，再点击"发票领购申请表"，然后点击"领取任务"，点击"领取并处理"，点击"确定"，此时可以看到企业提交的"发票领购申请表"。税务局审核填写的内容，如果不符合要求，则点击"驳回"，再点击"提交"，此时退回企业重新修改；如果内容符合要求，则点击页面下方的"提交"，发票领购申请操作结束。

3. 企业填写增值税专用发票

企业进入行政审批界面，点击左侧"发票领购"，在二级菜单中再点击"增值税专用发票"，可以看到增值税专用发票申请流程，见图7-52。

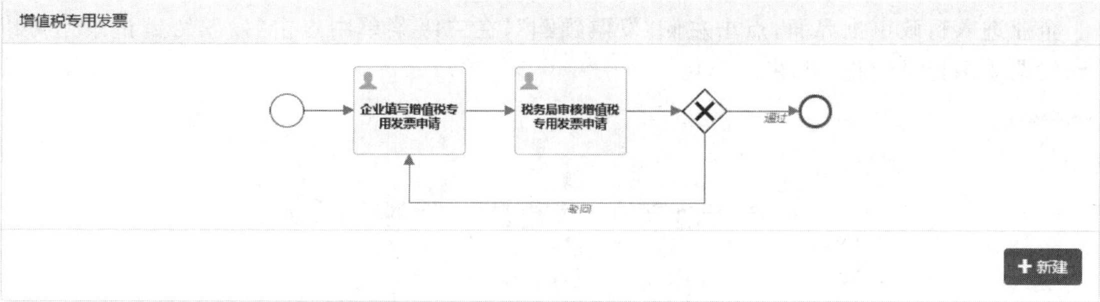

图7-52　增值税专用发票申请流程

点击图7-52右侧"新建"，可以看到空白的增值税专用发票，见图7-53。企业填写完成后，点击页面下方的"提交"，交由税务局处理增值税专用发票申请业务。

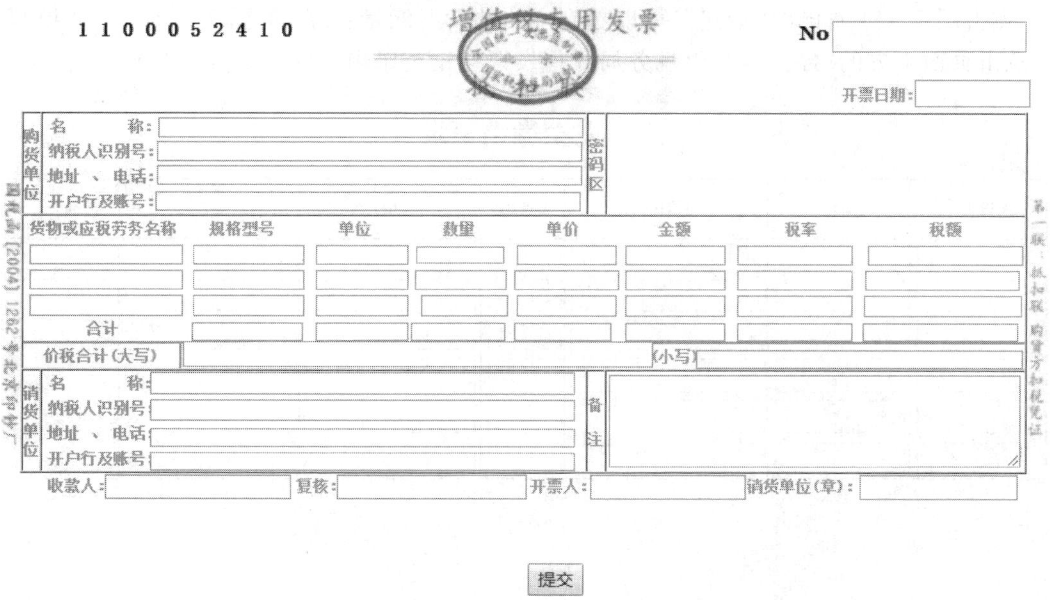

图7-53　空白的增值税专用发票

4. 税务局审核增值税专用发票

税务局进入行政审批界面,点击左侧"发票领购",再点击"增值税专用发票",然后点击"领取任务",点击"领取并处理",点击"确定",此时可以看到企业提交的增值税专用发票申请表。税务局审核企业填写的内容,如果不符合要求,则点击"驳回",再点击"提交",此时退回企业重新修改;如果内容符合要求,则点击页面下方的"提交",增值税专用发票申请流程操作结束。

5. 企业填写发票缴销记录

企业进入行政审批界面,点击左侧"发票领购",在二级菜单中点击"发票缴销记录",可以看到发票缴销记录流程,见图 7 - 54。

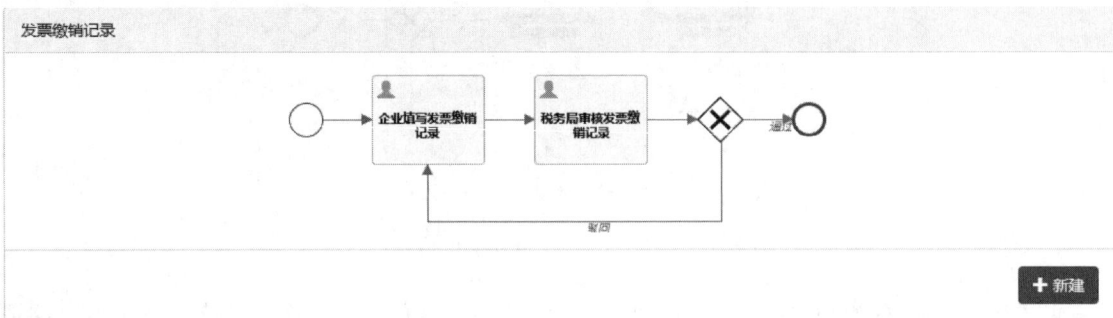

图 7 - 54　发票缴销记录流程

点击图 7 - 54 右侧的"新建",可以看到空白的发票缴销记录,见图 7 - 55。企业填写完成后,点击页面下方的"提交",交由税务局处理发票缴销记录申请业务。

<h3 style="text-align:center">发票缴销记录</h3>

核定发票种类:

日期	发票名称	发票代码	缴销类别	本(份)数	起始 号码	终止 号码

提交

图 7 - 55　空白的发票缴销记录

6. 税务局审核发票缴销记录

税务局进入行政审批界面,点击左侧"发票领购",点击"增值税专用发票",点击"领取任务",点击"领取并处理",点击"确定",此时可以看到企业提交过来的发票缴销记录申请表。税务局审核企业填写的内容,如果不符合要求,则点击"驳回",再点击"提交",此时退回企业重新修改内容；如果内容符合要求，则点击页面下方的"提交"，发票缴销记录流程操作结束。

六、纳税征收方式申请

(一)实训目的

通过模拟实训，学生可以了解纳税征收方式申请的基本流程，掌握纳税征收方式的操作注意事项，了解企业所得税征收方式的审核流程。

(二)实训内容

(1)审核企业提交的核定征收申请审批表。

(2)协助企业填写企业所得税征收方式鉴定表，并审核。

(三)实训操作(企业与税务局的交互实训步骤)

1. 企业填写核定征收申请审批表

企业进入行政审批界面，点击左侧"纳税征收方式申请"，在二级菜单中再点击"核定征收申请审批表"，见图7-56。

图 7-56　纳税征收方式申请界面

在弹出界面中可看到核定征收申请审批表的流程，见图7-57。

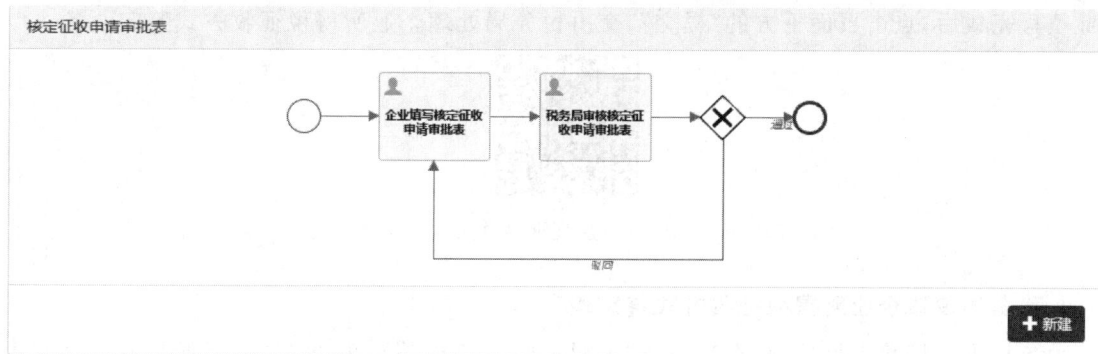

图 7-57　"核定征收申请审批表"流程

点击图7-57中的"新建",可以看到空白的核定征收申请审批表,见二维码7-7。企业填写完成后,点击页面下方的"提交",交由税务局处理核定征收申请审批表业务。

二维码7-7　空白的核定征收申请审批表

2. 税务局审核核定征收申请审批表

税务局进入行政审批界面,点击左侧"纳税征收方式申请",再点击"核定征收申请审批表",然后点击"领取任务",点击"领取并处理",点击"确定",此时可以看到企业提交的核定征收申请审批表。税务局审核企业填写的内容,如果不符合要求,则点击"驳回",再点击"提交",此时退回企业重新修改;如果内容均符合要求,则点击页面下方的"提交",核定征收申请审批表操作结束。

3. 企业填写企业所得税征收方式鉴定表

企业进入行政审批界面,点击左侧"纳税征收方式申请",在二级菜单中再点击"企业所得税征收方式鉴定表",然后可以看到"企业所得税征收方式鉴定表"流程,见图7-58。

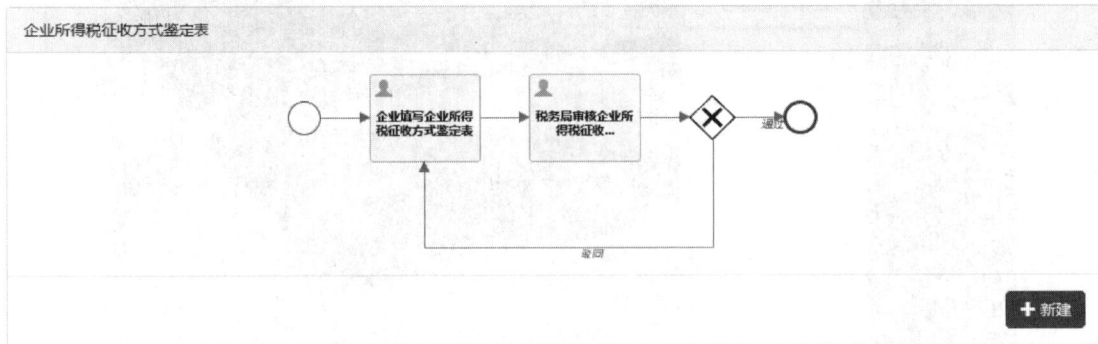

图7-58　"企业所得税征收方式鉴定表"流程

点击图7-58中的"新建",可以看到空白的企业所得税征收方式鉴定表,见二维码7-8。企业填写完成后,点击页面下方的"提交",交由税务局处理企业所得税征收方式鉴定业务。

二维码7-8　空白的企业所得税征收方式鉴定表

4. 税务局审核企业所得税征收方式鉴定表

税务局进入行政审批界面,点击左侧"纳税征收方式申请",再点击"企业所得税征收方式鉴定表",然后点击"领取任务",点击"领取并处理",点击"确定",此时可以看到企业提交的企业所得税征收方式鉴定表。

税务局审核企业填写的内容,如果不符合要求,则点击"驳回",再点击"提交",此时退回企业重新修改;如果内容符合要求,则点击页面下方的"提交",企业所得税征收方式鉴定操作结束。

5. 企业填写企业所得税年度核定征收申报表

企业进入行政审批界面,点击左侧"纳税征收方式申请",在二级菜单中再点击"企业所得税年度核定征收申报表",然后看到"企业所得税年度核定征收申报表"流程,见图 7 - 59。

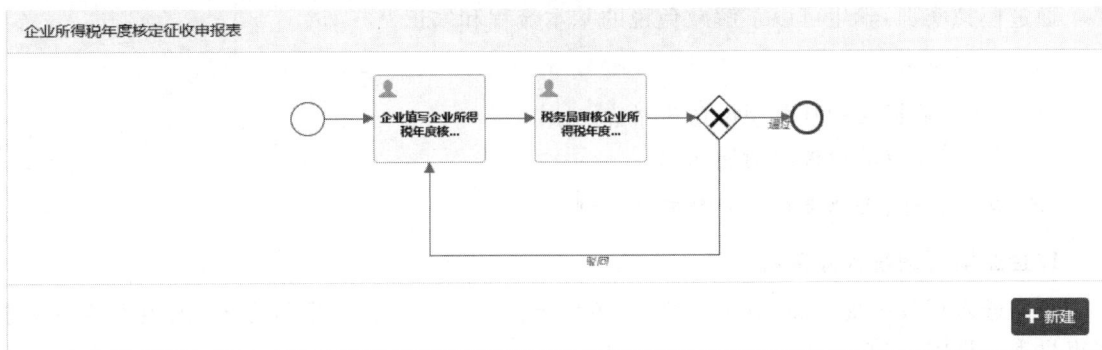

图 7 - 59 "企业所得税年度核定征收申报表"流程

点击图 7 - 59 右侧的"新建",可以看到空白的企业所得税年度核定征收申报表,见图 7 - 60。企业填写完成后,点击页面下方的"提交",交由税务局处理企业所得税年度核定征收申报表业务。

企业所得税年度核定征收申报表

纳税人识别号：

金额单位：元列至角分

纳税人名称：		填表日期			
申报日期		所属时期		至	
生产经营地址		登记注册类型			
口税票先到	开户银行及银行帐号				
行次	项 目	依法申报金额		税务机关调整数	
1	销售收入				
2	应纳所得率				
3	应纳税所得额（3=1*2）				
4	适应税率				
5	应缴所得税额（5=3*4）				
6	已预缴的所得税额				
7	经批准减免的所得税额				
8	应补（退）的所得税额（8=5-6-7）				

企业负责人签字： 会计主管人签字： 填表人签字：

提交

图 7 - 60 企业所得税年度核定征收申报表

6. 税务局审核企业所得税年度核定征收申报表

税务局进入行政审批界面,点击左侧"纳税征收方式申请",再点击"企业所得税年度核定征收申报表",然后点击"领取任务",点击"领取并处理",点击"确定",此时可以看到企业提交的企业所得税年度核定征收申报表。税务局审核填写的内容,如果不符合要求,则点击"驳回",再点击"提交",此时退回企业重新修改;如果内容符合要求,则税务局点击页面下方的"提交",企业所得税年度核定征收申报表操作结束。

七、减免税审批

(一)实训目的

通过模拟实训,学生可以了解减免税的基本流程和知识。

(二)实训内容

(1)审核企业提交的减免税申请审批表。
(2)填写并发放减免税申请通知书。

(三)实训操作(企业与税务局的交互实训)

1.企业填写纳税人减免税申请审批表

企业进入行政审批界面,点击左侧"减免税审批",在二级菜单中再点击"纳税人减免税申请审批表",见图7-61。

图7-61 减免税审批界面

在弹出的界面可以看到纳税人减免税申请审批表的操作流程,见图7-62。

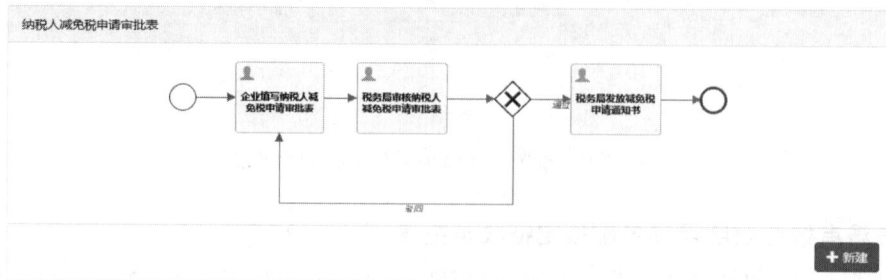

图7-62 纳税人减免税申请审批流程

点击图 7-62 右侧的"新建",可以看到空白的纳税人减免税申请审批表,见二维码 7-9。企业填写完成后,点击页面下方的"提交",交由税务局处理纳税人减免税申请审批表业务。

二维码 7-9　空白的纳税人减免税申请审批表

2. 税务局审核纳税人减免税申请审批表

税务局进入行政审批界面,点击左侧"减免税审批",再点击"纳税人减免税申请审批表",然后点击"领取任务",点击"领取并处理",点击"确定",此时可以看到企业提交的"纳税人减免税申请审批表"。税务局审核填写的内容,如果不符合要求,则点击"驳回",再点击"提交",此时退回企业重新修改;如果内容符合要求,则点击页面下方的"提交",纳税人减免税申请审批表操作结束。

3. 税务局发放减免税申请通知书

审核纳税人减免税申请审批表通过并提交后,系统跳回到如图 7-63 所示页面。

图 7-63　"纳税人减免税申请审批表"界面

点击图 7-63 中的"领取任务",可以看到纳税人减免税申请审批表的流程跟踪提示处于"税务局发放减免税申请通知书"阶段,见图 7-64。

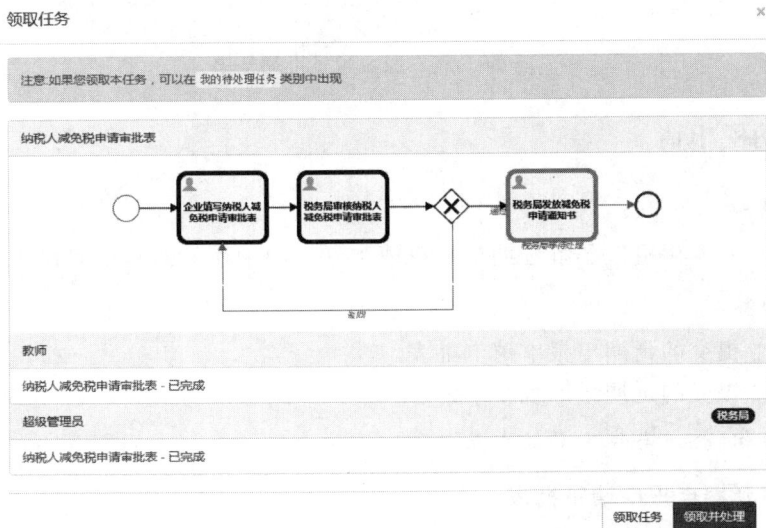

图 7-64　纳税人减免税申请审批表的流程(处于税务局发放减免税申请通知书阶段)

点击图 7－64 中的“领取并处理”，点击“确定”，可以看到如图 7－65 所示页面，税务局根据企业的情况填写完成减免税批准通知书，然后点击“提交”。此时纳税人减免税申请审批流程结束。

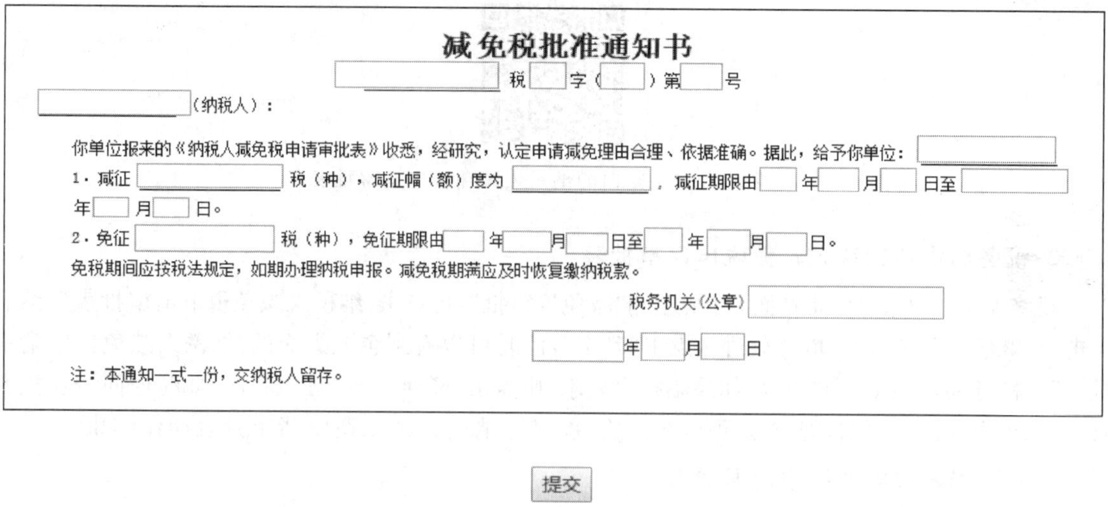
减免税批准通知书
税 字（ ）第 号
（纳税人）：
你单位报来的《纳税人减免税申请审批表》收悉，经研究，认定申请减免理由合理、依据准确。据此，给予你单位：
1．减征 税（种），减征幅（额）度为 ，减征期限由 年 月 日至 年 月 日。
2．免征 税（种），免征期限由 年 月 日至 年 月 日。
免税期间应按税法规定，如期办理纳税申报。减免税期满应及时恢复缴纳税款。
税务机关（公章）
年 月 日
注：本通知一式一份，交纳税人留存。

图 7－65　减免税申请通知书

4. 企业查看减免税批准通知书

企业进入行政审批界面，点击左侧“减免税审批”，在二级菜单中再点击“减免税申请通知书”，在图 7－66 中点击“查看”可以看到税务局下发的减免税批准通知书。

图 7－66　查看减免税批准通知书

八、延期纳税申请

（一）实训目的

通过模拟实训，学生可以了解延期申报申请和延期缴纳税款的基本流程和知识。

（二）实训内容

（1）审核企业提交的延期申报申请审批表。

（2）审核企业提交的延期缴纳税款申请表。

（三）实训操作（企业与税务局的交互实训）

1. 企业填写延期申报申请审批表

企业进入行政审批界面，点击左侧“延期纳税申请”，在二级菜单中再点击“延期申报申请审批表”，见图 7－67。

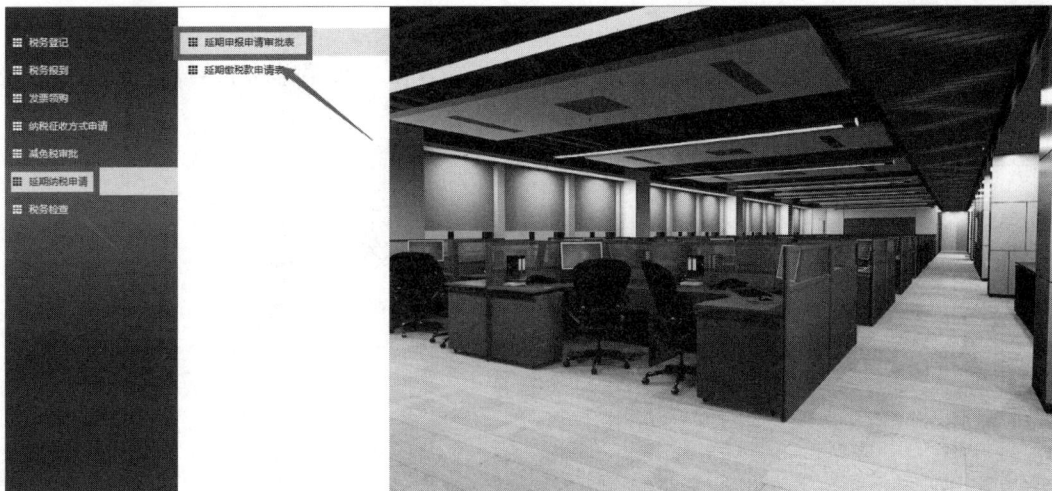

图 7 - 67　延期纳税申请界面

在弹出的界面可以看到延期申报申请审批表的操作流程,见图 7 - 68。

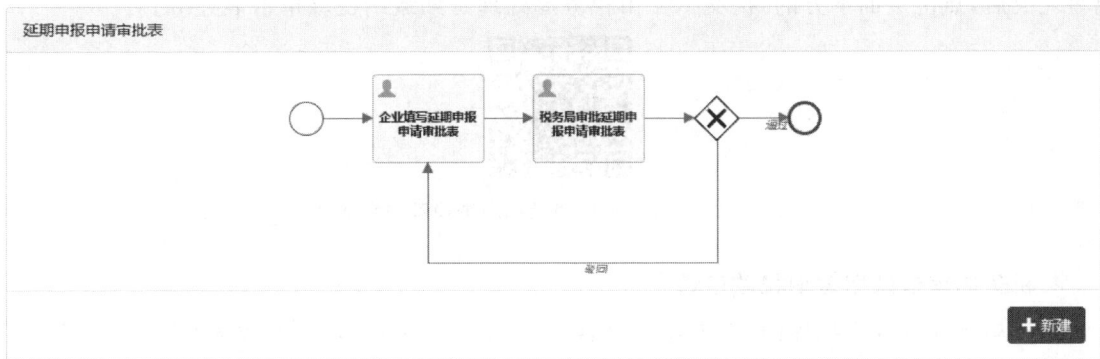

图 7 - 68　延期申报申请审批表流程

点击图 7 - 68 中的"新建",可以看到空白的延期申报申请审批表,见二维码 7 - 10。企业填写完成后,点击页面下方的"提交",交由税务局处理延期申报申请审批表业务。

二维码 7 - 10　空白的延期申报申请审批表

2. 税务局审核延期申报申请审批表

税务局进入行政审批界面,点击左侧"延期纳税申请",再点击"延期申报申请审批表",然后点击"领取任务",点击"领取并处理",点击"确定",此时可以看到企业提交的"延期申报申请审批表"。税务局审核填写的内容,如果不符合要求,则点击"驳回",再点击"提交",此时退回企业重新修改;如果内容符合要求,则点击页面下方的"提交",延期申报申请审批表操作结束。

— 179 —

3. 企业填写延期缴纳税款申请表

企业进入行政审批界面,点击左侧"延期纳税申请",在二级菜单中再点击"延期缴纳税款申请表",然后看到延期缴纳税款申请表的操作流程,见图7-69。

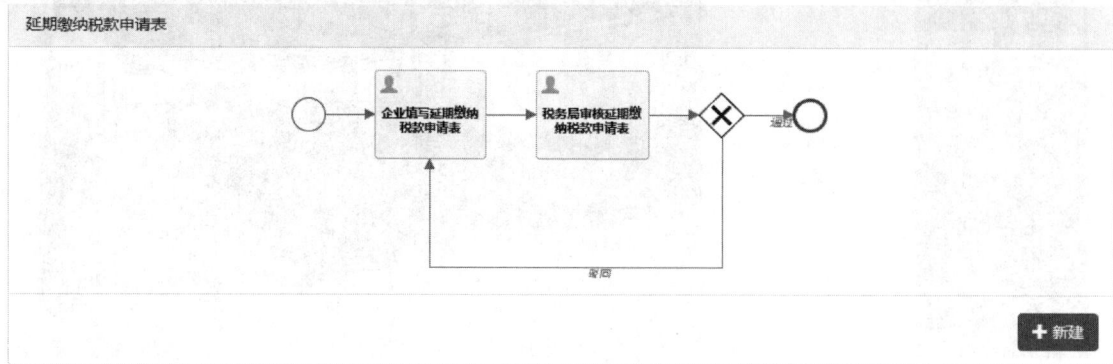

图7-69　延期缴纳税款申请表流程

点击图7-69中的"新建",可以看到空白的延期缴纳税款申请表,见二维码7-11。企业填写完成后,点击页面下方的"提交",交由税务局处理延期缴纳税款申请表业务。

二维码7-11　空白的延期缴纳税款申请表

4. 税务局审核延期缴纳税款申请

税务局进入行政审批界面,点击左侧"延期纳税申请",再点击"延期缴纳税款申请表",然后点击"领取任务",点击"领取并处理",点击"确定",此时可以看到企业提交的延期缴纳税款申请表。税务局审核填写的内容,如果不符合要求,则点击"驳回",再点击"提交",此时退回企业重新修改;如果内容符合要求,则点击页面下方的"提交",延期缴纳税款申请表操作流程结束。

九、税务检查

(一)实训目的

通过模拟实训,学生可以掌握税务局进行税务检查的业务流程,掌握税务局的税务检查通知书、处罚决定书、强制执行决定书等的不同及填写要求,了解企业复议和申诉的基本流程。

(二)实训内容

(1)发出税务检查通知书。

(2)受理税务举报,并发放税务违法调查报告,发放税务行政处罚决定。

(3)受理企业的复议申请,对税务违法企业实施罚款。

(三)实训操作(企业与税务局的交互实训)

1. 税务局发放税务检查通知书

税务局进入行政审批界面,点击左侧"税务检查",再点击"税务检查通知书"(见图7-70),然后看到"税务检查通知书"的流程,见图7-71。

图7-70 "税务检查"界面

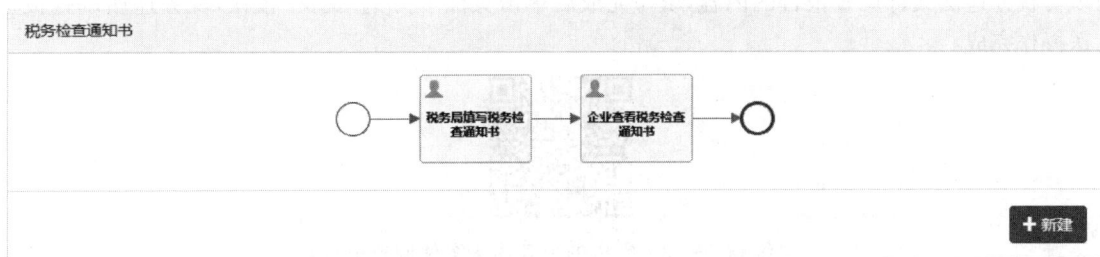

图7-71 "税务检查通知书"流程

点击图7-71中的"新建",可以看到空白的税务检查通知书,见二维码7-12。税务检查通知书的内容由税务部门填写,填写完成后单击页面下方的"提交"按钮;然后系统跳到如图7-72所示页面,税务局需要选择一家制造企业或贸易公司查看发放的税务检查通知书。税务局在企业名称左侧点选圆形按钮选定企业,然后点击"提交",再点击"确定",税务检查通知书发放操作完成。

二维码7-12 空白的税务检查通知书

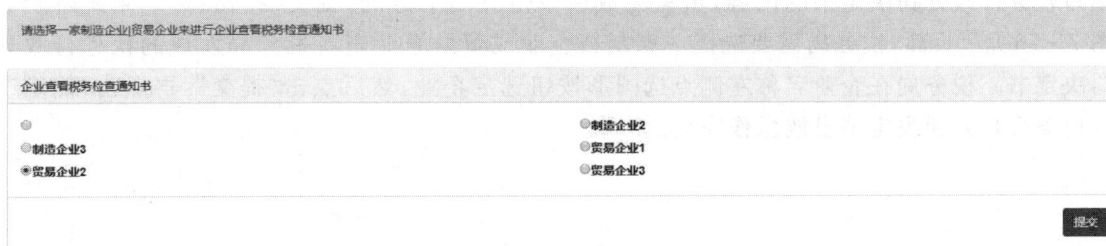

图7-72 选择查看税务检查通知书的企业

2. 税务局发放税务违法调查报告

税务局进入行政审批界面,点击左侧"税务检查",再点击"税务违法调查报告",然后可以看到税务违法调查报告的流程,见图7-73。

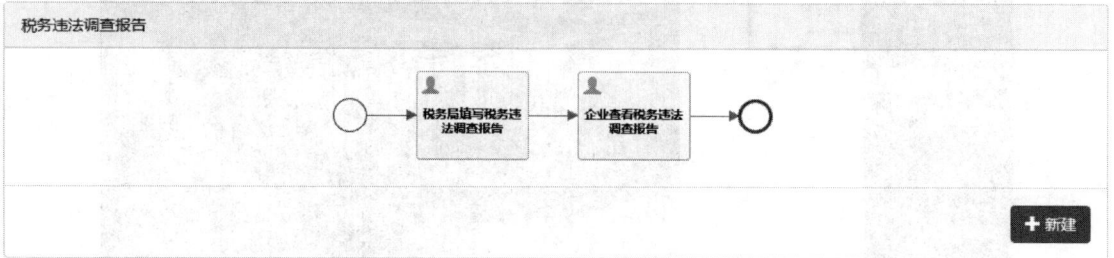

图7-73　税务违法调查报告流程

点击图7-73中的"新建",可以看到空白的税务违法案件调查报告,见二维码7-13。税务部门填写税务违法案件调查报告的内容,填写完成后单击页面下方的"提交"按钮,税务违法调查报告发送操作完成。

二维码7-13　空白的税务违法案件调查报告

3. 税务局发放税务行政处罚决定书

税务局进入行政审批界面,点击左侧"税务检查",再点击"税务行政处罚决定书",然后可以看到税务行政处罚决定书的流程,见图7-74。

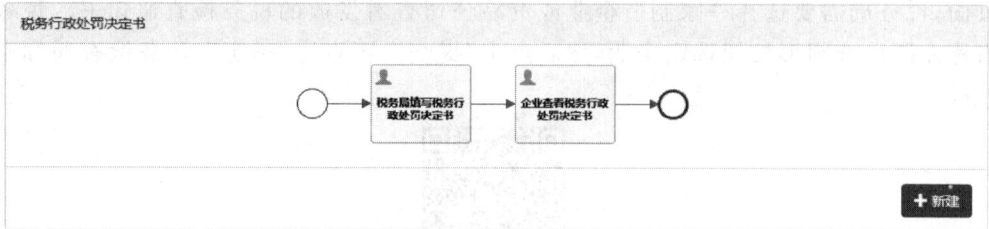

图7-74　税务行政处罚决定书流程

点击图7-74中的"新建",可以看到空白的税务行政处罚决定书,见图7-75。税务部门填写税务行政处罚决定书的内容,填写完成后单击页面下方的"提交"按钮;然后系统跳到如图7-76所示页面,税务局需要选择一家制造企业或贸易企业查看税务局发放的税务行政处罚决定书。税务局在企业名称左侧点选圆形按钮选定企业,然后点击"提交",再点击"确定",则税务行政处罚决定书发放操作完成。

税务行政处罚决定书

税稽通字（　　）第　　号

违法事实、法律依据及处罚决定：

你应当自接到本决定书之日起15日内到　　　　　　缴纳罚款。

批准人：　　　　　　　　税务机关（章）　　　　

　　年　月　日

提交

图7-75　空白的税务行政处罚决定书

请选择一家制造企业/贸易企业来进行企业查看税务行政处罚决定书

企业查看税务行政处罚决定书

○　　　　　　　　　　　　　　　　　○ 制造企业2
○ 制造企业3　　　　　　　　　　　　　○ 贸易企业1
○ 贸易企业2　　　　　　　　　　　　　○ 贸易企业3

提交

图7-76　选择查看税务行政处罚决定书的企业

4. 税务局发放税务处理决定书

税务局进入行政审批界面，点击左侧"税务检查"，再点击"税务处理决定书"，然后可以看到税务处理决定书的流程，见图7-77。

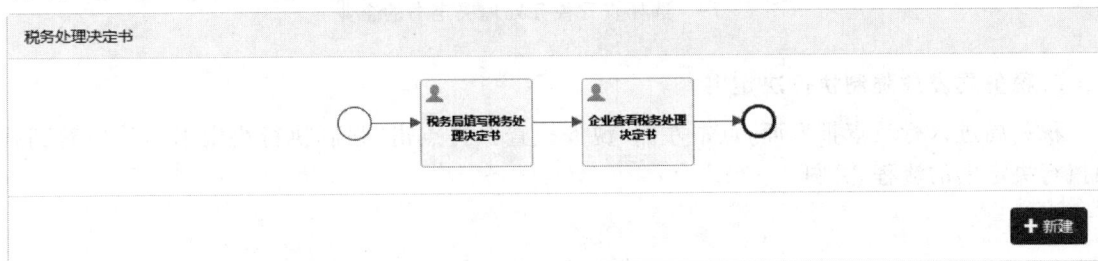

图7-77　税务处理决定书流程

点击图7-77中的"新建"，可以看到空白的税务处理决定书，见图7-78。税务部门填写税务处理决定书的内容，填写完成后单击页面下方的"提交"按钮；然后系统跳到如图7-79所示页面，税务局需要选择一家制造企业或贸易企业查看税务局发放的税务处理决定书。税务

— 183 —

局在企业名称左侧点选圆形按钮选定企业,然后点击"提交",再点击"确定",则税务处理决定书发放操作完成。

图 7-78 税务处理决定书

图 7-79 选择查看税务处理决定书的企业

5. 税务局发放强制执行决定书

税务局进入行政审批界面,点击左侧"税务检查",再点击"强制执行决定书",然后看到强制执行决定书的流程,见图 7-80。

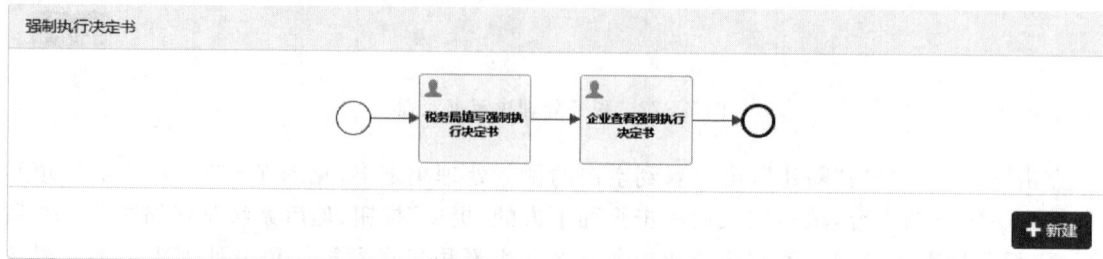

图 7-80 强制执行决定书流程图

点击图 7-80 中的"新建",可以看到空白的强制执行决定书,见图 7-81。税务部门负责填写强制执行决定书的内容,填写完成后单击页面下方的"提交"按钮;然后,系统跳如图 7-82 所示页面,税务局需要选择一家制造企业、贸易企业或原材料供应商查看税务局发放的强制执行决定书。税务部门在企业名称左侧点选圆形按钮选定企业,然后点击"提交",再点击"确定",则强制执行决定书发放操作完成。

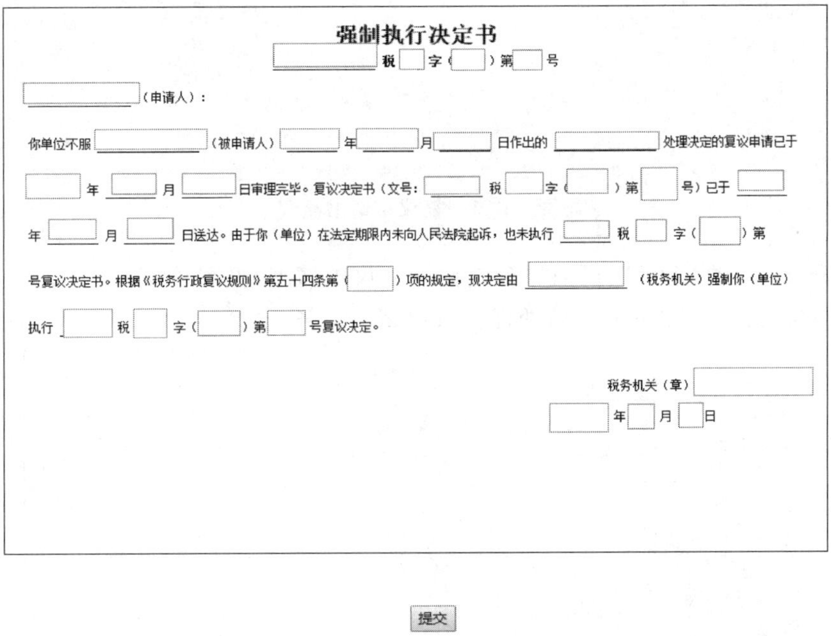

图 7-81　空白的强制执行决定书

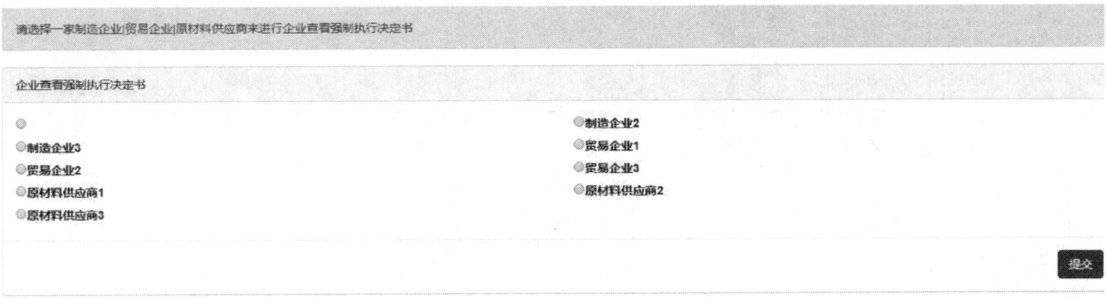

图 7-82　选择查看强制执行决定书的企业

6. 企业填写复议申请书

企业进入行政审批界面,点击左侧"税务检查",在二级菜单中再点击"复议申请书",然后可以看到复议申请书的操作流程,见图 7-83。

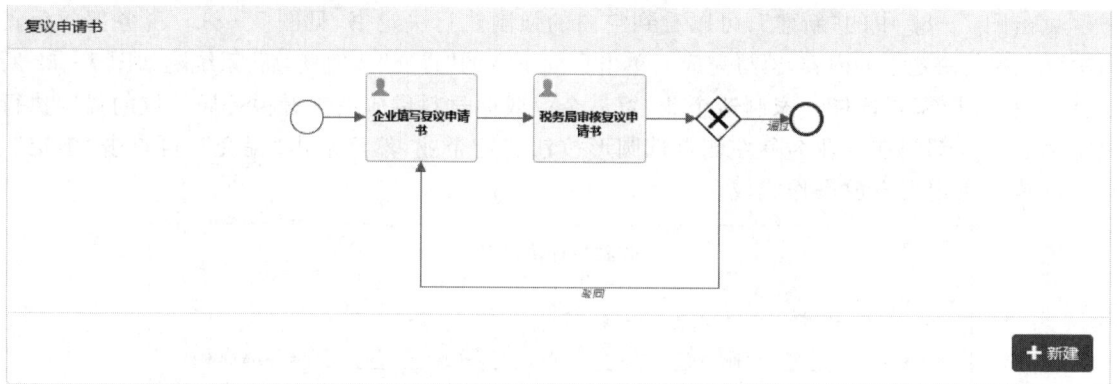

图 7-83　复议申请书流程

点击图 7-83 中的"新建",可以看到空白的复议申请书,见图 7-84。企业填写完成后,点击页面下方的"提交",此时由税务局处理复议申请书业务。

图 7-84　空白的复议申请书

7. 税务局审核复议申请书

税务局进入行政审批界面,点击左侧"税务检查",再点击"复议申请书",然后点击"领取任务",点击"领取并处理",点击"确定",此时可以看到企业提交过来的"复议申请书"。税务局审核企业填写的内容,如果有不符合要求的内容,点击"驳回",再点击"提交",此时退回企业重新修改;如果内容符合要求,则点击页面下方的"提交",复议申请书操作流程结束。

8. 税务局进行税务罚款

税务局进入行政审批界面,点击左侧"税务检查",再点击"税务罚款",然后可以看到税务罚款的操作界面,见图 7-85。

图 7 - 85 税务罚款界面

点击税务罚款页面右上角的"处理机构",然后在弹出的询问窗口中点击"确定",然后进入税务罚款处罚机构设置界面,见图 7 - 80;设置处罚金额和处罚小组后,点击"提交",即完成了对企业的税务罚款操作。

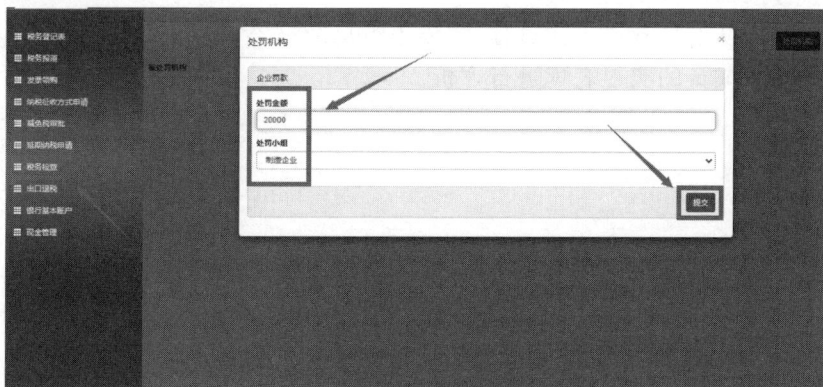

图 7 - 86 税务罚款处罚机构设置界面

此时,税务局系统跳转到被处罚机构列表界面,见图 7 - 87。

十、团队总结

(一)实训目的

通过对税务局工作经历的回顾与总结,学生可以对税务局的主要职责及主要业务有全面的了解,这可以为以后就业打下良好的基础。

(二)实训内容

(1)总结税务局的所有业务及其流程。

(2)总结实训期间小组人员的表现。

(3)小组成员完成个人实训报告,完成小组总结报告 PPT。

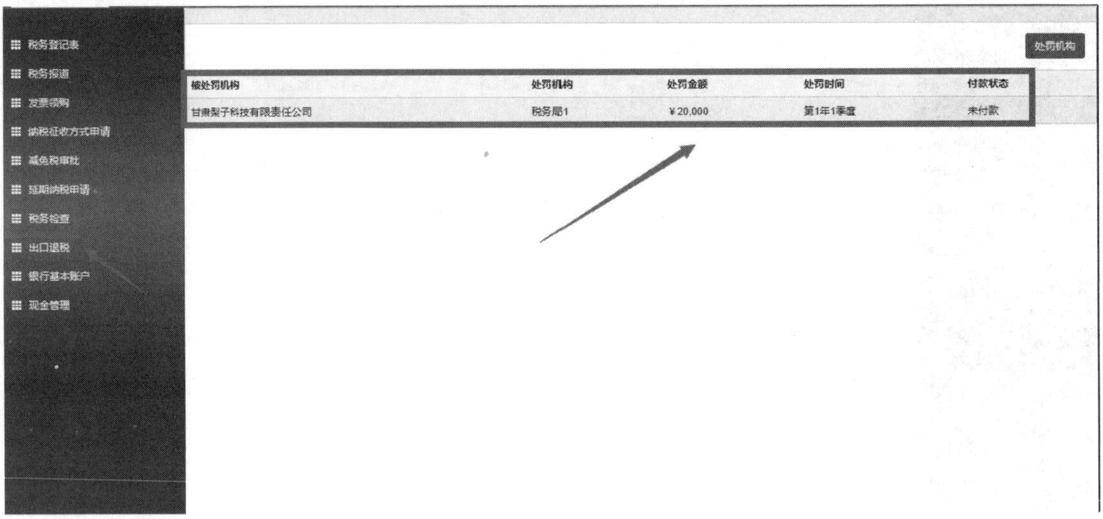

图 7 - 87　被处罚机构列表界面

(三)实训操作

(1)收集整理小组成员个人总结报告。

(2)总结税务局的岗位职责及要求。

(3)总结整个团队的税务局工作过程,完成小组总结报告 PPT。

(4)对实训小组成员的实习表现进行评价。

第八章 会计师事务所业务实训

第一节 会计师事务所介绍

会计师事务所是指由有一定会计专业水平、经考核取得证书的会计师(如中国的注册会计师、美国的执业会计师、英国的特许会计师、日本的公认会计士等)组成的,受当事人委托承办有关审计、会计、咨询、税务等方面业务的组织。会计师事务所是依法设立并承办注册会计师业务的机构。注册会计师执行业务,应当加入会计师事务所。

一、会计师事务所的设立条件

会计师事务所可以由注册会计师合伙设立。合伙设立的会计师事务所的债务,由合伙人按照出资比例或者协议的约定,以各自的财产承担责任。合伙人对会计师事务所的债务承担连带责任。会计师事务所符合下列条件的,可以作为负有限责任的法人:①不少于 30 万元的注册资本;②有一定数量的专职从业人员,其中至少有 5 名注册会计师;③国务院财政部门规定的业务范围和其他条件。负有限责任的会计师事务所以其全部资产对其债务承担责任。

二、会计师事务所的基本业务

会计师事务所的业务主要包括审计业务、验资业务、税务代理业务、财税业务培训、资产评估等。在模拟实训中,会计师事务所主要提供的业务有审计和验资,其业务内容如图 8-1 所示。

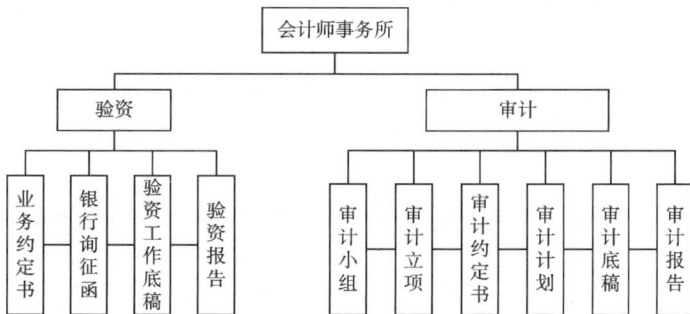

图 8-1 会计师事务所业务内容

(一)审计

审计是指由专设机关依照法律对国家各级政府及金融机构、企业事业组织的重大项目和财务收支进行事前和事后的审查。模拟实训中会计师事务所主要涉及的审计类型是独立审计。独立审计是指独立于被审计单位之外的注册会计师依据审计准则对其会计报表及相关信息进行审计并发表审计意见。

在证券市场，独立审计是维护会计报表满足公允价值与公允列报要求的重要途径。上市公司的独立审计是由证监会认可的会计师事务所负责的。独立审计是公开会计服务市场的主要业务，该项业务受证监会及注册会计师协会的行政监督，并接受社会公众的舆论监督。

1. 审计内容

审计部门主要针对模拟实训中公司生产、制造、经营活动过程中的主要业务开展审计工作并出具审计报告。

(1)审核公司的会计核算制度和内部控制制度是否健全，是否与国家现行会计核算制度、会计准则一致，是否与仿真实习业务规则一致。

(2)审核公司的会计账簿设置是否合理、完整，是否符合国家现行会计制度的规定。

(3)审核公司的货币基金使用是否符合财经制度的要求，货币资金有关业务是否及时办理。

(4)审核公司内的各项收入是否符合收入的确认准则，收入确认手续、单据是否齐全，是否存在虚增收入或者少列收入的情况。

(5)审核公司各项费用开支是否符合相关规定，费用标准是否超标，是否存在多列或者少计费用的情况，摊销或者预提费用是否按照规则规定使用，是否及时计入有关费用。

(6)审核公司各项投资是否符合政府产业政策要求，是否执行仿真实习相关规则的规定。

(7)审核公司各项融资方式是否符合融资规则的各项规定，融资规模是否超过规定的标准。

(8)审核公司所招聘的职工是否符合生产技术要求或者管理者素质要求，公司职工费与产品合格率、职工类别配比与关系等是否符合规定。

(9)审核公司采购环节的各项工作是否与采购规则及其要求一致，采购批量、采购价格等是否存在弄虚作假。

(10)审核公司新市场开发、新产品研发、ISO认证等方面所提供的信息是否真实可靠。

(11)审核公司与客户签订合同的真实性、合法性，审核公司的市场行为是否符合相关规则的规定。

(12)审核公司基建项目是否按照相关业务的规定实施审批、验收。

(13)审核公司的各项资产、负债、所有者权益的增减变动是否符合仿真实习相关业务规则的规定。

(14)审核公司各项税金的计算、申报、缴纳是否符合相关规则的规定，是否存在瞒报、虚报、漏报等行为。

(15)审核公司主要业务的会计处理是否正确，是否遵守会计核算制度的要求，会计核算方法是否遵守一贯性原则等。

(16)审核公司财务报告中的各项财务信息的真实性、合法性和正确性。

2. 审计分类

可以从不同的角度对审计加以考察，从而划分出不同的分类。对审计进行合理分类，有利于加深对审计的认识，从而有效地组织各类审计活动，充分发挥审计的积极作用。

(1)按照审计执行主体分类。按照审计活动执行主体的性质，审计可分为政府审计、独立审计和内部审计三种。

①政府审计。政府审计是由政府审计机关依法进行的审计,在我国一般称为国家审计。我国国家审计机关包括国务院设置的审计署及其派出机构和地方各级人民政府设置的审计厅(局)两个层次。国家审计机关依法独立行使审计监督权,对国务院各部门和地方人民政府、国家财政金融机构、国有企事业单位,以及其他有国有资产的单位的财政、财务收支及其经济效益进行审计监督。

②独立审计。独立审计是由注册会计师受托有偿进行的审计活动,也称为民间审计。我国注册会计师协会在发布的独立审计准则中指出,独立审计是指注册会计师依法接受委托,对被审计单位的会计报表及其相关资料进行独立审查并发表审计意见。独立审计的风险高,责任重,因此审计理论的产生、发展及审计方法的变革都基本上是围绕独立审计展开的。

③内部审计。内部审计是由本单位内部专门的审计机构和人员对本单位财务收支和经济活动实施的独立审查和评价,审计结果向本单位主要负责人报告。这种审计具有显著的建设性和内向服务性,其目的在于帮助本单位健全内部控制,改善经营管理,提高经济效益。

(2)按照审计基本内容分类。按照审计内容,我国一般将审计分为财政财务审计和经济效益审计。

①财政财务审计。财政财务审计是指对被审计单位财政财务收支的真实性和合法合规性进行审查,旨在纠正错误、防止舞弊。具体来说,财政审计又包括财政预算执行审计(即由审计机关对本级和下级政府的组织财政收入、分配财政资金的活动进行审计监督)、财政决算审计(即由审计机关对下级政府财政收支决算的真实性、合规性进行审计监督)和其他财政收支审计(即由审计机关对预算外资金的收取和使用进行审计监督)。财政财务审计在审计产生以后的很长一段时期都居于主导地位,因此可以说是一种传统的审计;又因为这种审计主要是依照国家法律和各种财经方针政策、管理规程进行的,故又称为依法审计。我国审计机关在开展财政财务审计的过程中,如果发现被审单位和人员存在严重违反国家财经法规、侵占国家资财、损害国家利益的行为,往往会立专案进行深入审查,以查清违法违纪事实,做出相应处罚。这种专案审计一般称为财经法纪审计,它实质上是财政财务审计的深化。

②经济效益审计。经济效益审计是对被审计单位经济活动的效率、效果和效益状况进行审查、评价,其目的是促进被审计单位提高人、财、物等各种资源的利用效率,增强盈利能力,实现经营目标。在西方国家,经济效益审计也称为"3E"(efficiency, effectivity, economy)审计。最高审计机关国际组织则将政府审计机关开展的经济效益审计统一称为"绩效审计"(performance audit)。西方国家又将企业内部审计机构从事的经济效益审计活动概括为"经营审计"(operational audit)。

(3)按照审计实施时间分类。按照审计实施时间相对于被审单位经济业务发生的前后,审计可分为事前审计、事中审计和事后审计。

①事前审计。事前审计是指在被审单位经济业务实际发生以前进行的审计。这实质上是对计划、预算、预测和决策进行审计,如国家审计机关对财政预算编制的合理性、重大投资项目的可行性等进行的审查,会计师事务所对企业盈利预测文件的审核,以及内部审计组织对本企业生产经营决策和计划的科学性与经济性、经济合同的完备性进行的评价等。

开展事前审计,有利于被审单位进行科学决策和管理,保证未来经济活动的有效性,避免因决策失误而遭受重大损失。一般认为,内部审计组织最适合从事事前审计,因为内部审计强调建设性和预防性,能够通过审计活动充当单位领导进行决策和控制的参谋、助手和顾问。而且内部审计结论只作用于本单位,不存在对已审计划或预算的执行结果承担责任的问题,审计人员没有开展事前审计的后顾之忧。同时,内部审计组织熟悉本单位的活动,掌握的资料比较充分,且易于联系各种专业技术人员,有条件对各种决策、计划等方案进行事前分析比较,做出评价结论,提出改进意见。

②事中审计。事中审计是指在被审单位经济业务执行过程中进行的审计。例如,对费用预算、经济合同的执行情况进行审查。通过这种审计,能够及时发现和反馈问题,尽早纠正偏差,从而保证经济活动按预期目标合法合理和有效地进行。

③事后审计。事后审计是指在被审单位经济业务完成之后进行的审计。大多数审计活动都属于事后审计。事后审计的目标是监督经济活动的合法合规性,鉴证企业会计报表的真实公允性,评价经济活动的效果和效益状况。

按照审计实施的周期性分类,审计还可分为定期审计和不定期审计。定期审计是按照预定的间隔周期进行的审计,如注册会计师对股票上市公司年度会计报表进行的每年一次审计、国家审计机关每隔几年对行政事业单位进行的财务收支审计等。不定期审计是出于需要而临时安排进行的审计,如国家审计机关对被审单位存在的严重违反财经法规行为突击进行的财经法纪专案审计、会计师事务所接受企业委托对拟收购公司的会计报表进行的审计、内部审计机构接受总经理指派对某分支机构经理人员存在的舞弊行为进行审查等。

(4)按照审计技术模式分类。按照采用的技术模式,审计可以分为账项基础审计、系统基础审计和风险基础审计三种。这三种审计代表着审计技术的不同发展阶段,但即使在审计技术十分先进的国家,也往往同时采用。而且,无论采用何种审计技术模式,在会计报表审计中,最终都要用到许多共同的方法来检查报表项目金额的真实性、公允性。

①账项基础审计。账项基础审计是审计技术发展的第一阶段,它是指顺着或逆着会计报表的生成过程,通过对会计账簿和凭证进行详细审阅,对会计账表之间的钩稽关系进行逐一核实,来检查是否存在会计舞弊行为或技术性措施。在进行财务报表审计,特别是专门的舞弊审计时,采用这种技术有利于得出可靠的审计结论。

②系统基础审计。系统基础审计是审计技术发展的第二阶段,它建立在健全的内部控制系统可以提高会计信息质量的基础上。即首先进行内部控制系统的测试和评价,当评价结果表明被审计单位的内部控制系统健全且运行有效、值得信赖时,可以在随后对报表项目的实质性测试工作中仅抽取小部分样本进行审查,相反则需扩大实质性测试的范围。这样能够提高审计的效率,有利于保证抽样审计的质量。

③风险基础审计。风险基础审计是审计技术的最新发展阶段。采用这种审计技术时,审计人员一般从对被审单位委托审计的动机、经营环境、财务状况等方面进行全面的风险评估出发,利用审计风险模型规划审计工作,积极运用分析性复核,力争将审计风险控制在可以接受的水平上。

除上述分类外,审计还可按执行地点分为报送审计和就地审计。前者是指审计机构对被审计单位依法定期报送的计划、预算和会计报表及有关账证等资料进行的审计,主要适用于国家审计机关对规模较小的事业单位进行的财务审计;后者是指审计机构委派审计人员到被审计单位进行现场审计,以全面调查和掌握被审计单位的情况,得出准确的审计结论。

(二)验资

验资是指注册会计师依法接受委托,对被审验单位注册资本的实收情况或注册资本及实收资本的变更情况进行审验,并出具验资报告。验资分为设立验资和变更验资。验资是注册会计师的法定业务。《中华人民共和国注册会计师法》明确将验资业务列为注册会计师的法定业务之一。因此,企业(个人独资企业、合伙企业等市场监督管理机关不要求提交验资报告)在申请开业或变更注册资本前,必须委托注册会计师对其注册资本的实收或变更情况进行审验。

1. 验资适用范围

(1)被审验单位向企业登记机关申请设立(开业)登记;

(2)出资者分期缴纳注册资本。

(3)企业新设合并、分立,或企业改制时以部分资产进行重组,通过吸收其他股东的投资或转让部分股权设立新的企业,新设立的企业向市场监督管理部门申请设立登记。

(4)被审验单位出资者(包括原出资者和新出资者)新股入资本,增加实收资本(股本)。

(5)被审验单位将资本公积、盈余公积、未分配利润等转为实收资本(股本)。

(6)出资者将其对被审验单位的债权转为股权。

(7)被审验单位因合并增加实收资本(股本)。

(8)被审验单位因吸收合并、派生分立、注销股份等减少实收资本(股本)。

(9)被审验单位整体改制,包括由非公司制改为公司制企业、内外资企业互转。

2. 公司设立验资程序

(1)到市场监督管理局登记分局进行公司名称核准,领取公司名称核准通知书。

(2)起草公司章程,并由各股东签字(章)确认。公司章程需明确规定各股东的投资金额、所占股权比例及出资方式(现金或实物资产,无形资产)。

(3)凭市场监督管理部门的公司名称核准通知书及各股东的身份证明文件(身份证),到银行开设公司临时账户。

(4)各股东全部以现金出资的,应根据公司名称核准通知书及公司章程规定的投资比例及投资金额,分别将投资款缴存公司临时账户,缴存投资款可采用银行转账或直接缴存现金两种方式。需注意的是,股东在缴存投资款时,在银行进账单或现金缴款单的"款项用途"栏应填写"××(股东名称)投资款"。

(5)股东如以实物资产(固定资产、存货等)或无形资产(专利、专有技术)出资,则该部分实物资产或无形资产需经过持有资产评估资格的人或资产评估公司评估,并以经评估后的评估价值作为股东的投入额。以实物资产作价投入的,所作价投入的实物资产不得超过公司申请的注册资本额的50%;以无形资产作价投入的,所作价投入的无形资产不得超过公司申请的注册资本额的20%。

(6)与会计师事务所签订验资业务委托书,委托会计师事务所验资。

3. 公司设立验资所需资料

验资时,公司需向会计师事务所提供以下资料:

(1)公司名称核准通知书。

(2)公司章程。

(3)公司租赁合同,如果是自有房产的,需提供自有房屋产权证明。

(4)股东身份证明,个人股东提供身份证,法人(公司)股东提供营业执照。

(5)股东投资款缴存银行的银行进账单(支票头)或现金缴款单。

(6)如个人股东是以个人存折转账缴存投资款的,则需提供个人存折;提供以上资料时,会计师事务所需验原件后留存复印件。

(7)协助会计师事务所到公司开户银行询证股东投资款实际到位情况。

(8)一个工作日后到会计师事务所领取验资报告,并到市场监督管理局登记分局专门登记备案。

三、会计师事务所业务规则

(一)业务总则

根据会计师事务所在模拟实训中的地位、作用和功能,总结会计师事务所的主要职能总则,所有工作人员必须按照此准则完成所有业务。

(1)会计师事务所是依法建立的,并且其一切经营活动应遵守国家法律、法规、规章的规定。

(2)事务所以适应仿真市场经济发展的需要,充分发挥注册会计师等各类专业资格人员在经济活动和社会活动中的鉴证和服务作用,恪守独立、客观、公正的原则,维护社会公共利益为宗旨。

(3)事务所的经营范围为:审计等鉴证业务,包括审查企业财务报表、验证企业资本、对企业进行审计鉴证;会计服务业务,即对企业进行财报管理。

(4)事务所对外承接业务,一律以事务所的名义接受委托,任何人不得以个人名义从事业务活动。

(5)事务所全体股东、注册会计师及其他员工都应当遵守下列规定:严格遵守国家的法律法规,维护投资者的合法权益;严格遵守中国注册会计师执业规范以及其他各项工作规定;坚持独立、客观、公正原则;严格保守业务秘密;廉洁诚实,忠于职守,保持良好的职业操守;努力钻研业务,不断提高自身的专业水平,保持优良的工作质量;遵守事务所的各项内部管理制度。

(二)业务细则

会计师事务所在模拟实训中实现的主要业务以及其规则如下:①会计师事务所为公司提供验资证明。②会计师事务所对各个企业进行审计。不同的审计项目、审计内容,其审计的流程也不尽相同。③会计师事务所为企业提供财务报表管理服务。

(三)考核规则

模拟实训中,可以对会计师事务所进行评价,其服务的仿真生产企业及其他的外围服务业都可以对会计师事务所的工作情况进行点评,其主要考核依据有:①业务办理的效率;②业务的正确率;③投诉率;④出勤率;⑤实训报告。

第二节 会计师事务所业务流程

审计是会计师事务所一项重要的业务。如图8-2所示,会计师事务所的审计业务流程为:首先由会计师事务所成立审计小组,然后根据不同的审计项目添加符合条件的小组成员,再根据企业添加不同的审计项目,确认审计的公司和内容,同时发送审计业务约定书给企业,由企业对其审计业务约定书进行确认。会计师事务所可以制订详细的审计计划,准备审计底稿,也可以根据特殊需求,添加自定义的审计底稿,填写审计底稿并确认审核,最后给企业发送审计报告。

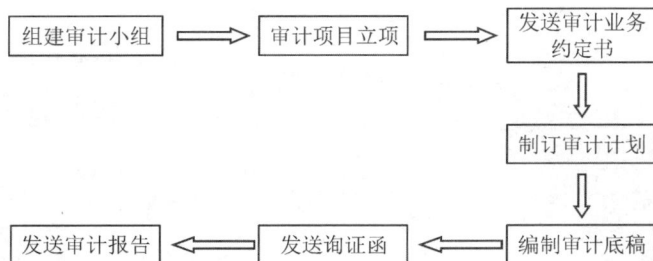

图 8-2　会计师事务所审计业务流程

第三节　会计师事务所实训模块

一、事务所设立

"事务所设立"模块主要有"企业登记""开户业务""税务报到""贷款情况查看""企业账户查询"等选项，见图 8-3。

图 8-3　会计师事务所设立界面

二、审计

"审计"模块下主要有"审核小组人员管理""审计项目""审计业务约定书""询证函""审计工作小结""企业现金收据"等选项，见图 8-4。

三、财报

"财报"模块主要有"手工资产负债表""手工总账科目表""手工损溢表"3 个选项，见图 8-5。

"手工资产负债表"可以查看企业制作的资产负债表，见图 8-6。

图 8-4 "审计"界面

图 8-5 "财报"界面

图 8-6 "手工资产负债表"列表

"手工总账科目表""手工损溢表"可以查看企业向事务所提交的相应表单。

四、工作底稿

工作底稿是指审计工作底稿。"工作底稿"模块可以查看"无形资产底稿""其他应收款底稿""固定资产及折旧趋势分析""坏账准备底稿""在建工程底稿""存货底稿""应收账款底稿""短期借款起稿""应付账款底稿""应付工资底稿""应付福利费底稿""长期借款起稿""盈余公积底稿""实收资本底稿""发生额表底稿""管理费用底稿""财务费用底稿""产品销售费用底稿""产品销售收入底稿""税金及附加底稿""销售费用底稿""营业外收入底稿""营业外支出底稿""内部控制测试表(一)""内部控制测试表(二)""内部控制测试表(三)""审计工作小结"等,见图8-7。

图8-7 "审计工作底稿"界面

五、法律法规

"法律法规"模块目前尚处于开发中。

六、工作日志

"工作日志"模块下包括四个方面的内容(见图8-8):要求会计师事务所进行"工作日志"的填写,记录会计师事务所的"会议纪要",进行会计师事务所的"企业预算",填写会计师事务所每个成员的"学习报告"(此部分可以为学生模拟实训考核提供参考资料)。

图8-8 "工作日志"界面

七、组织机构

"组织机构"模块下主要有"岗位管理"和"人员管理"两部分内容,见图8-9。关于"组织机构"模块的操作,在本章后续有详细阐述。

图8-9 "组织机构"界面

八、财务系统

"财务系统"模块下,主要工作有"科目数据报告""财务报表报告""数据分析报告""企业排名",见图8-10。

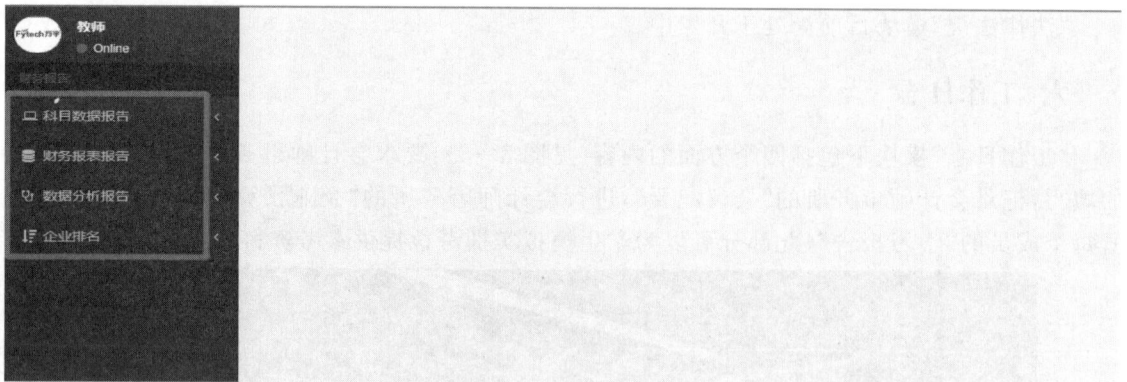

图8-10 "财务系统"界面

九、我的任务

在"我的任务"模块下,可以"领取任务"、查看"待处理任务"、进行"任务评分",见图8-11。该模块是为税务局提供业务操作方面的便利而设计的。

图 8-11 "我的任务"界面

第四节 会计师事务所实训项目

一、组织机构人员岗位分配

(一)实训目的

通过实训,学生可以了解会计师事务所的日常业务种类及基本流程,熟悉会计师事务所的基本人员构成。模拟会计师事务所的学生可以通过完成会计师事务所的岗位职责说明书,熟悉所在岗位的工作内容及流程。

(二)实训内容

(1)模拟会计师事务所所长进行岗位分配。

(2)团队根据会计师事务所的业务,列出基本业务清单。

(3)根据业务清单对岗位分工合理性进行审核。

(三)实训步骤

(1)通过 CEO 竞选及模拟招聘会形成会计师事务所业务人员团队,组建仿真会计师事务所,人员构成大约 3~4 人。

(2)注册并登录实习平台,进入会计师事务所界面,见图 8-12。

(3)组织机构包括"岗位管理"和"人员管理",具体操作参见第二章第二节,在此不再赘述。

二、会计师事务所设立

(一)实训目的

通过模拟实训,学生可以体验企业进行注册登记的全过程,熟悉企业登记时要用到的单据。

(二)实训内容

(1)会计师事务所申请企业名称预先核准。

图 8-12　会计师事务所业务主界面

（2）会计师事务所进行企业设立登记，填写设立登记申请书，投资人名录、内资公司设立登记申请书，法定代表人等相关信息。

（3）携带纸质单据到市场监督管理局办理注册登记。

（4）取得营业执照正本和副本。

（三）实训步骤

"事务所设立"模块如图 8-3 所示，具体选项含义如下：

（1）"企业登记"是会计师事务所办理企业登记的入口。会计师事务所可以直接从这一模块进行企业登记业务，具体内容参考市场监督管理局业务实训部分。

（2）"开户业务"是会计师事务所到商业银行办理银行开户的入口。会计师事务所点击开户业务，可以看到银行开户的流程图，见图 8-13。具体操作过程参考银行业务实训部分。

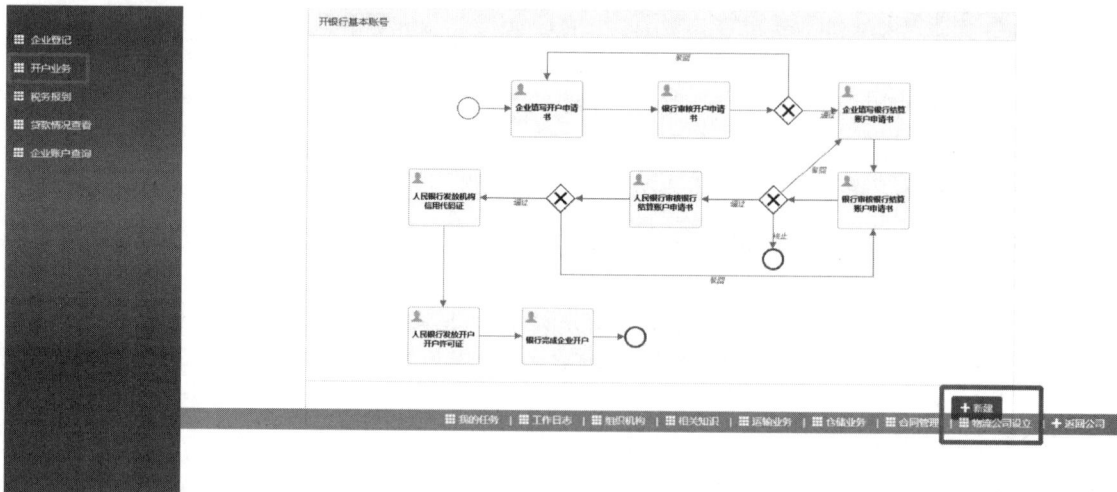

图 8-13　开户业务流程图

（3）"税务报到"是会计师事务所办理税务报到手续的入口。会计师事务所需要填写增加税一般纳税人资格登记和纳税人税务补充信息表，并提交给税务局，见图 8-14。具体操作过程参考税务局业务实训部分。

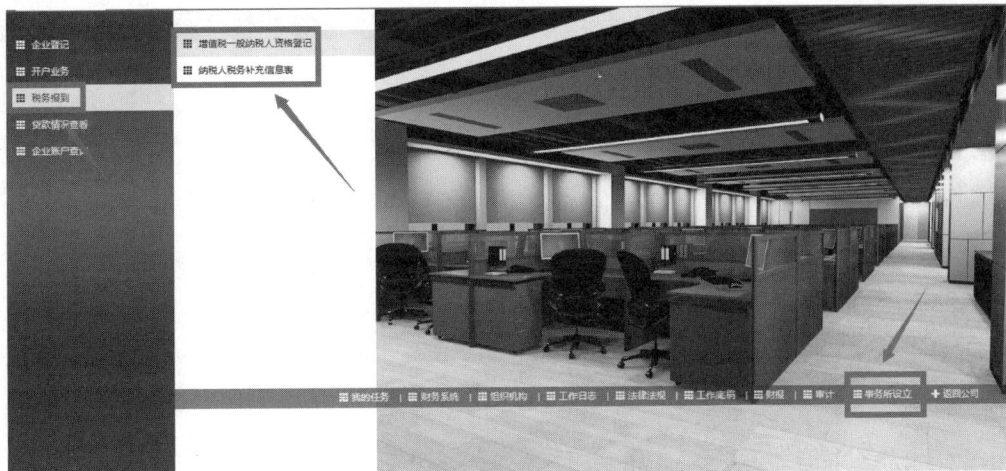

图 8 - 14　会计师事务所税务报到界面

（4）"企业账户查询"是会计师事务所查看本事务所业务产生的资金往来的入口。会计师事务所可以对企业收取服务费,这些服务费将会以资金往来记录列入企业账户查询列表。

三、审计

(一)实训目的

通过模拟实训,学生可以了解审计的基本业务流程;掌握审计部门组建审计小组的注意事项;掌握审计项目立项的方法及立项的注意事项;掌握发送审计约定书的方法及注意事项;掌握填写年度审计计划的方法;掌握审计底稿的添加及填写方法;了解审计报告的填写方法。

(二)实训内容

(1)组建审计部门(小组),添加审计人员。

(2)以某公司为审计对象进行审计项目立项,明确审计时间及类别。

(3)向被审计公司发送审计约定书,明确双方责任义务。

(4)设计总体工作计划表,确认审计目的、范围和策略等。

(5)编制审计底稿。

(6)编制和发送审计报告给被审计公司。

(三)实训操作(企业与服务机构的交互实训)

1. 审计小组人员管理

会计师事务所进入审计业务操作界面,点击"审计小组人员管理",进入审计小组人员管理的增加人员界面,见图 8 - 15。在此界面可以建立审计小组,并为审计小组增加相应的审计人员。

在"部门名称"处填写要被审计的公司名称,"所属公司"选择具体的会计师事务所名称,"允许最大人数"由会计师事务所根据审计需要设定,示例见图 8 - 16。

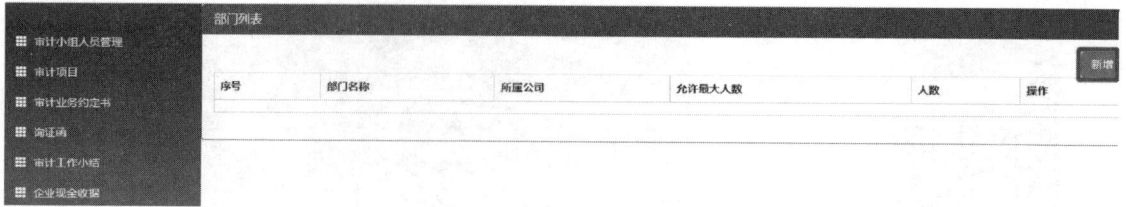

图 8-15　增加审计小组人员界面

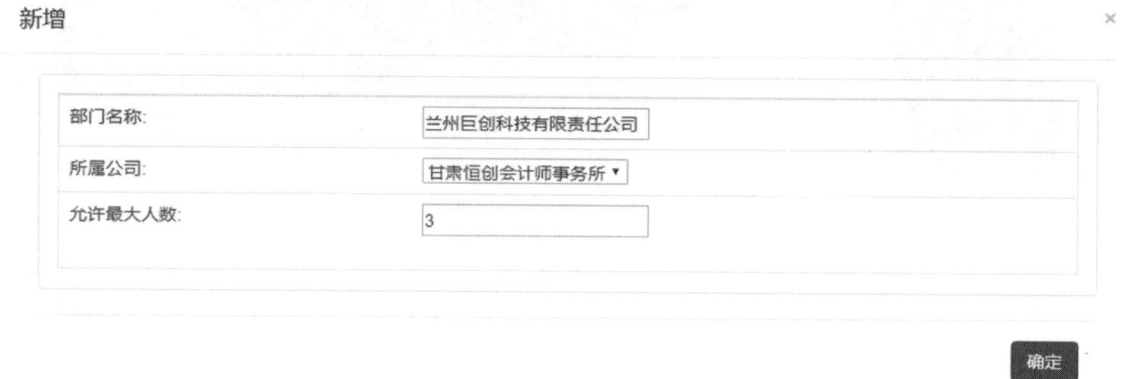

图 8-16　增加审计小组的信息设置

确定好审计小组后,点击"确定",可以看到审计部门列表,图 8-17 中已经建立了一个审计小组。建立好审计小组后,可以进行修改、查看、删除操作,也可以进行小组人员管理。会计师事务所还可以根据需要建立多个审计小组,对不同的企业进行审计。

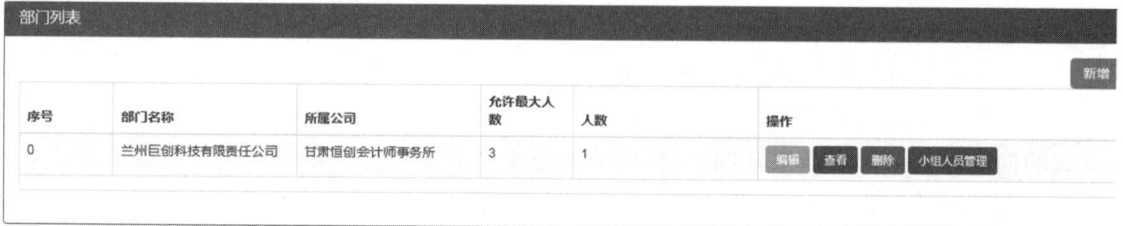

图 8-17　审计小组列表

2. 审计项目

审计项目即审计立项。进入会计师事务所主界面,点击"审计",再点左侧"审计项目",可以看到"审计项目"界面,在审计立项前,此处是空的,见图 8-18。

图 8-18　"审计项目"界面

点击"审计项目"界面右上角的"新增",进入审计项目填写界面,见图8-19。会计师事务所根据审计需求进行填写,填写完成后点击页面下方的"提交"。

项目名称	
审计时限范围	年 月 日
至	年 月 日
财务报表模板	
工作底稿模板	
所属部门	兰州巨创科技有限责任公司 ▼
审计类别	
被审计单位名称	兰州巨创科技有限责任公司 ▼
被审计人	
审计时间	到

提交

图8-19 审计项目填写界面

填写完成提交后,系统会跳到审计项目列表界面,见图8-20。

部门列表		
		新增
单据key	项目名称	操作
sjxm		编辑 查看 删除 发送审计约定书 业务操作

图8-20 审计项目列表界面

3. 审计业务约定书

(1)会计师事务所填写审计业务约定书。在审计项目列表界面,点击"发送审计约定书"(见图8-20),进入审计业务约定书的填写界面,根据审计项目的要求填写完成后,点击"提交"。如果未填写完成需要暂时保存,可以先点击"提交",然后再进行修改。此时在审计业务约定书界面,可以看到待处理的任务,点击"处理",可以看到审计业务约定书的流程跟踪提示处于填写审计业务约定书的阶段(见图8-21);点击"处理任务",可以看到空白的审计业务约定书。

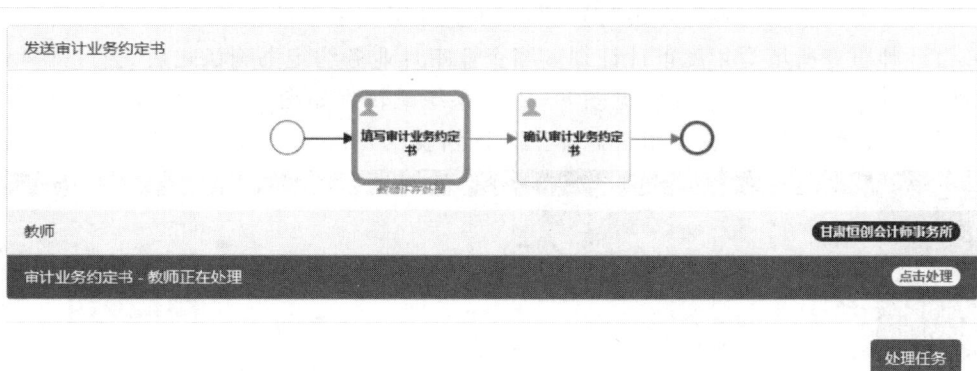

图8-21 审计业务约定书的流程跟踪

填写完成后,点击页面下方的"提交",并将纸质版审计业务约定书递交给被审计企业。

(2)企业确认审计业务约定书。审计业务约定书中的企业进入会计师事务所的审计界面,然后点击"审计业务约定书",进入审计业务约定书任务列表界面,见图8-22。

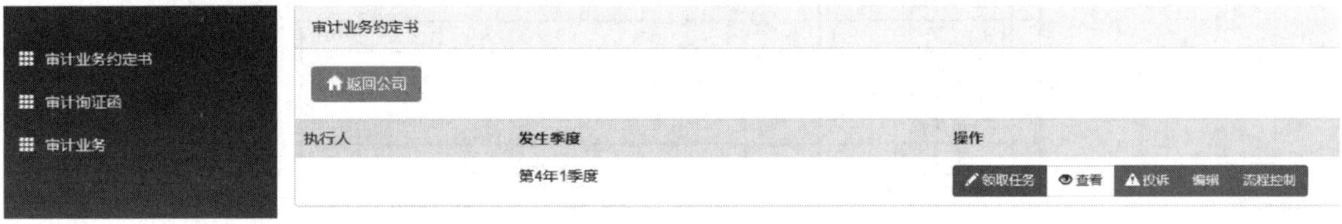

图8-22 审计业务约定书任务列表界面

点击图8-22中的"领取任务",看到发送审计业务约定书的流程跟踪处于"确认审计业务约定书"的阶段,见图8-23。

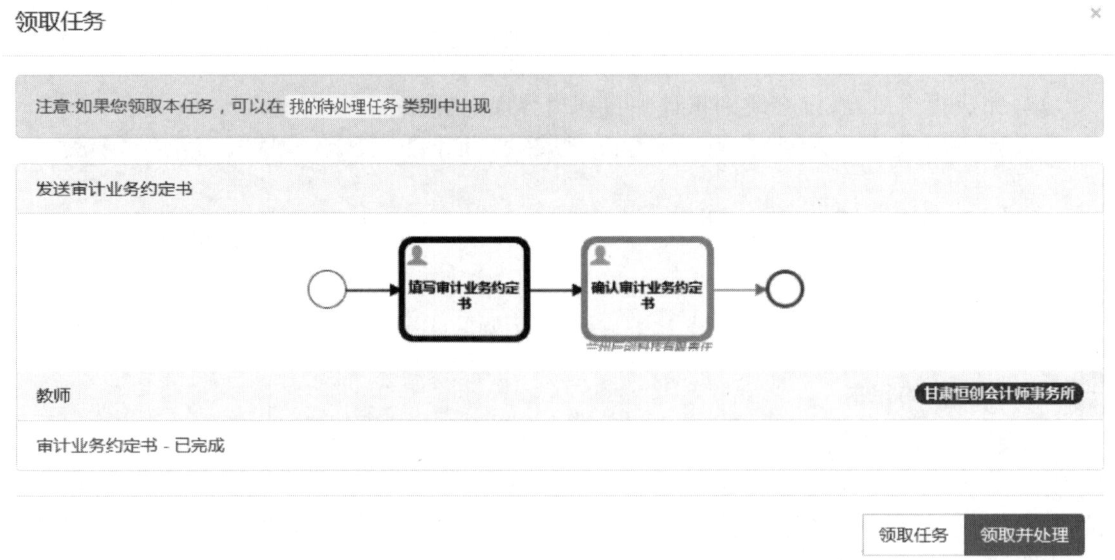

图8-23 "发送审计业务约定书"流程跟踪(处于确认审计业务约定书阶段)

点击图8-23中的"领取并处理",再点击"确定",然后企业查看会计师事务所发来的审计业务约定书,了解其中的内容后点击"提交",表示企业确定了审计业务约定书的内容。

(3)会计师事务所填写年度审计计划。当企业审计业务约定书确认之后,会计师事务所进入审计项目界面,点击"业务操作"(见图8-24),系统跳转到如图8-25所示页面,点击"填写年度审计计划";然后看到空白的审计总体工作计划表(见图8-26),填写完成后点击"提交"。

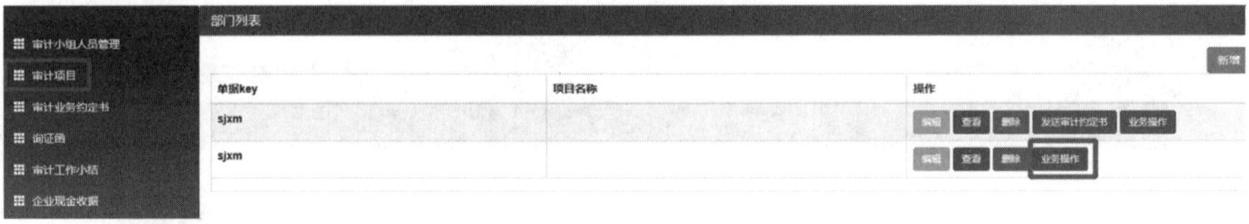

图8-24 审计项目界面

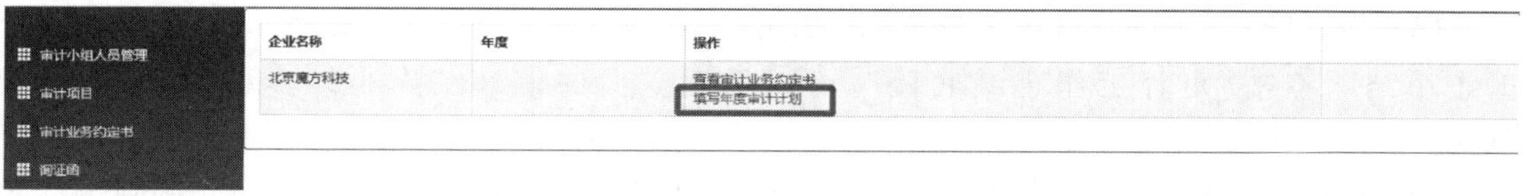

图 8-25　业务操作(填写年度审计计划)

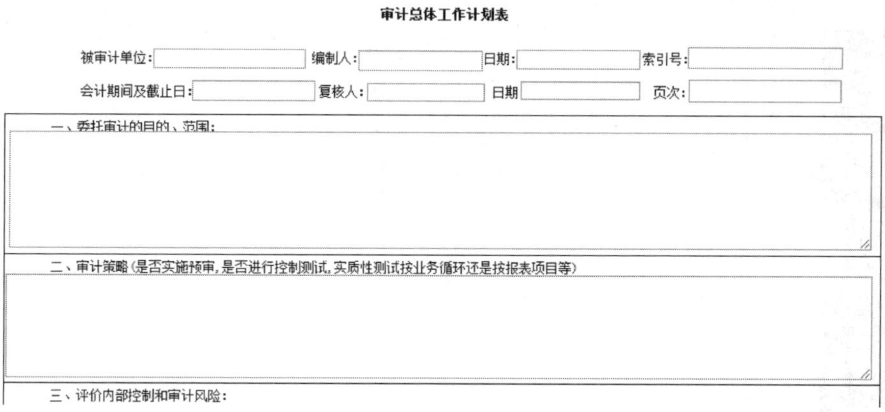

图 8-26　空白的审计总体工作计划表

　　(4)会计师事务所编制审计工作底稿。在审计项目界面,点击"业务操作",点击"编制审计工作底稿"(见图 8-27),可以看到各种审计工作底稿的名称,会计师事务所根据审计工作要求对各类审计工作底稿进行填写,见图 8-28。

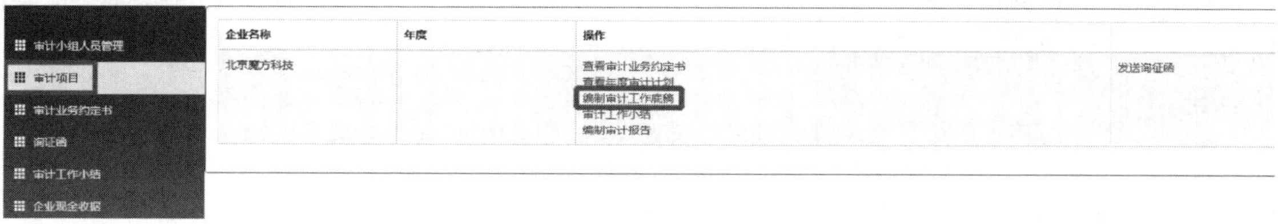

图 8-27　审计项目界面(编制审计工作底稿)

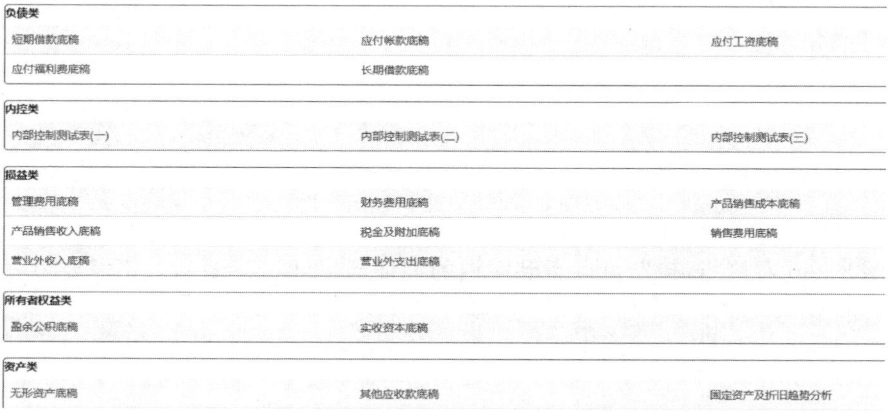

图 8-28　审计工作底稿类型列表

（5）会计师事务所编制审计工作小结。在审计项目界面，点击"业务操作"，点击"编制审计工作小结"，点击"审计工作小结底稿"，可以看到空白的审计工作小结，填写完成后点击"提交"。

（6）会计师事务所编制审计报告。在审计项目界面，点击"业务操作"，点击"编制审计报告"，进入编制审计报告的界面，见图8-29。填写完成后，点击"提交"完成编写，或者点击"暂存"，稍后可以对报告进行重新编辑或修改。

图8-29　编制审计报告的界面

4. 询证函

（1）发送询证函到企业。进入会计师事务所主界面，点击"审计"，再点击左侧"询证函"，可以看到发送询证函的流程，见图8-30。

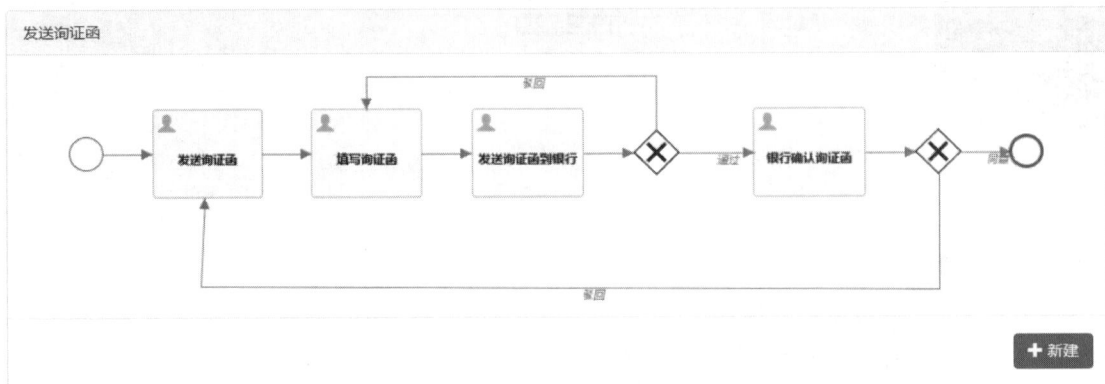

图8-30　发送询证函流程

点击图8-30右侧"新建"，可以看到空白的询证函（见图8-31），若不需要填写，则直接点击页面下方的"提交"即可。

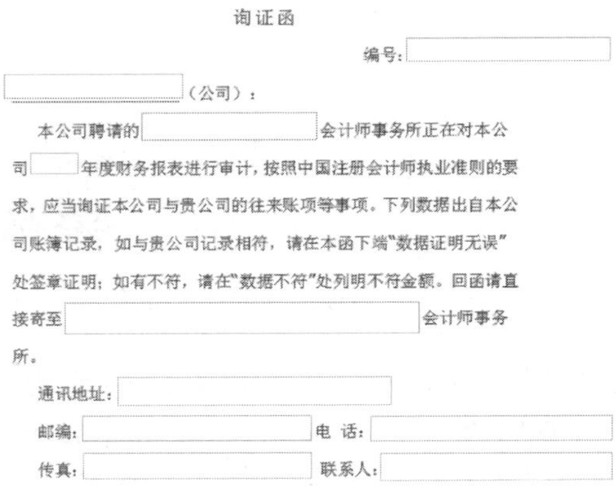

询证函

编号：

            （公司）：

    本公司聘请的   会计师事务所正在对本公司   年度财务报表进行审计，按照中国注册会计师执业准则的要求，应当询证本公司与贵公司的往来账项等事项。下列数据出自本公司账簿记录，如与贵公司记录相符，请在本函下端"数据证明无误"处签章证明；如有不符，请在"数据不符"处列明不符金额。回函请直接寄至   会计师事务所。

通讯地址：

邮编：   电 话：

传真：   联系人：

图 8-31　空白的询证函

此时，会计师事务所可选择一家制造企业/贸易企业/原材料供应商/软件企业/物流公司/国际货代公司填写询证函，如选择"兰州巨创科技有限责任公司"，然后点击右下角的"提交"，可以看到如图 8-32 所示页面。点击"确定"，询证函即发送到对应的企业。

图 8-32　选择要填写询证函的企业

（2）企业填写询证函。企业进入审计业务界面，点击左侧"审计询证函"，进入审计询证函的界面，可以看到有一个询证函的任务处于待领取状态，见图 8-33。

— 207 —

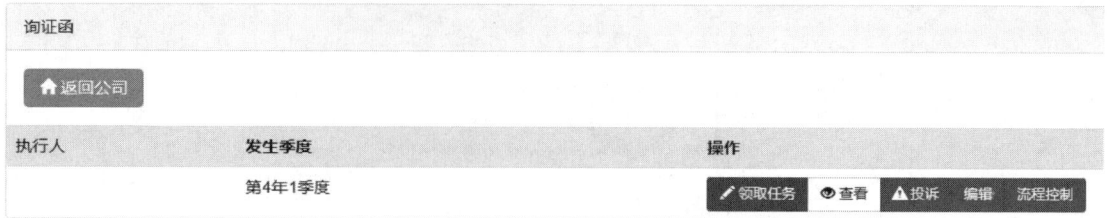

图 8-33　询证函领取任务界面

点击图 8-33 中的"领取任务",可以看到询证函的流程跟踪提示处于填写询证函阶段;在流程跟踪阶段点击"领取并处理",再点击"确定"。企业填写询证函的内容,完成后点击"提交",此时查看流程跟踪可以看到处于发送询证函到银行的阶段。

(3)发送询证函到银行。会计师事务所进入询证函界面,可以看到有待领取任务,见图 8-34,点击"领取任务",点击"领取并处理",点击"确定"。此时会计师事务所对企业发回的询证函内容进行审核,如果审核询证函内容不符合要求,则点击页面下方的"驳回",点击"提交",由企业重新进行修改,再次提交会计师事务所审核;如果审核询证函内容符合要求,则点击页面下方的"提交"即可。此时查看流程跟踪,可以看到处于"银行审核询证函"阶段。

图 8-34　询证函界面

(4)银行审核询证函。进入银行主要业务询证函界面,点击左侧的"银行询证函",进入银行询证函界面(见图 8-35),可以看到有一条询证函的任务处于待领取状态。

图 8-35　银行询证函界面

点击银行询证函界面的"领取任务",点击"领取并处理",再点击"确定",银行对询证函的内容进行审核,如果询证函内容不符合要求,则点击"驳回",点击"提交";如果询证函内容符合要求,则点击"同意",点击"提交"。至此,询证函的全部操作步骤结束。

5.审计工作小结

进入会计师事务所主界面,点击"审计",再点击左侧"审计工作小结",可以看到审计工作小结界面(见图 8-36),点击右上角的"新增",可以看到审计工作小结的空白表。会计师事务所可以对完成的审计工作进行总结以便后续备案,填写完成后点击页面下方的"提交"。

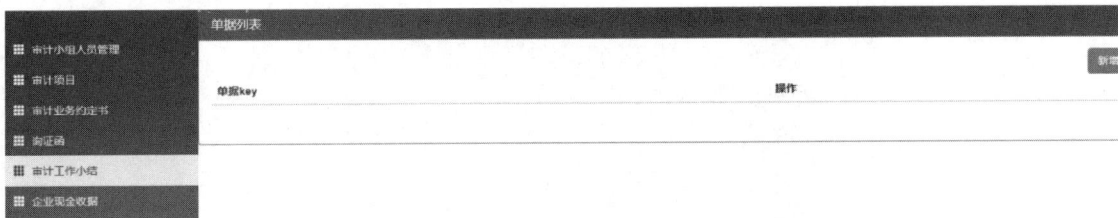

图 8-36 审计工作小结界面

在提交审计工作小结后,系统弹出审计工作小结单据列表,在此界面中可以对已经完成的审计工作小结进行编辑、查看、删除等操作,并可以通过"新增"选项,建立新的审计工作小结,见图 8-37。

图 8-37 审计工作小结单据列表

6. 企业现金收据

(1)现金收据管理。进入会计师事务所主界面,点击"审计",再点击左侧"企业现金收据",可以看到企业现金收据的流程,见图 8-38。

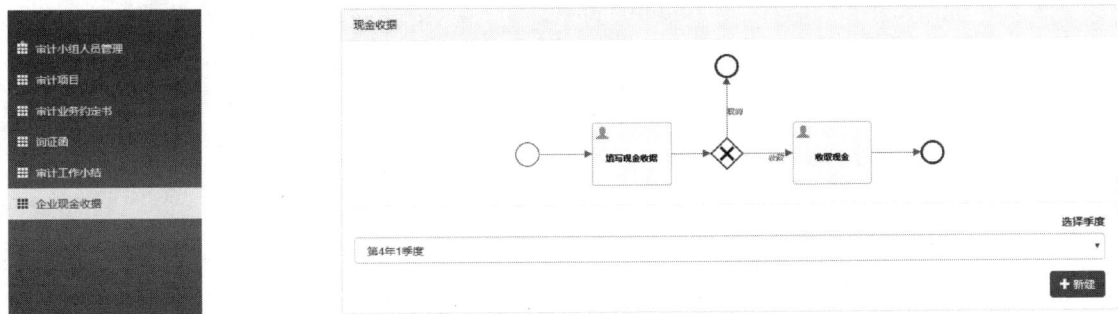

图 8-38 企业现金收据流程

在图 8-38 中选择要建立现金收据的季度,然后点击"新建",可以看到空白的现金收据单,填写完成后点击"提交"。填写示例如图 8-39 所示。

图 8-39　现金收据填写示例

　　现金收据提交后,可以在现金收据所对应的季度查看现金收据的流程进度(见图 8-40),现金收据示例显示发生季度是第 1 年第 1 季度;点击界面右下角的"领取任务",点击"领取并处理",再点击"确定",对现金收据进行审核,若填写问题符合要求,则点击"提交",此时现金收据流程结束。

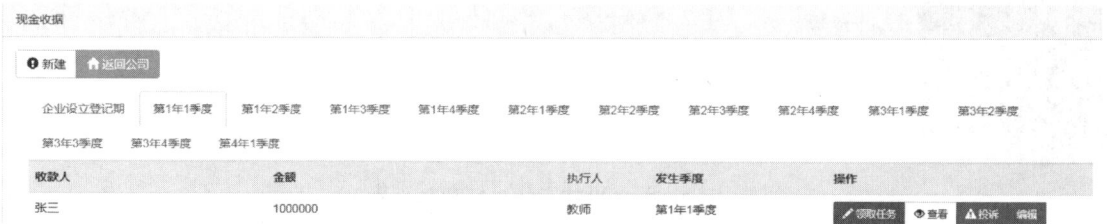

图 8-40　"现金收据"界面

　　(2)现金记录。进入会计师事务所主界面,点击"审计",点击左侧"企业现金收据",再点击"现金记录",见图 8-41,可以看到企业在第 4 年第 1 个季度产生的现金记录。

图 8-41　"企业现金记录"界面

四、财报

(一)实训目的

　　通过模拟实训,学生了解会计师事务所查看企业财报的流程及注意事项,掌握会计师事务所查看企业财报的相关知识。

(二)实训内容

(1)审核企业填写的资产负债表。

(2)审核企业填写的总账科目汇总表。

(3)审核企业填写的损溢表。

(三)实训操作(企业与服务机构的交互实训)

1. 手工资产负债表

(1)企业填写资产负债表。企业点击"我的办公室",进入"我的办公室"界面,然后点击页面下方的"企业经营管理",点击左侧"企业财务管理",再点击"资产负债表编制",可以看到资产负债表的业务流程,见图8-42。

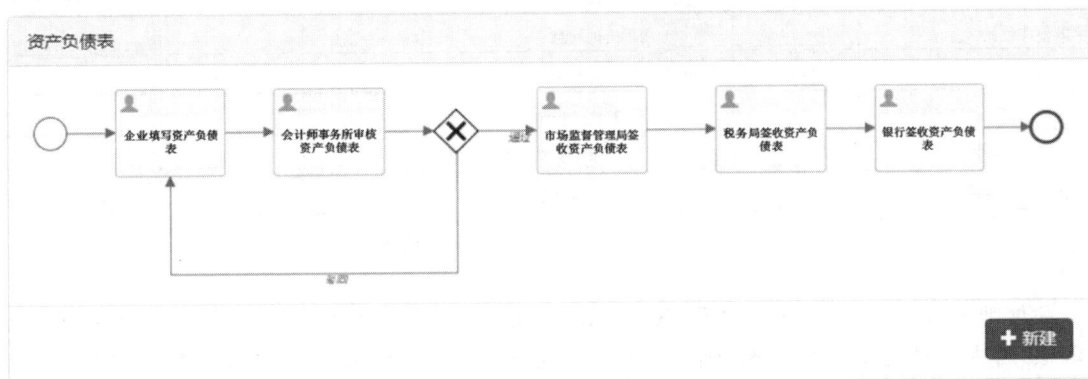

图8-42 资产负债表流程

点击图8-42中的"新建",可以看到空白的资产负债表,企业根据自身的经营情况进行填写,填写完成后点击页面下方的"提交",提交给会计师事务所进行审核。

(2)会计师事务所审核资产负债表。进入会计师事务所主界面,点击"财报",再点击左侧"手工资产负债表",可以看到企业提交的全部手工资产负债表列表,见图8-43。

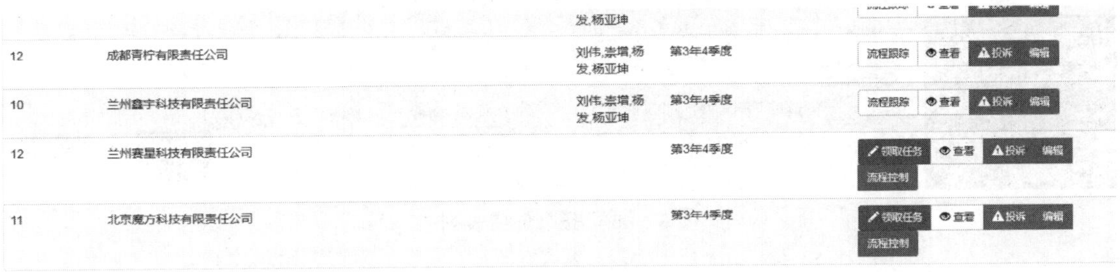

图8-43 手工资产负债表列表

点击图8-43中的"领取任务",点击"领取并处理",再点击"确定",会计师事务所即可查看并审核企业提交的资产负债表(见图8-44),若审核不合格,则点击"驳回",企业进行修改并重新提交;若审核合格,则点击"通过",并点击"提交"。只有会计师事务所审核通过后,企业才可以将资产负债表用于纳税等业务。

资产负债表（ 兰州赛星科技有限责任 公司/第 12 期）

资产	年初	期末	负债和所有者权益（或股东权益）	年初	期末
流动资产：			流动负债：		
货币资金	112180723.0	144441	短期借款		
交易性金融资产			交易性金融负债		
应收票据			应付票据		
应收账款	14880000.0	305300	应付账款	976000.00	706000.00
预付款项			预收款项		
应收利息			应付职工薪酬	876000.00	1306000.00
应收股利			应交税费	66700216.88	87387383.29
其他应收款			应付利息		
存货	17592482.1	139827	应付股利		
一年内到期的非流动资产			其他应付款		
其他流动资产			一年内到期的非流动负债		
流动资产合计	144653205.	188954	其他流动负债		

图 8-44　企业提交的资产负债表

　　会计师事务所点击"领取任务"，然后点击"领取并处理"，再点击"确定"，对资产负债表进行审核，若内容填写不符合要求，则点击页面下方的"驳回"，然后点击"提交"，将资产负债表退回企业，企业修改后再次提交；若内容填写符合要求，则点击页面下方的"通过"，然后点击"提交"，完成资产负债表的审核。

　　（3）市场监督管理局签收资产负债表。进入市场监督管理局的业务界面，点击页面下方的"查看企业"，点击左侧"财务报表查看"，再点击"手工资产负债表"，可以看到由会计师事务所审核过并发到市场监督管理局的资产负债表任务领取列表；见图 8-45，点击"领取任务"，然后点击"领取并处理"，点击"确定"。市场监督管理局查看、审核资产负债表，完成后点击页面下方的"提交"。

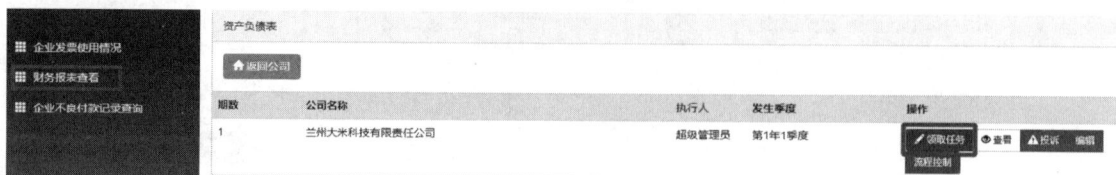

图 8-45　资产负债表列表

　　（4）税务局签收资产负债表。进入税务局业务界面，点击页面下方的"纳税申报"，然后点击左侧"企业报表签收"，再点击"手工资产负债表"，可以看到由会计师事务所审核后发到税务局的资产负债表任务领取列表；点击"领取任务"，然后点击"领取并处理"，点击"确定"。税务局查看、审核资产负债表，查看完成后点击页面下方的"提交"。

　　（5）银行签收资产负债表。进入银行业务界面，点击页面下方的"企业经营"，然后点击左侧"企业报表签收",再点击"手工资产负债表",可以看到由税务局审核后发到银行的资产负债表任务领取列表;点击"领取任务",然后点击"领取并处理",点击"确定"。银行查看、审核资产负债表,查看完成后点击页面下方的"提交"。

至此,整个资产负债表的流程结束。

2. 手工总账科目表

企业点击"我的办公室",进入"我的办公室"界面,然后点击页面下方的"企业经营管理",点击左侧"企业财务管理",再点击"总账科目表编制",可以看到总账科目汇总表的业务流程,见图8-46。

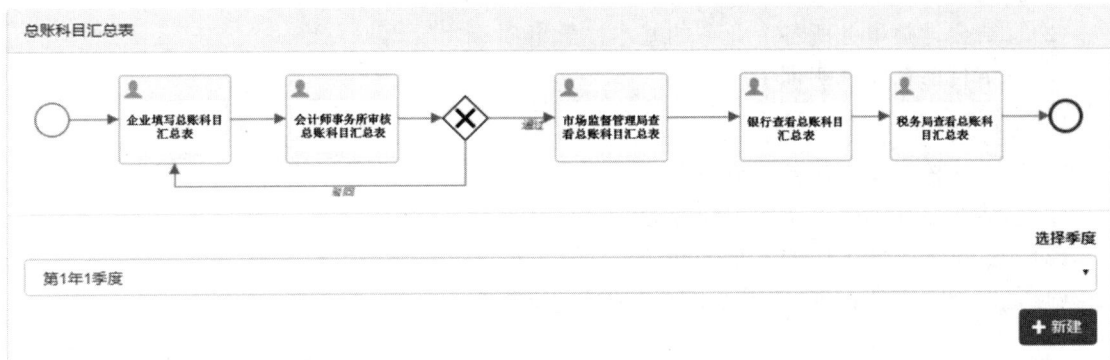

图8-46　总账科目汇总表流程

注意:总账科目汇总表的编制需要选择相应的季度,即在图8-46中点击"选择季度"选项,然后开始新建总账科目汇总表。

总账科目汇总表的操作流程与资产负债表相似,此处不再赘述。

3. 手工损溢表

企业点击"我的办公室",进入"我的办公室"界面,然后点击页面下方的"企业经营管理",点击左侧"企业财务管理",再点击"损溢表编制",可以看到损溢表的业务流程,见图8-47。

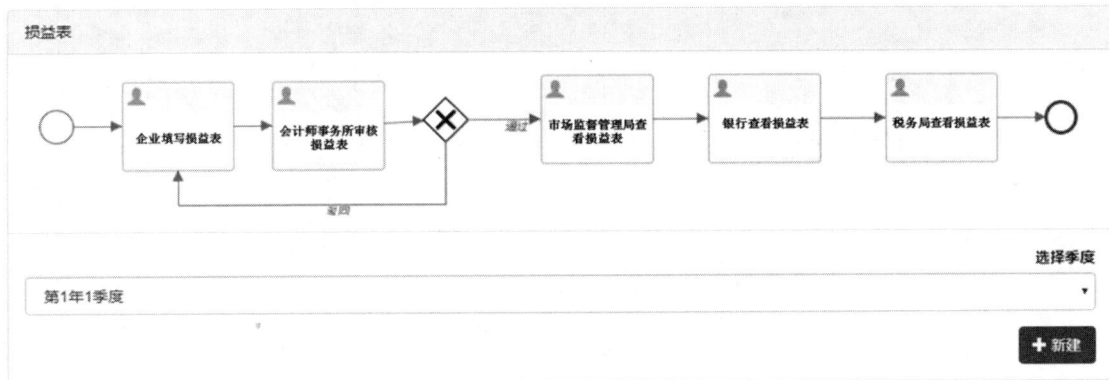

图8-47　损溢表流程

注意:损溢表的编制需要选择相应的季度,即在图8-47中点击"选择季度"选项,然后开始新建损溢表。

损溢表的操作流程与资产负债表相似,此处不再赘述。

五、团队总结

(一)实训目的

通过进行团队总结,学生可以重新认识会计师事务所的工作内容及岗位职责,总结各业务的基本流程。

(二)实训内容

(1)总结会计师事务所各个岗位的职责及要求。

(2)总结会计师事务所各个业务的基本注意事项。

(3)总结自己在模拟实训中的表现。

(三)实训操作

(1)检查并核对团队任务完成情况。

(2)总结在会计师事务所的工作经验。

(3)分析总结团队工作的不足及问题。

(4)完成个人实训报告,完成小组总结报告PPT。

第九章　招投标中心业务实训

招标投标是一种市场经济的商品经营方式,在国内外项目实施中已被广泛采用。这种方式是在货物、工程和服务的采购行为中,招标人通过事先公布的采购条件和要求,吸引众多的投标人按照同等条件进行平等竞争,按照规定程序并组织技术、经济和法律等方面的专家对众多的投标人进行综合评审,从中择优选定项目中标人的行为过程。其实质是以较低的价格获得最优的货物、工程和服务。招投标业务在模拟实训中为制造企业和贸易公司之间建立了更多的交易渠道,并由招投标中心负责招投标业务管理与服务。

第一节　招投标中心业务规则

一、招投标中心业务总则

模拟实训中的招投标中心同样要遵守《中华人民共和国招标投标法》,因此招投标中心的业务总则如下。

(1)为了规范招标投标活动,保护国家利益、社会公共利益和招标投标活动当事人的合法权益,提高经济效益,保证项目质量,制定业务总则。

(2)在中华人民共和国境内进行招标投标活动,适用本业务总则。

(3)在中华人民共和国境内进行工程建设项目包括项目的勘察、设计、施工、监理以及与工程建设有关的重要设备、材料等的采购,必须进行招标。

(4)任何单位和个人不得将依法必须进行招标的项目化整为零或者以其他任何方式规避招标。

(5)招标投标活动应当遵循公开、公平、公正和诚实信用的原则。

(6)依法必须进行招标的项目,其招标投标活动不受地区或者部门的限制。任何单位和个人不得违法限制或者排斥本地区、本系统以外的法人或者其他组织参加投标,不得以任何方式非法干涉招标投标活动。

(7)招标投标活动及其当事人应当接受依法实施的监督。有关行政监督部门依法对招标投标活动实施监督,依法查处招标投标活动中的违法行为。

对招标投标活动的行政监督及有关部门的具体职权划分,由上级部门规定。

二、招投标中心业务细则

模拟实训中,招投标中心的业务主要有招标和投标,这两项业务的具体规则如下。

(一)招标

(1)招标人是依照实训规定提出招标项目、进行招标的法人或者其他组织。

(2)招标项目按照国家有关规定需要履行项目审批手续的,应当先履行审批手续,取得批准。招标人应当有进行招标项目的相应资金或者资金来源已经落实,并应当在招标文件中如实载明。

(3)招标分为公开招标和邀请招标。公开招标是指招标人以招标公告的方式邀请不特定的法人或者其他组织投标;邀请招标是指招标人以投标邀请书的方式邀请特定的法人或者其他组织投标。

(4)招标人具有编制招标文件和组织评标能力的,可以自行办理招标事宜。任何单位和个人不得强制其委托招标代理机构办理招标事宜。

(5)招标代理机构应当在招标人委托的范围内办理招标事宜,并遵守实训关于招标人的规定。

(6)招标人采用公开招标方式的,应当发布招标公告。招标公告应当载明招标人的名称和地址,招标项目的性质、数量、实施地点和时间,以及获取招标文件的办法等事项。

(7)招标人采用邀请招标方式的,应当向三个以上具备承担招标项目的能力、资信良好的特定的法人或者其他组织发出投标邀请书。

(8)招标人可以根据招标项目本身的要求,在招标公告或者投标邀请书中,要求潜在投标人提供有关资质证明文件和业绩情况,并对潜在投标人进行资格审查;国家对投标人的资格条件有规定的,依照其规定。招标人不得以不合理的条件限制或者排斥潜在投标人,不得对潜在投标人实行歧视待遇。

(9)招标人应当根据招标项目的特点和需要编制招标文件。招标文件应当包括招标项目的技术要求、对投标人资格审查的标准、投标报价要求和评标标准等所有实质性要求和条件以及拟签订合同的主要条款。

(10)招标文件不得要求或者标明特定的生产供应者以及含有倾向或者排斥潜在投标人的其他内容。

(11)招标人不得向他人透露已获取招标文件的潜在投标人的名称、数量以及可能影响公平竞争的有关招标投标的其他情况。招标人设有标底的,标底必须保密。

(二)投标

(1)投标人是响应招标、参加投标竞争的法人或者其他组织。依法招标的科研项目允许个人参加投标的,投标的个人适用实训有关投标人的规定。

(2)投标人应当具备承担招标项目的能力;国家有关规定对投标人资格条件或者招标文件对投标人资格条件有规定的,投标人应当具备规定的资格条件。

(3)投标人应当按照招标文件的要求编制投标文件。投标文件应当对招标文件提出的实质性要求和条件作出响应。

(4)投标人应当在招标文件要求提交投标文件的截止时间前,将投标文件送达投标地点。招标人收到投标文件后,应当签收保存,不得开启。投标人少于三个的,招标人应当依照规定重新招标。在招标文件要求提交投标文件的截止时间后送达的投标文件,招标人应当拒收。

(5)投标人在招标文件要求提交投标文件的截止时间前,可以补充、修改或者撤回已提交的投标文件,并书面通知招标人。补充、修改的内容为投标文件的组成部分。

(6)投标人不得相互串通投标报价,不得排挤其他投标人的公平竞争,损害招标人或者其他投标人的合法权益。投标人不得与招标人串通投标,损害国家利益、社会公共利益或者他人的合法权益。禁止投标人以向招标人或者评标委员会成员行贿的手段谋取中标。

（7）投标人不得以低于成本的报价竞标，也不得以他人名义投标或者以其他方式弄虚作假，骗取中标。

（三）开标、评标和中标

（1）开标应当在招标文件确定的提交投标文件截止时间的同一时间公开进行；开标地点应当为招标文件中预先确定的地点。

（2）开标由招标人主持，邀请所有投标人参加。

（3）开标时，由投标人或者其推选的代表检查投标文件的密封情况，也可以由招标人委托的公证机构检查并公证；经确认无误后，由工作人员当众拆封，宣读投标人名称、投标价格和投标文件的其他主要内容。招标人在招标文件要求提交投标文件的截止时间前收到的所有投标文件，开标时都应当当众予以拆封、宣读。开标过程应当记录，并存档备查。

（4）招标人应当采取必要的措施，保证评标在严格保密的情况下进行。任何单位和个人不得非法干预、影响评标的过程和结果。

（5）评标委员会可以要求投标人对投标文件中含义不明确的内容做必要的澄清或者说明，但是澄清或者说明不得超出投标文件的范围或者改变投标文件的实质性内容。

（6）评标委员会应当按照招标文件确定的评标标准和方法，对投标文件进行评审和比较；设有标底的，应当参考标底。评标委员会完成评标后，应当向招标人提出书面评标报告，并推荐合格的中标候选人。招标人根据评标委员会提出的书面评标报告和推荐的中标候选人确定中标人。招标人也可以授权评标委员会直接确定中标人。国务院对特定招标项目的评标有特别规定的，从其规定。

（7）在确定中标人前，招标人不得与投标人就投标价格、投标方案等实质性内容进行谈判。

（8）评标委员会成员应当客观、公正地履行职务，遵守职业道德，对所提出的评审意见承担个人责任。评标委员会成员不得私下接触投标人，不得收受投标人的财物或者其他好处。评标委员会成员和参与评标的有关工作人员不得透露对投标文件的评审结果、中标候选人的推荐情况以及与评标有关的其他情况。

（9）中标人确定后，招标人应当向中标人发出中标通知书，并同时将中标结果通知所有未中标的投标人。中标通知书对招标人和中标人具有法律效力。中标通知书发出后，招标人改变中标结果的，或者中标人放弃中标项目的，应当依法承担法律责任。招标文件要求中标人提交履约保证金的，中标人应当提交。

（10）中标人应当按照合同约定履行义务，完成中标项目。中标人不得向他人转让中标项目，也不得将中标项目肢解后分别向他人转让。中标人按照合同约定或者经招标人同意，可以将中标项目的部分非主体、非关键性工作分包给他人完成。接受分包的人应当具备相应的资格条件，并且不得再次分包。中标人应当就分包项目向招标人负责，接受分包的人就分包项目承担连带责任。

第二节　招投标中心业务流程

招投标中心在模拟实训中的主要业务是进行招投标的管理。

一、招标委托

（一）招标委托介绍

招标代理机构是依法设立、从事招标代理业务并提供相关服务的社会中介组织。招标委托是指招标代理机构受招标人委托，代为从事招标组织活动。招标代理机构应当具备下列条件：第一，有从事招标代理业务的营业场所和相应资金；第二，有能够编制招标文件和组织关于招标的相应专业力量；第三，有符合《中华人民共和国招标投标法》规定条件，可以作为评标委员会成员人选的技术、经济等方面的专家库。

（二）需要提交的材料

招标人是依照《中华人民共和国招标投标法》规定提出招标项目、进行招标的法人或者其他组织。招投标中心要依法检查招标人的相关资质和项目背景。招标项目按照国家有关规定需要履行项目审批手续的，应当先履行审批手续，取得批准。招标人应当有进行招标项目的相应资金或者资金来源已经落实，并应当在招标文件中如实载明。委托方向招投标中心提交招标委托书。提交的其他相关材料，包括技术、商务、售后服务以及对投标人或制造商的资格等要求。

（三）招标委托业务流程

由委托单位向招投标中心提交招标委托申请，然后由招投标中心对委托单位提交的资料进行审核检查，并对企业的情况进行调查、复核；如果审核通过，则招投标中心和委托单位签订招标委托合同，由招投标中心代理委托单位进行招投标事宜。

二、招标业务准备

（一）招标业务介绍

委托单位和招投标中心签订招标委托书后，招投标中心为委托方的招标做好准备。根据委托方的要求编写招标文件，向外界发布招标公告，并成立评标委员会。

（二）招标业务的准备

（1）招标文件。招投标中心应当根据招标项目的特点和需要编制招标文件。招标文件应当包括招标项目的技术要求、对投标人资格审查的标准、投标报价要求和评标标准等所有实质性要求和条件以及拟签订合同的主要条款。国家对招标项目的技术、标准有规定的，招标人应当按照其规定在招标文件中提出相应的要求。

（2）招标公告。招标人采用公开招标方式的，应当发布招标公告。依法必须进行招标的项目的招标公告，应当通过国家指定的报刊、信息网络或者其他媒介发布。招标公告应当载明招标人的名称和地址，招标项目的性质、数量、实施地点和时间，以及获取招标文件的办法等事项。

（三）招标业务流程

招投标中心和招标方签订招标委托合同后，招投标中心需要根据招标方的要求开始编写招标文件，并且有招标方的人员共同参与。招标业务流程为：招投中心根据项目的技术、资质等要求，编写符合招标方要求的招标文件，然后向外界发布招标公告，符合要求的投标人或者组织机构可以进行投标;同时,根据项目的特点和要求组建评标委员会。

三、投标业务准备

(一)投标业务介绍

投标是与招标相对应的概念,它是指投标人应招标人的邀请或投标人满足招标人最低资质要求而主动申请,按照招标的要求和条件,在规定的时间内向招标人报价,争取中标的行为。

(二)投标业务的准备

(1)标书:投标单位按照招标文件的要求,准备标书进行投标。

(2)评标委员会:应依法组建;负责评标活动;向招标人推荐中标候选人或者根据招标人的授权直接确定中标人。

(三)投标业务流程

招投标中心的主要任务就是为委托单位进行招标服务。其流程为:招投标中心首先向投标公司人员出售招标文件,同时内部组织评标委员会;投标公司向招投标中心递交投标保证金,招投标中心对投标的公司进行初步的筛选,接收符合条件的投标公司的投标文件;接着进行开标,开标中可以进行询标和评标;然后定标,即确定中标单位,向中标单位发出中标通知并向外界发布中标公告;最后组织中标单位与采购单位签订合同,同时中标单位支付服务费。

第三节　招投标中心实训项目

一、组织建设

(一)实训目的

通过模拟实训,学生可以在巩固理论知识的同时,提高组织机构实际操作能力,了解政府类服务机构的组织结构,并掌握举办招投标项目活动所需要的人员结构,学会把组织管理的理论知识应用于实际操作。同时通过现场组织的模拟形式,学生可以提高组织结构的设计能力,培养科学严谨、求真务实的工作作风。

(二)实训内容

(1)根据模拟实训平台涉及的招投标中心业务,列出招投标中心业务清单。

(2)根据业务清单进行岗位分工,注意分工的要求。

(3)担任招投标中心领导职务的学生进行岗位人员分工。

(4)根据岗位划分,进行招投标中心组织结构设计,注意组织结构设计的准则和相关事项。

(三)实训操作

(1)依据实训目标选择相应数量的员工,组织招投标中心的组织架构。

(2)了解招投标中心的工作职责,并根据业务熟悉程度和能力,选拔出招投标中心的领导。

(3)招投标中心的领导结合员工情况进行岗位分工。

(4)办理相关手续,准备必要道具,制定招投标中心规则、章程、注意事项、员工守则等。

二、编制招标文件

（一）实训目的

通过对招标委托内容的分析，学生可以学会制作对外出售的招标文件信息，了解招标文件的组成部分及内容重点，培养理论与实践相结合的能力，同时提高业务处理能力及文档制作能力。

（二）实训内容

（1）招投标中心根据委托方的招标书及其他各方面的要求，编写招标文件。

（2）在编写招标文件时，需要委托方人员参与，编写过程中了解相关注意事项，并掌握招标文件的主要组成部分及重点内容。

（三）实训操作

（1）以招投标中心员工的身份登录实训系统。

（2）对标书进行制作，此过程需要有委托方人员参与，并根据各方面要求进行标书的编写。

（3）招标书应体现对投标人资质的要求，以及需出示的证件、证书及具体的产品参数和数量等，填写完毕后单击"提交"。

三、发布招标公告

（一）实训目的

根据对招标文件的准备工作模拟实训，学生可以掌握招标公告的制作、如何对外发布招标公告以及如何邀请招标单位，了解招标公告的内容要素，明确招标公告的目的，了解招标公告的作用；同时提高理论与实践相结合的能力，提高商务文件的写作能力。

（二）实训内容

招投标中心向外界发布招标公告，公告中需要列出招标产品的名称、数量及对投标方的资质要求和进行评标的方法、标准等。

（三）实训操作

（1）以招投标中心员工的身份登录实训系统。

（2）进入委托书管理界面，选择发布招标公告界面功能。

（3）进入项目招标公告界面，填写招标公告，并提交。

（4）查看招标公告。

四、提交投标保证金

（一）实训目的

通过提交投标保证金的现场模拟，学生可以进一步了解投标保证金与采购低价的比例，掌握投标保证金的作用与用途，同时提高实际业务处理能力，培养商务沟通能力。

（二）实训内容

招投标中心接受投标公司提交的投标保证金时，需要登记投标方的投标保证金情况，并且向投标方提供投标保证金收据。

（三）实训操作

(1)招投标中心的成员与采购单位进行会议讨论,确定投标保证金所占项目资金的比例和数量。

(2)联系投标单位并收取保证金,提供保证金收据,并签字、盖章。

(3)对投标单位缴纳投标保证金的情况进行登记。

五、接受投标人投标

（一）实训目的

通过模拟接受投标人投标过程,学生可以进一步了解接收投标文件的完整过程,掌握接收投标文件的必要条件,同时提高理论与实践相结合的能力,培养科学严谨、求真务实的工作作风。

（二）实训内容

(1)招投标中心接受投标企业投标,了解在接收投标文件时的注意事项。

(2)对投标公司投标物品的安置。

（三）实训操作

(1)招标公告发布后至开标这段时间,如果有企业购买标书投标,就会显示在实训平台的投标管理界面中,招投标中心可以随时对投标详情进行查看。

(2)以招投标中心员工的身份登录系统,查看投标详情。

(3)进入相应企业的投资方界面,查看该企业的投标文件,判断是否符合招标要求,并对其进行预审。

(4)对企业的投标书预审合格后,准备开标。

六、开标

（一）实训目的

通过模拟开标过程,学生可以了解开标在招投标项目中的作用,同时提高商务文件写作能力,锻炼语言表达能力。

（二）实训内容

(1)对开标时到场的投标企业进行登记,确认企业信息。

(2)对投标文件进行开封。

（三）实训操作

(1)以招投标中心的身份登录实训系统。

(2)在公告信息中选择"开标通知",填写开标通知,发布开标通知。

(3)企业收到开标通知后,按规定时间、地点到投标现场进行投标。

(4)安排招投标中心的唱标员、记录员、监督员到场工作。

(5)记录员对投标企业的到场情况进行登记。

(6)监督员检查各企业标书的封标情况,并对标书拆封,检查保证金缴纳情况等。

(7)唱标员对各企业的投标一览表和报价及相关的备注等进行喝标。

七、询标、评标

(一)实训目的

通过对询标、评标的模拟实训,学生可以了解招标过程中询标、评标的过程,掌握询标、评标的要点与重点,同时提高理论与实践相结合的能力,培养实际业务处理能力与科学严谨、求真务实的工作作风。

(二)实训内容

(1)评标委员会针对投标文件有疑问的部分对投标公司进行询问、了解。

(2)评标委员会根据招标文件对各个投标企业进行评标,并得出每个投标企业的总得分。

(三)实训操作

(1)评标委员会在审阅投标文件的过程中,对投标人在投标文件中没有表述清楚的内容及对所附的其他相关资料不能明确得出审查结论的,向投标人进行询问,要求投标人对其投标文件及投标资料作出澄清和解释,以核实相关投标内容;投标人基于投标文件的相关内容认真、负责地向评标委员会进行解释和答疑。

(2)评标委员会根据招标文件的规定,就投标人递交的投标文件进行审查及综合评审,并根据相应的评分标准,对多家投标单位进行打分。

八、定标

(一)实训目的

通过对定标过程的模拟,学生可以了解定标的过程,掌握定标要素,同时提高理论与实践相结合的能力,培养实际业务处理能力与科学严谨、求真务实的工作作风。

(二)实训内容

根据最后的评标结果,确定中标单位。

(三)实训操作

(1)评标委员会按招标文件确定的评标标准和方法,对投标文件进行评审,提出书面评标报告,按顺序推荐合格的中标候选供应商名单。代理机构采购人书面推荐中标候选供应商。

(2)采购人应在收到推荐名单后按排名顺序确定中标供应商。

九、发送中标通知、中标公告

(一)实训目的

通过模拟向投标企业发出中标通知及对外发布中标公告,学生可以了解中标通知与中标公告的作用,掌握中标通知与中标公告等商务文件的写作要点,同时提高理论与实践相结合的能力。

(二)实训内容

(1)定标结束后,给所有的投标单位发布中标公告。

（2）向中标单位发布中标通知，通知其已经中标，并且告知签订合同时间等其他事宜。

（三）实训操作

（1）当招标结束后，以招投标中心的身份登录实训系统。

（2）进入投标管理界面，查看投标详情。

（3）进入投标方界面，选择并填写中标公告，发出中标公告。

（4）编辑中标通知，并向中标单位发出中标通知。

第十章　物流中心业务实训

第一节　物流中心业务介绍

一、物流概述

本教材提到的物流是指第三方物流,是由第三方提供的物流服务,而不是制造企业、贸易企业等自己承担物流运输。

(一)第三方物流的概念

第三方物流是具备实质性资产的企业为其他企业提供物流相关的服务,如运输、仓储、存货管理、订单管理、资讯整合及附加价值等,或与物流服务的相关行业者合作,提供完整的物流服务。即通过物流管理的代理企业(物流企业)为供应方和需求方提供物料运输、仓库存储、产品配送等各项物流服务。第三方物流是由第三方物流企业来承担物流活动的一种物流形态,通过第三方企业与第一方或第二方企业的合作来提供专业化的物流服务。第三方物流企业为供应方提供运输、配送、保管的物流服务,为需求方提供运输的物流服务。

第三方物流内部的构成一般可分为两类:资产基础供应商和非资产基础供应商。对于资产基础供应商而言,他们有自己的运输工具和仓库,通常是实实在在地进行物流操作。非资产基础供应商则是管理性质的企业,其不拥有或租赁资产,仅提供人力资源和先进的物流管理系统。广义的第三方物流可定义为资产基础供应商与非资产基础供应商两者的结合。

模拟实训的物流中心的主要功能是为生产企业和需求方之间进行货物运输和仓储管理,使企业之间实现联系,进而为整个供应链运作提供基础。

(二)第三方物流合同的特征

第三方物流合同涉及运输、储存、包装、装卸、搬运、配送等物流服务合同内容,本质上属于民事合同,但与一般的民事合同相比,第三方物流合同又具有以下特征。

1. 第三方物流合同的主体相对较为复杂

第三方物流合同中的主体包括以下几类。

(1)物流服务提供者:是物流合同中主要的一方,一般是第三方物流的专业经营者。

(2)物流服务需求者:是物流合同中的另一方,主要包括各种工业企业、批发零售企业及贸易企业等。

(3)物流活动的实际履行者:物流服务需求者和提供者是第三方物流合同的基本主体,但物流服务提供者有时会把海运、陆运、通关、仓储、装卸等环节的一部分或全部分包给他人,委托他们完成相关业务,使其参与物流合同的实际履行,如运输企业、港口作业企业、仓储企业、加工企业等。物流合同的实际履行方成为第三方物流法律关系不可或缺的主体。

2. 第三方物流合同的内容具有广泛性和复杂性

在物流现代化发展过程中,提供第三方物流服务的企业从简单的存储、运输等单项活动转为提供全面的物流服务,其中包括物流活动的组织、协调和管理,设计最优物流方案,物流全程信息的搜集、管理等。业务的专业化和多样化使得第三方物流合同的内容涉及运输、储存、装卸、搬运、包装、流通加工、配送、信息处理等诸多环节,合同当事人的权利义务关系也因此呈现出多样性、广泛性和复杂性等特点。

3. 第三方物流合同通常是具有混合合同特征的无名合同

第三方物流合同涉及环节众多,合同的内容具有广泛性和复杂性。那么,从合同内容的约定和实践来看,双方的权利义务到底属于何种合同法律关系? 物流合同是不是一个独立的合同? 单一的物流服务合同在性质上容易确定,如纯粹的运输合同法律关系或仓储合同法律关系,其合同名称就是运输合同或者是仓储合同,属于民法典上的有名合同。然而,第三方物流合同往往是综合的物流服务合同,是集运输合同、委托合同、仓储合同、加工合同等各种合同于一身的混合合同,因而,物流经营者的法律地位也是集存货人、托运人、委托人、代理人等各种身份于一身的混合地位。然而,在我国民法典中并没有物流合同的概念和相关规定,而且在物流活动实践中也很少把合同称为物流合同。因为物流活动大多还是体现为运输活动,物流企业与客户签订的合同大多数是运输合同,但物流合同往往又超出运输合同的范围,如合同中要求物流企业对委托托运的货物进行包装修补和集装箱拼箱、装箱或者拆箱,这时物流企业与客户的合同就有了加工承揽的性质与特点,这些远远不是一个运输合同所能涵盖的,因此,把这种综合的物流服务合同称为运输合同是不准确的。综上所述,通常来说,第三方物流合同特别是综合的物流服务合同,其法律性质应该是具有混合合同特征的无名合同。

二、物流中心业务规则

(一) 业务总则

物流中心在模拟实训中具有重要的连接作用。根据物流中心的业务及内容,其业务总则如下:

(1)物流中心是模拟实训中唯一的营利性物流服务提供商,其宗旨是为模拟经济环境中所有单位和组织提供有偿性的物流服务。

(2)物流中心严格执行国家流通政策和有关法律法规的规定,坚守行业自律,不得随意泄露客户信息。

(3)物流中心有一定的物流运输规模和实力,可随时为市场中的任一物流需求方提供物流相关服务。

(4)物流中心受模拟实训环境中市场监督管理部门的监管。

(二) 业务细则

模拟实训中,物流中心主要包含的业务有以下几项:

(1)物流中心对与生产企业签订的合同和订单进行管理。

(2)物流中心内部对仓储资源进行管理。

(3)物流中心对运输业务进行管理。如果物流中心未按时将货物运送给收货方,则需要对生产企业进行相应的赔偿。

（三）考核规则

模拟实训对物流中心的评价是多方面的。物流中心服务的模拟企业对物流中心的工作情况进行满意度评价，并结合其他指标进行综合考核。具体考核指标有业务登记与办理的效率、业务的正确率、投诉率、出勤率、实训报告等。

第二节　物流中心业务流程

物流中心在模拟实训中，主要是协助企业完成产品交付，在与企业签订运输合同后，为企业提供仓储、运输等服务。物流中心的功能见图 10-1。

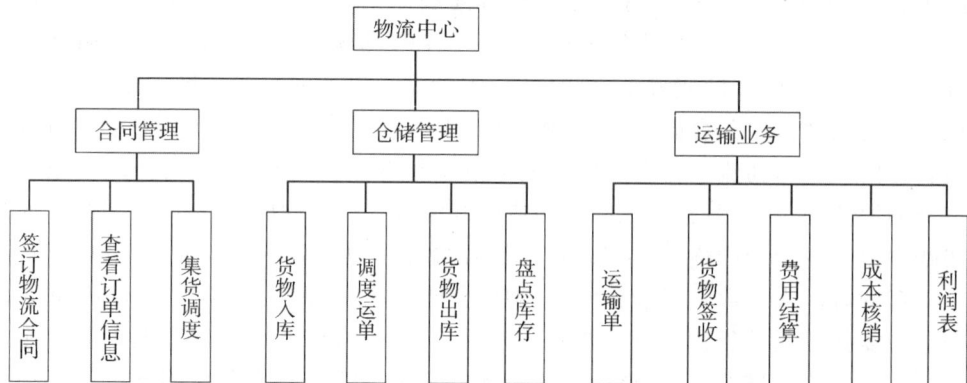

图 10-1　物流中心的功能

一、合同管理

（一）合同管理介绍

物流中心与企业之间的物流合同需要物流中心进行规范管理。物流中心作为第三方物流，与企业之间在友好协商的基础上，在双方认可的情况下签订物流相关协议，即物流合同，该合同内容明确规定了双方的权利与义务。物流合同是双方履行合同的依据，用于规范合同双方的行为，也称为第三方物流合同。

第三方物流的基本特点是一切以合同为准，即双方的合作关系是建立在合同基础上。物流企业或物流中心根据物流合同要求，为企业提供多样化的物流服务。现代物流企业可以提供全方位的综合性的物流服务，包括仓储和运输等。

（二）合同管理流程

合同管理是从物流中心与企业签订物流合同开始的，首先由企业与物流中心根据货物仓储与运输的需求就物流服务签订物流合同，同时物流中心需要查看企业填写的订单信息，包括货物数量、规格、目的地等，然后根据订单信息进行货运调度。

物流中心合同管理的基本流程见图 10-2。

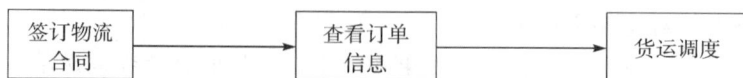

图 10-2　合同管理流程

二、仓储管理

(一)仓储管理介绍

仓储管理,是指对仓库和仓库中储存的物资进行管理。仓储业务主要是物流中心为企业提供的仓储管理服务。简单而言,仓储管理就是为企业提供管理仓库的服务。现代仓储的作用不仅是保管,更多是物资流转中心,对仓储管理的重点也不再仅仅着眼于物资保管的安全性,更多关注的是如何运用现代技术,如信息技术、自动化技术来提高仓储运作的速度和效益。自动化立体仓库由于大量采用大型的储货设备(如高位货架)、搬运械具(如托盘、叉车、升降机)、自动传输轨道和信息管理系统,从而实现了仓储企业的自动化。

仓储业务核心内容可分为入库作业、仓储管理、出库作业、财务结算和查询报表五个主要部分。第三方物流企业提供的业务不再简单地停留于上述几种基本的业务,他们还向客户提供各类统计信息,如保质期报告、安全库存报告、货位图、货品流动频率等。其实这些信息已经在仓储管理的过程中被记录下来,只需要根据每个客户的特殊要求相应梳理出来即可。

1. 仓储管理的基本原则

(1)先进先出原则:先入库存放的物料,配发物料时优先出库,以便减少仓储物料质量风险,提高物料使用价值。

(2)锁定库位原则:每种物料固定摆在特定库位,其实物所放库位必须与 ERP 系统中的信息一致。库位编码就像一个人的家庭地址一样重要,没有固定库位,就无法快速地找到相关物料。

(3)专料专用原则:不得随意挪用对应订单物料。

2. 仓储货物的保管原则

(1)面向通道进行保管。为使物品出入库方便、容易在仓库内移动,前提条件是将物品面向通道进行保管。

(2)尽可能地向高处码放,提高保管效率。要有效利用库内容积,应尽量向高处码放;为防止破损,保证安全,应当尽可能使用棚架等保管设备。

(3)根据出库频率选定位置。出货和进货频率高的物品,应放在靠近出入口、易于作业的地方;流动性差的物品,应放在距离出入口稍远的地方;季节性物品,应依据其季节特点选定放置的场所。

(4)同一品种在同一地方保管。为提高作业效率和保管效率,同一物品或类似物品应放在同一地方保管。员工对库内物品放置位置的熟悉程度直接影响物品出入库的时间,将类似的物品放在邻近的地方也是提高效率的有效方法。

(5)根据物品重量安排保管的位置。安排放置场所时,重的物品放在下边,把轻的物品放在货架的上方,需要人工搬运的大型物品则以腰部的高度为基准,这是提高效率、保证安全的一条重要原则。

(6)依据形状安排保管方法。依据形状保管物品也是很重要的,如标准化的商品应放在托盘或货架上来保管。

(7)依据先进先出的原则。保管的重要一条原则是对于易变质、易破损、易腐败的物品和机能易退化、老化的物品,应尽可能按先入先出的原则,加快周转。

(二)仓储管理流程

企业和物流中心签订物流合同并填写了订单信息后,货物就由物流中心负责运输给买方。物流中心负责进行货运调度,完成仓储业务管理。首先,物流中心进行货物的入库,然后根据企业的订单信息进行调度安排,如线路货物相同的订单可以同车运输等。其次,根据合同时间安排货物出库,货物出库后需要对库存信息进行盘点。货物出库后,仓储任务即完成。物流中心的仓储管理流程如图10-3所示。

货物入库 → 调度运单 → 货物出库 → 盘点库存

图 10-3　仓储管理业务流程

仓储管理业务可能用到的单据有进库单、出库单和盘库单等,这些单据是保证仓储服务质量的依据。

三、运输业务

(一)运输业务介绍

运输是物流的中心环节之一,也是现代物流活动重要的功能。物流的运输专指"物"的载运及输送。运输生产不像工农业生产那样改变劳动对象的物理、化学性质和形态,而只改变劳动对象的空间位置,并不创造新的实物形态产品。因此,在满足社会运输需求的情况下,多余的运输产品或运输支出都是一种浪费。各种运输方式和运输工具都有各自的特点,不同种类物品对运输的要求也不尽相同,合理选择运输方式是合理组织运输、保证运输质量、提高运输效益的一项重要内容。

运输业务中,可能用到的单据有运单、签收单、核销单、费用结算单及物流企业成本费用单等。运输业务中应准备好可能用到的单据,以协助运输功能的实现。

(二)运输业务流程

物流中心在货物出库后就需要进行货物运输。物流中心首先要填制运输路单,把线路相关的订单货物集中到一批次运输;到达目的地后,根据详细的地址进行卸货,同时要求收货方签字确认;接着进行费用结算;然后进行成本核销;最后计算出利润表。

物流中心运输业务的流程,见图10-4。

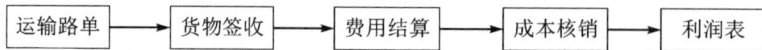

运输路单 → 货物签收 → 费用结算 → 成本核销 → 利润表

图 10-4　运输业务流程

第三节　物流中心实训模块

一、物流公司设立

"物流公司设立"模块主要有"企业登记""开户业务""税务报到""贷款情况查看""企业账户查询"几个方面业务。

二、合同管理

"合同管理"模块主要有两方面业务,即"合同签订""订单信息"。

"合同签订"是企业与物流中心签订的合同,物流中心需要进行合同订立,这里显示物流中心与所有企业的物流合同,图10-5是第1年第4季度的物流合同列表。

图10-5 物流合同列表

"订单信息"业务可以查看企业向物流中心发出的订单,物流中心可以进行处理。图10-6显示的是物流中心在第1年第1季度收到的订单信息。

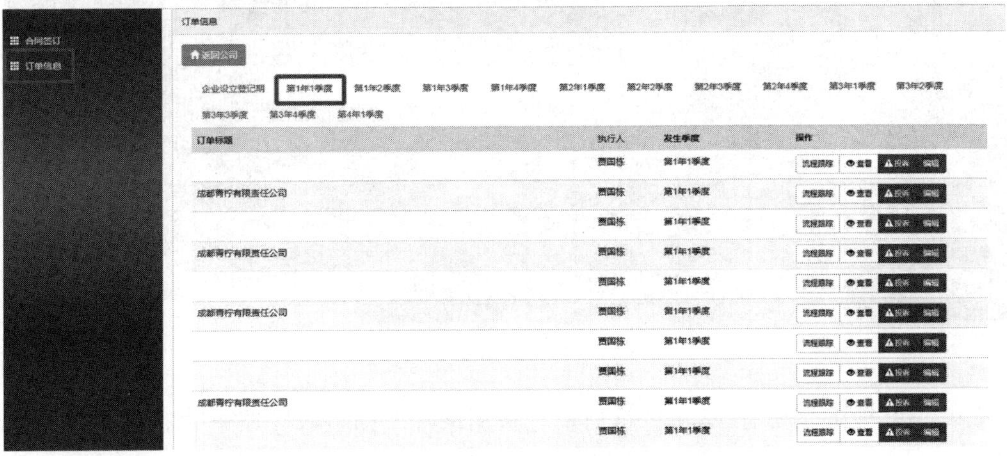

图10-6 物流中心订单信息列表

三、仓储业务

"仓储业务"模块主要有两方面业务,即"仓储管理""仓储资源"。

"仓储管理"业务主要有"入库明细""出库单明细""盘库单"三个内容,见图10-7。

图 10-7 "仓储管理"业务界面

四、运输业务

"运输业务"模块主要有两方面业务内容,即"国内运输"和"运输资源",见图 10-8。

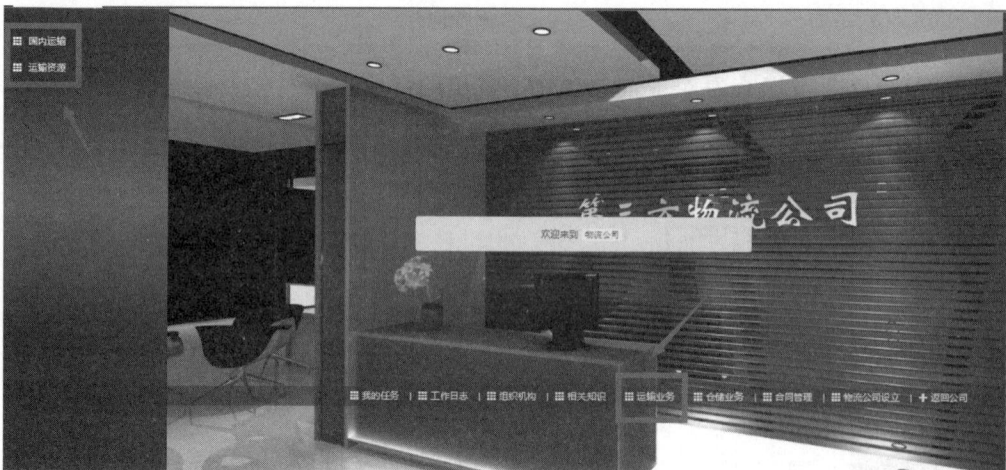

图 10-8 "运输业务"界面

"国内运输"业务主要有"运单""核销单""费用结算""损益表""路单""签收单""企业利润表""物流公司成本费用"等内容,见图 10-9。

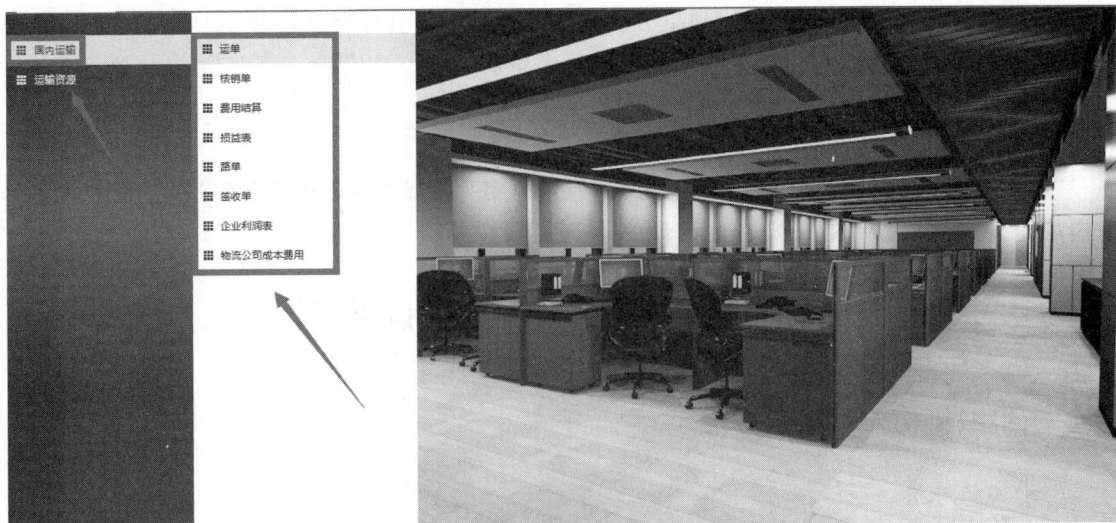

图 10－9 “国内运输”界面

点击“运输资源”选项，可以看到详细的运输资源信息，见图 10－10。

车牌号	京A34432	京H32558	京H03988
车辆类型	敞篷	半挂	敞篷
行驶证号	330323550120001	654321321543546	410859784234798
主司机名称	应兰贞	童跃锋	杨庆福
副司机名称	池珍儿	马进理	钱文新
载重	10吨	13吨	10吨
车架号	LVVDB12A15D062603	LVVDB12A15D065288	LVVDB12A15D066960
颜色	红色	绿色	蓝色
车辆性质	自有	自有	自有
车主	时代物流	时代物流	时代物流
编号	000001	000002	000003
购买价格	90000	120000	90000
购置日期	2005-05-05	2004-05-06	2005-06-07
购置税	13770	18360	13770
发动机号	111.944/945/975	111.943/946/973	111.944/945/976
厂牌型号	华通JN	柳特神力LZT	华通JN
年度审核情况	已审	已审	已审
保险情况	全险	全险	全险

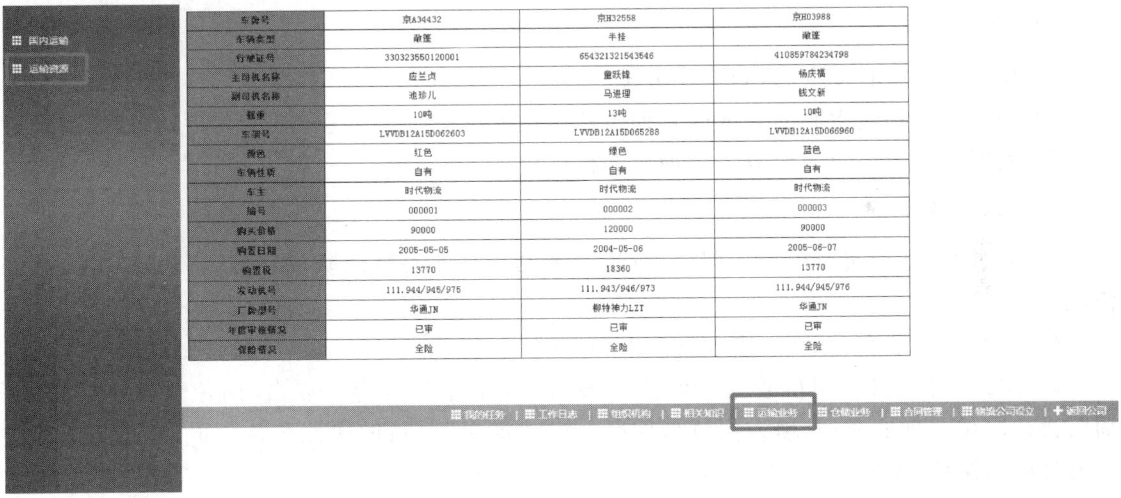

图 10－10 运输资源信息列表

五、相关知识

“相关知识”模块下主要有“运输知识”“仓储知识”“业务流程”三个业务内容。

六、组织机构

“组织机构”模块主要有“岗位管理”和“人员管理”两个业务内容。关于“组织机构”模块的详细操作，在本章后续有详细阐述。

七、工作日志

“工作日志”模块包括四个业务内容：要求会计师事务所进行“工作日志”的填写，记录会计师事务所的"会议纪要",进行会计师事务所的"企业预算",填写会计师事务所每个成员的"学习报告"(此部分是为学生模拟实训考核提供参考资料)。

八、我的任务

"我的任务"模块有三个业务内容:可以"领取任务"、查看"待处理任务"、进行"任务评分",该模块是为方便税务局业务操作而设计的。

第四节　物流中心实训项目

一、组织机构人员岗位分配

(一)实训目的

通过物流中心实训,学生可以了解物流中心的日常业务种类及基本流程,熟悉物流中心的基本人员构成。模拟物流中心的学生通过设计物流中心的岗位职责说明书,可以熟悉所在岗位的工作内容及流程。

(二)实训内容

(1)模拟物流中心 CEO 进行岗位分配。

(2)团队根据物流中心的业务内容列出基本业务清单。

(3)根据业务清单对岗位分工合理性进行审核。

(三)实训操作

(1)通过 CEO 竞选及模拟招聘会,组建物流中心业务人员团队,组建仿真物流中心,人员构成大约 3~4 人。

(2)注册并登录实习平台,进入物流中心界面。

(3)组织机构包括"岗位管理"和"人员管理"两个业务内容。点击"岗位管理",点击"添加",进行岗位名称的添加,填入岗位名称后,点击"提交"。添加岗位名称完成后,可以看到已经添加好的岗位,见图 10-11。

岗位管理			
岗位名称	**操作**		
总经理	查看	修改	删除
合同管理员	查看	修改	删除
运输部经理	查看	修改	删除
仓储部经理	查看	修改	删除

图 10-11　物流中心岗位名称列表

然后进行人员管理,点击"人员管理",看到如图 10 - 12 所示页面。

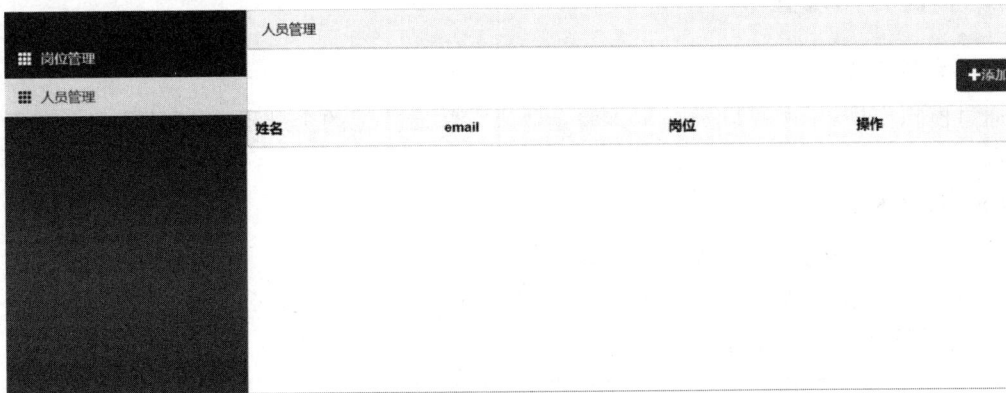

图 10 - 12　物流中心人员管理界面

点击右上角的"添加",进入如图 10 - 13 所示界面,进行岗位选择,然后在名称处输入人员名称,点击"提交",完成人员的岗位分配。

图 10 - 13　为岗位添加人员界面

最终完成人员分配后,可以看到如图 10 - 14 所示的界面。

姓名	email	岗位
张海成	████████@163.com	总经理
张益德	████████@163.com	合同管理员
贾国栋	████████@163.com	运输部经理

图 10 - 14　物流中心人员岗位分配完成

二、物流公司设立

(一)实训目的

通过模拟实训,学生可以进一步体验企业进行注册登记的全过程,熟悉企业登记时要用到的单据。

(二)实训内容

(1)物流公司申请企业名称预先核准。

(2)物流公司进行企业设立登记,填写设立登记申请书,投资人名录、内资公司设立登记申请书,法定代表人等相关信息。

(3)携纸质单据到市场监督管理局办理注册登记。

(4)取得工商营业执照正本和副本。

(三)实训步骤

物流公司设立模块主要有"企业登记""开户业务""税务报到""贷款情况查看""企业账户查询"几项业务内容,见图 10 - 15。

图 10 - 15　物流公司设立界面

(1)"企业登记",是物流中心办理企业登记的入口,物流中心可以直接从这一模块进行企业登记业务,具体内容参考市场监督管理局业务实训部分。

(2)"开户业务",是物流中心到商业银行办理银行开户的入口。点击"开户业务",可以看到银行开户的流程图,见图 10 - 16。具体操作过程参考银行业务实训部分。

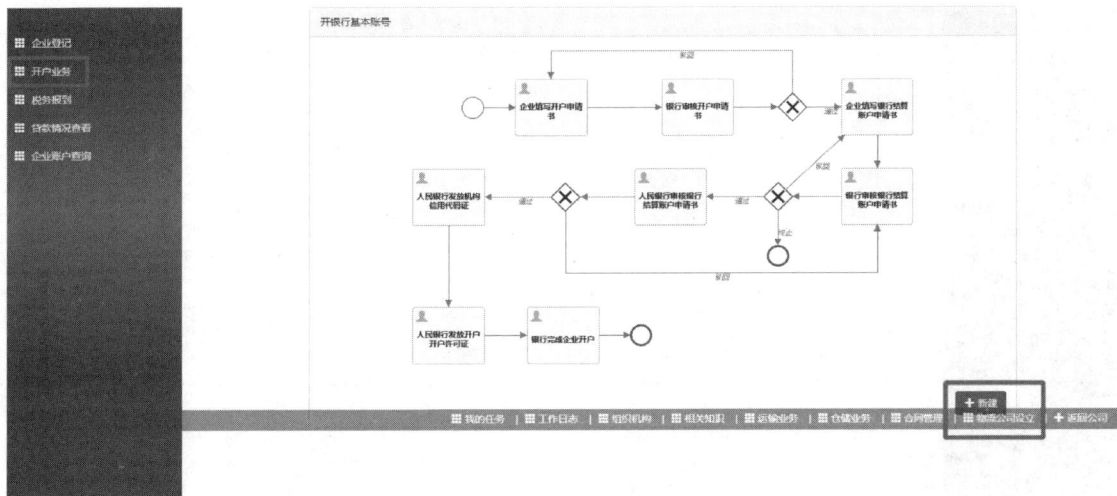

图 10 - 16　物流公司开户业务流程

（3）"税务报到"，是物流中心办理税务报到手续的入口，物流中心需要填写增加税一般纳税人资格登记和纳税人税务补充信息表，见图 10 - 17。具体操作过程参考税务局业务实训部分。

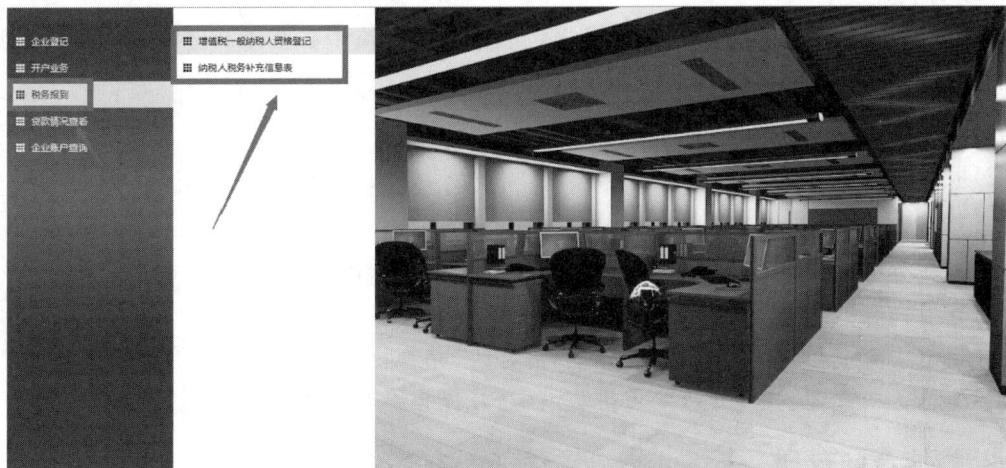

图 10 - 17　物流中心税务报到界面

（4）"企业账户查询"，是物流中心查看本物流中心业务产生的资金往来，示例见图10 - 18。

第十章　物流中心业务实训

您的银行账号为：6553511493164784892(商业银行1) 账户共计余额为￥5,054,429

序号	详情	操作账户	对方账户	金额
	期初资金			￥0
1	办理[成都]-[大连]JM1产品500件销售合同运输手续支付物流费-7500	6553511493164784892	6553514394723684867	￥7,500
2	办理[成都]-[武汉]JM1产品500件销售合同运输手续支付物流费-7500	6553511493164784892	6553514394723684867	￥7,500
3	办理[武汉]-[武汉]JM1产品1000件销售合同运输手续支付物流费-10000	6553511493164784892	6553512211773048 74	￥10,000
4	办理[武汉]-[武汉]JM1产品1000件销售合同运输手续支付物流费-10000	6553511493164784892	6553512211773048 74	￥10,000
5	办理[武汉]-[成都]JM1产品500件销售合同运输手续支付物流费-5000	6553511493164784892	6553512211773048 74	￥5,000
6	办理[武汉]-[武汉]JM1产品1000件销售合同运输手续支付物流费-10000	6553511493164784892	6553512211773048 74	￥10,000
7	办理[成都]-[沈阳]JM1产品1000件销售合同运输手续支付物流费-15000	6553511493164784892	6553514394723684867	￥15,000
8	办理[沈阳]-[大连]JM1产品500件销售合同运输手续支付物流费-25	6553511493164784892	6553512121 48844062	￥25
9	办理[沈阳]-[沈阳]JM1产品1000件销售合同运输手续支付物流费-50	6553511493164784892	6553512121 48844062	￥50
10	办理[武汉]-[武汉]JM1产品2000件销售合同运输手续支付物流费-20000	6553511493164784892	6553514473259666 10	￥20,000
11	办理[沈阳]-[成都]JM1产品500件销售合同运输手续支付物流费-25	6553511493164784892	6553512121 48844062	￥25
12	办理[成都]-[武汉]JM1产品1000件销售合同运输手续支付物流费-15000	6553511493164784892	6553514394723684867	￥15,000
13	办理[沈阳]-[成都]JM1产品1000件销售合同运输手续支付物流费-25	6553511493164784892	6553512121 48844062	￥25
14	办理[沈阳]-[武汉]JM1产品500件销售合同运输手续支付物流费-25	6553511493164784892	6553512121 48844062	￥25

图 10 - 18　物流中心企业账户查询示例

三、物流中心工作制度制定

(一)实训目的

通过模拟实训,学生根据物流中心的岗位职责制定物流中心工作制度和人员考核制度。

(二)实训内容

(1)研究企业在制定制度时需要遵守的规则及要求。

(2)根据物流中心的岗位特点及工作要求,制定岗位责任和员工要求。

(三)实训操作

(1)研究分析物流中心的性质,明确物流中心的组织结构,确定岗位职责。

(2)分析物流中心可能发生的业务类型,明确业务种类。

(3)制定物流中心制度大纲目录,并撰写、修改、完善物流中心管理制度。

(4)汇总各项管理制度,并按要求排版编辑,并提交给老师用于备案。

四、物流合同管理

(一)实训目的

通过模拟实训,学生可以学会物流中心的基本知识,包括签订国内物流合同、发布订单信息等,掌握物流费用的核算等知识。

(二)实训内容

(1)物流中心签订国内物流合同。

(2)物流中心审核订单信息。

(三)实训操作(企业与物流中心的交互实训)

1.企业进行产品出库

企业产品销售有两种情况,一种情况是通过市场竞单将产品卖出去,另一种情况是通过谈判由买方企业向卖方企业下放采购单。买方企业下放的采购单,卖方企业在操作提示中点击"确认",点击"提交",此时在企业的销售部门下放的销售订单处可以看到销售合同,点击"查看",见图 10-19。

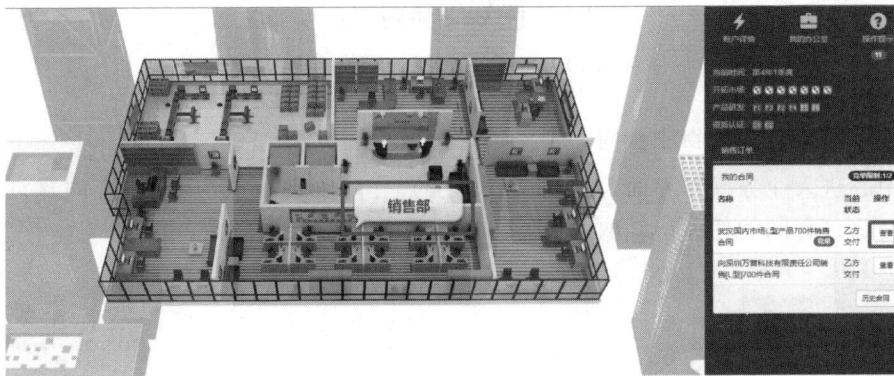

图 10-19　查看销售合同

销售部门看到有合同需要履行,应进行出库操作,见图 10-20。

名称	截至时间	操作
[L型]交付产品700件	第4年1季度	出库
办理国内武汉国内市场L型产品700件销售合同运输手续	第4年1季度	已关闭
收取L型合同货款¥2,800,000	第4年2季度	已关闭

图 10-20　销售合同货物交付出库

2. 企业填写国内物流合同

点击图 10-20 中的"出库"后,此时可以看到操作提示里要求办理国内物流业务,见图 10-21。

操作提示 2　　　　　　　　　　　　　　　　　　　　　　　　　　　×

当前未完成的操作		
事件 是根据您的决策输入由系统产生的回馈,他将引导您完成整个系统的决策输入流程		

名称	截至时间	操作
办理国内武汉国内市场L型产品700件销售合同运输手续	第4年1季度	国内物流
[L型]交付产品700件	第4年1季度	出库

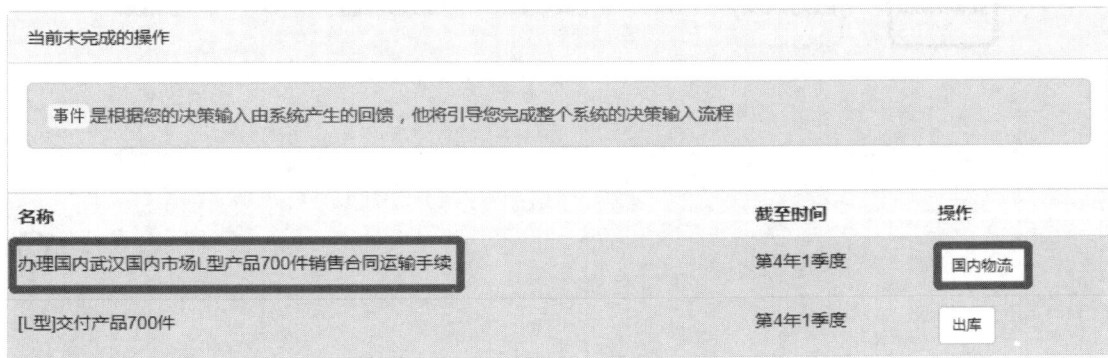

图 10-21　提示办理"国内物流"

点击图 10-21 中的"国内物流",可以看到空白的国内货物运输协议,见二维码 10-1。企业填写完成后,点击页面下方的"提交",将合同提交到物流中心。

二维码 10-1 空白的国内货物运输协议

3. 物流中心签订国内物流合同

物流中心进入业务操作界面,点击页面下方的"合同管理",点击左侧"合同签订",可以看到企业提交签订合同的任务待领取,见图 10-22。

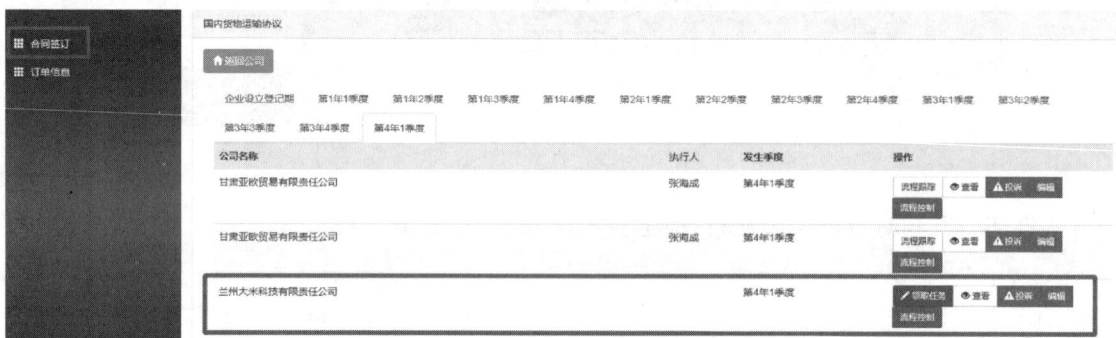

图 10-22 领取企业提交的国内货物运输协议

点击图 10-22 中的"领取任务",可以看到物流运输的流程跟踪提示当前处于"物流签订物流合同"的阶段(见图 10-23);点击界面中的"领取并处理",点击"确定",此时可以看到企业提交的国内货物运输协议。

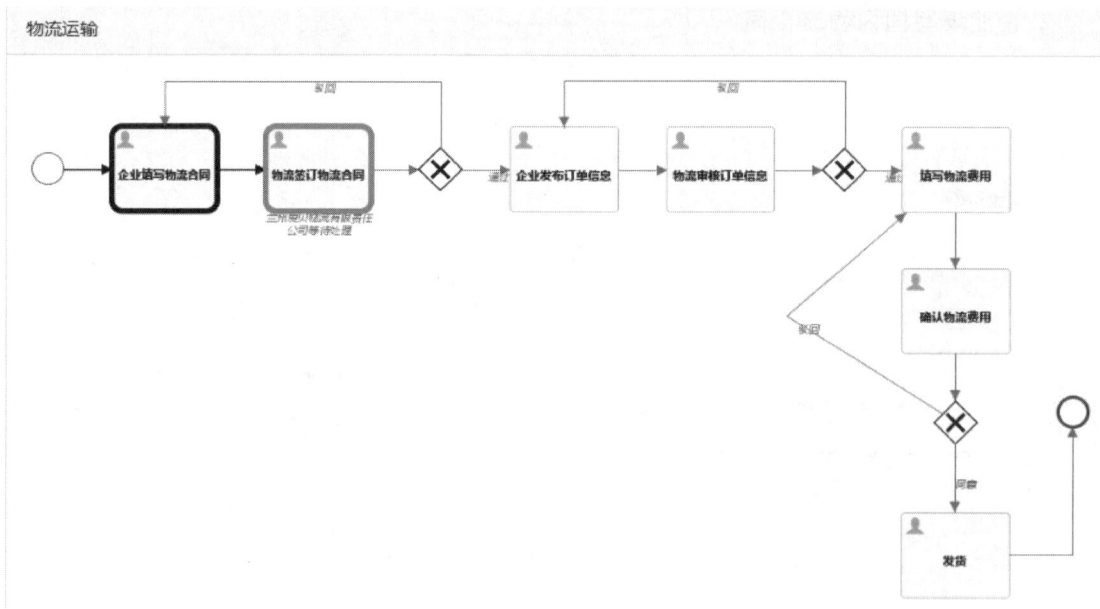

图 10-23 物流运输的流程跟踪(处于物流签订物流合同阶段)

物流中心对企业填写的国内货物运输协议进行审核,若内容填写不符合要求,则点击页面下方的"驳回",然后点击"提交",将国内货物运输协议退回企业,企业修改后再次提交;若内容填写符合要求,则点击页面下方的"通过",然后点击"提交",完成国内货物运输协议的审核。

提交后,物流中心在业务主页面中点击"流程跟踪",可以看到物流运输的流程跟踪提示处于"企业发布订单信息"阶段。

4. 企业发布订单信息

企业进入物流中心业务大厅,在页面下方点击"物流外包",点击左侧"订单合同",可以看到"订单信息"界面有一条任务待领取,见图10-24。

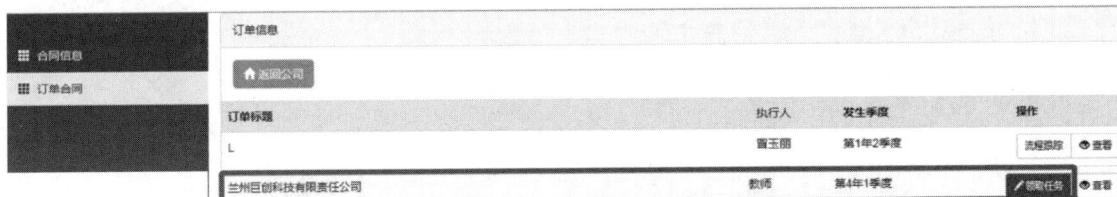

图10-24 "订单信息"界面

点击图10-24中的"领取任务",然后点击"领取并处理",点击"确定",此时可以看到订单信息表,企业根据货物情况进行填写,填写完成后点击"集货调度",提交给物流中心审核订单信息。企业通过点击"流程跟踪",可以看到物流运输的流程跟踪当前处于"物流中心审核订单信息"的状态。

5. 物流中心审核订单信息

物流中心进入业务操作界面,点击页面下方的"合同管理",点击左侧"订单信息",可以看到企业提交的订单信息任务待领取(见图10-25)。点击"领取任务",然后点击"领取并处理",点击"确定",此时可以看到企业提交的订单信息表。

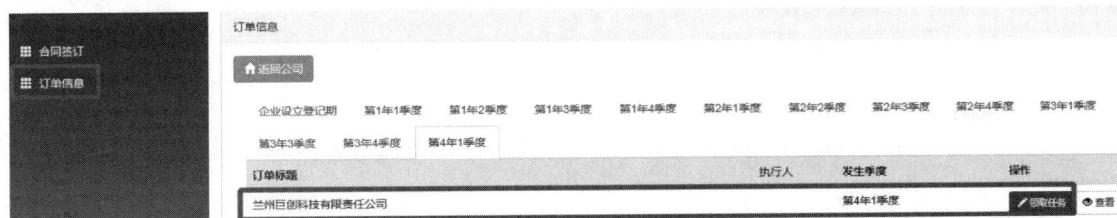

图10-25 物流中心领取订单信息任务

物流中心对企业填写的订单信息表进行审核,若内容填写不符合要求,则点击页面下方的"驳回",然后点击"提交",将订单信息表退回企业,企业修改后再次提交;若内容填写符合要求,则点击页面下方的"通过",然后点击"提交",最后由物流中心完成订单信息表的审核。

物流中心审核通过后,系统再次跳转到订单信息界面,且有待领取任务,点击"领取任务",然后点击"领取并处理",点击"确定",此时可以看到流程跟踪提示处于物流公司"填写物流费用"阶段,见图10-26。点击流程跟踪页面下方的"领取并处理",点击"确定",页面跳转到填写物流总费用的界面,见图10-27。此时物流中心可以查看流程跟踪,提示处于企业进行物流费用确认的阶段。

物流运输

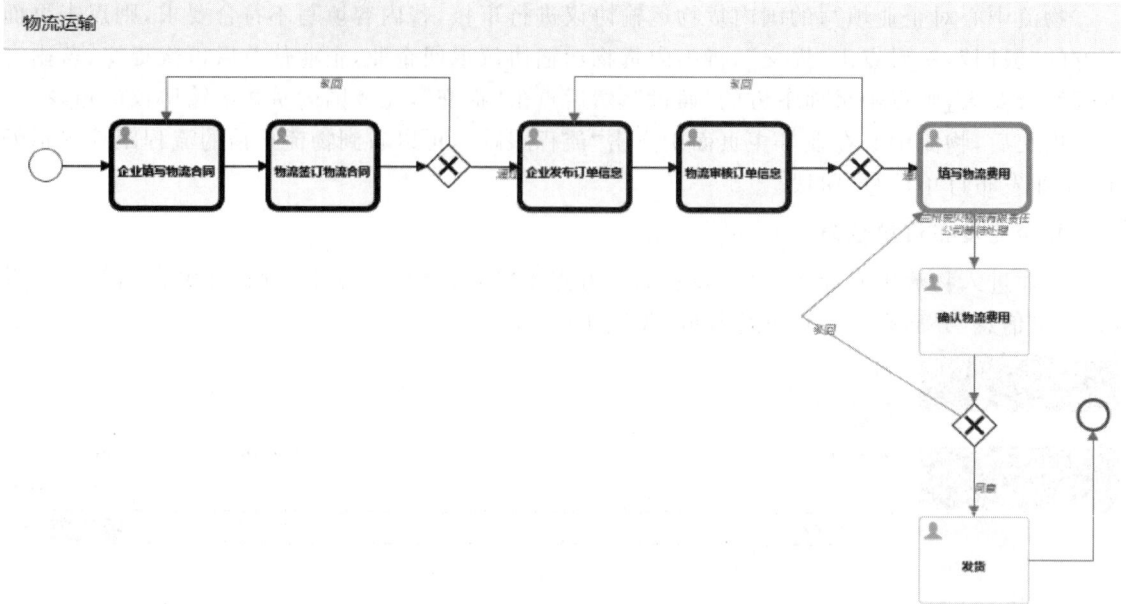

图 10-26　物流运输流程跟踪(处于填写物流费用阶段)

6. 企业确认物流费用

企业进入物流中心，在页面下方点击"物流外包"，点击左侧"订单合同"，在订单信息界面显示有一项任务待领取，点击"领取任务"，点击"领取并处理"，点击"确定"。

企业对物流中心发来的物流总费用进行确认(见图 10-28)。如果不认可物流公司的物流总费用，企业点击页面下方的"驳回"，然后点击"提交"，将物流总费用退回物流中心，企业可以与物流中心变更物流费用；若认可物流公司的物流总费用，则点击页面下方的"同意"，然后点击"提交"，完成物流总费用确认。

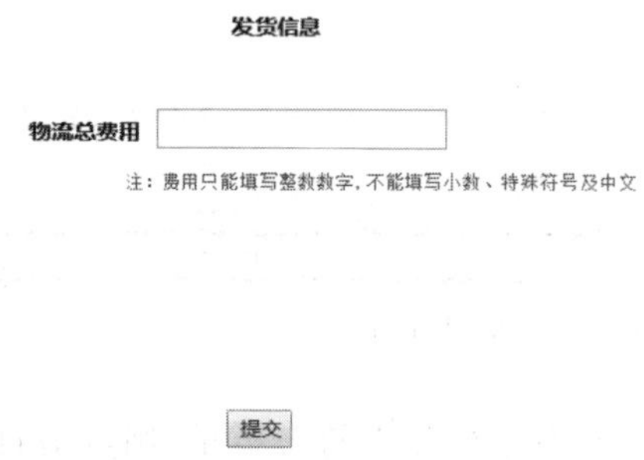

图 10-27　物流总费用界面 　　　　图 10-28　企业确认物流费用

7. 企业发货

企业进入物流中心，在页面下方点击"物流外包"，点击左侧"订单合同"，订单信息界面显示有一项任务待领取，点击"领取任务"，可以看到流程跟踪提示当前处于企业发货阶段；点击页面下方的"领取并处理"，点击"确定"，然后点击页面中的"提交"，即完成整个物流运输流程。

8. 企业支付物流费用

企业进入企业操作界面，点击"销售部"，在销售订单列表中找到本次物流的销售合同，点击"查看",可以看到如图 10 - 29 所示的提示。

图 10 - 29　物流费用付款提示

点击图 10 - 29 中的"付款",可以看到需要支付的物流费用金额及支付账号和对方账号,核对无误后点击"付款",见图 10 - 30。

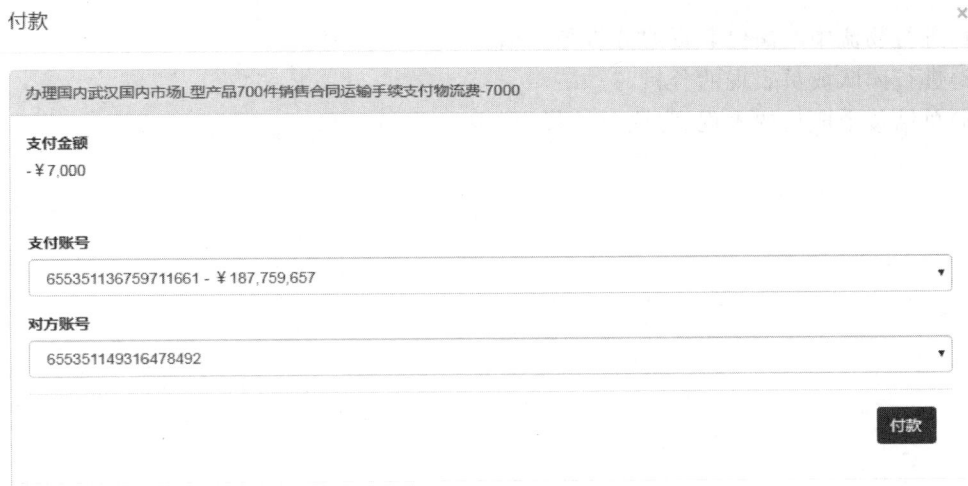

图 10 - 30　核对支付金额及账号信息

点击"付款"后,若企业账户余额能够支付全额的物流费用,则可以看到如图 10 - 31 所示的页面。

办理国内武汉国内市场L型产品700件销售合同运输手续支付物流费-7000 ✕

操作成功

刷新

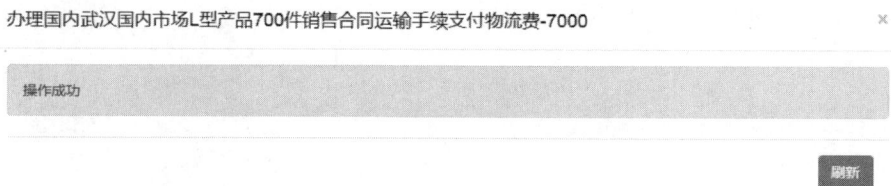

图 10 - 31　成功支付物流费用

当系统推进到新的季度,且买方企业支付了合同货款后,卖方企业就可以通过查看合同,并点击页面中的"收款",从而得到货款。

五、团队总结

(一)实训目的

通过总结物流中心实训的工作内容和业务操作,学生可以对物流中心的业务有一个全面的认识。

(二)实训内容

(1)总结物流中心的各项业务。

(2)总结物流中心各岗位的基本职责及要求。

(3)总结团队成员的表现,分析每个人的优点和不足。

(4)完成个人总结和小组总结报告 PPT。

(三)实训操作

(1)进行物流中心岗位职责的分析与总结。

(2)进行团队成员表现的分析与总结。

(3)总结每个成员的表现,完成总结报告 PPT。

第十一章　模拟实训中的比赛及活动

为了提高模拟实训的效果,提高学生的创新创业能力,丰富学生的学习体验,教师可以在模拟实训过程中设计一些比赛和活动。设计安排的赛事及活动必须紧密结合模拟实训的教学目标,活动策划要科学、合理,并具有一定的趣味性,如素质拓展活动、海报及 Logo 设计大赛、招投标活动、点钞比赛等。

第一节　素质拓展活动

一、素质拓展活动目标

素质拓展活动的目标是进一步提高模拟实训的效果及学生体验的真实度,使模拟实训更接近于企业的真实经营。为了提高员工的团队荣誉感和团队协作能力,模拟企业在实训过程中对新入职员工可以开展入职拓展训练。

素质拓展活动总体目标是在企业运营目标的实施过程中,结合每个团队及团队成员在不同成长期的特点,通过不同拓展训练项目折射出企业文化,引导学生亲身体验、自发感悟、快速理解怎样才是真正"同组织共脉搏"的企业人。同时,通过参与素质拓展活动,学生可以直接面对达成目标过程中的困难和障碍,体悟理性分析、解决问题的重要性;从建立自信、体验自我、达成目标的个人项目中,感悟组织中自我价值的实现与团队共同目标的达成是相辅相成的;从相互信任、沟通无阻、相互激励、积极热情的团队项目中,体验高绩效团队是每个成员能力发挥的交集,而非并多个子集的集合。

具体来讲,开展素质拓展活动的目标主要有以下三个。

(1)体验团队建设与优化,增强组织协调能力。学生通过体验团队建设的全过程,在一个放松的空间与交流平台中放松身心,在快乐中感受团队,重新认识自我,从而体验团队凝聚力的增强,亲历团队从建立到优化的整个过程。

(2)体验有效沟通,增强交际沟通能力。在素质拓展训练中,通过设计特定的项目再现企业各个管理与沟通环节的情境,使学生在实训中主动尝试和探索建立高效沟通的方法,通过模拟情境体验企业不同部门、不同层级间经常会遇到的管理和沟通障碍,从心态上解决沟通的根本问题,进而提升企业管理绩效。

(3)体验团队协作,增强业务处理能力。在素质拓展活动中设计一系列有特色的项目,从而创造一种相互接受意见的氛围,学生通过拓展训练达到增进了解、促进情感建立的效果,从而培养团队协作精神,提高人与人之间的理解与信任,提升团队协作能力。

二、素质拓展活动项目简介

本书编者授课过程中,为室内团队组建环节设计了 8 个拓展训练项目,每个项目的训练目的均不相同,各有特色。

(一)团队组建及团队热身

1. 项目介绍

教师讲述拓展训练的内容及意义,阐述良好的心理素质和积极进取的人生态度对成功的重要作用,同时激发学生的参与热情,形成欢快热烈的良好氛围。

2. 培训目标

(1)组建团队,确定目标。

(2)打破团队成员之间的隔阂。

(3)加强相互了解和信任。

(4)形成团队成员的基本价值观。

3. 训练流程

(1)确定团队。通过分组形式,迅速建立沟通环境,初步组建团队;制定队名、队歌、队训、队徽,选出队长。

(2)自我介绍。以独特的方式进行自我介绍,增进队员之间的了解。

(3)"红旗飘飘"。集团队成员智慧进行彩旗制作,浓缩创新意识,展现团队风采。

部分活动场景见图 11-1。

图 11-1　部分活动场景(1)

(二)目标市场(极速 60 秒)

1. 项目介绍

在固定的区域内有 30 张卡片,每张卡片分别代表一个数字,30 张卡片分别代表 1 至 30,卡片的形式由数字或图像组成。团队需要完成的任务是:团队成员需派一名代表到区域内收集卡片,收集时必须按照从 1 至 30 的顺序,团队其他成员只能在卡片固定区域的边缘对收集卡片的人进行语言上的协助,身体的任何一部分不可以和区域内的人或卡片接触,如违反规则,则在相应的项目中会进行有效惩罚;活动总共挑战 4 到 5 轮,每一轮最长挑战时间不得超过 60 秒,每一轮挑战结束后成员需迅速离场。根据活动现场人数分为两组或者更多组进行竞争挑战。

2. 培训目标

(1)体验高速度的配合,体验团队成功的喜悦。

(2)团队内要合理分工、有效计划、提高执行力。

(3)突破思维定式,勇于创新。

(4)竞争不是目的,双赢才是最佳的选择。

3. 操作规则

(1)在2米的圆圈中放置30张代表1~30的数字卡片。

(2)游戏时间共15分钟,其间每队有两次进场机会,每次进入圈中的时间为60秒。时间到,所有队员必须马上离开现场。

(3)在采集卡片信息时,只允许一名队员在圈内,只有圈内的队员才能接触圈内的卡片,其他队员只能在圈外给予语言上的帮助。

(4)在60秒内,采集数字信息卡片且按照数字顺序交予站在圈边的老师确认,准确无误则胜出。

(5)老师负责宣读规则,且不能提示,包括数字信息卡上是写着数字还是图片都不能事先告诉队员。

(6)注意严格遵守时间规则。若分为三组,则比赛两轮,每轮每队有60秒进入竞技场的时间;60秒后立即回到准备场,超过10秒没回到准备场的取消竞技资格。

(三)呼吸的力量

1. 项目介绍

该项目需要每个团队制造一台呼吸机。制造呼吸机时有一张专门的图纸,但是图纸只能由其中一名队员查看,该队员可以向其他队员描述图纸的内容,然后由其他队员来合力搭建呼吸机。该项目主要锻炼学生的沟通能力和信息传达能力。每一个小组所分配到的材料都是有限的,因此行动前需要制订一个统筹安排计划,即如何分配人力和资源完成呼吸机的制作。这是一项工程巨大同时又带有趣味性、成就感和启发性的项目。

部分学生团队参加活动时的情景见图11-2。

图11-2 部分活动场景(2)

2. 培训目标

(1)提高学生上传下达的沟通技巧,培养学生齐心协力的团队精神。

(2)体验不同的沟通模式及不同沟通模式之间的冲突。

(3)提高学生合理利用资源的能力。

(4)激发学生个人潜能,加强彼此间的了解。

3.操作规则

将团队成员分为领导、指挥、执行三个组,领导组提出活动的具体要求,指挥组负责指挥执行组来搭建呼吸机的框架,最终完成呼吸机的搭建,最后通过集体呼气来检验呼吸机是否成功,将呼吸机顶端的气球吹爆即成功。

(四)动力绳圈

1.项目介绍

所有人手拉手围成一圈,然后松开手,每人握住绳子的一部分围成一个圆,双脚合并,所有人按统一的方式摇动绳圈。动力绳圈部分场景见图11-3。动力绳圈的游戏玩法是非常壮观的,是一项非常能培养团队凝聚力的拓展项目,也是一项从坚持到突破的体验式培训项目。

图11-3 动力绳圈部分场景

2.培训目标

(1)体现学生的执行力。

(2)体现凝聚力和向心力,使学生不断突破自我。

(3)使学生学会换位思考,更好地理解他人。

(4)不轻言放弃,直到成功为止,克服人性的弱点,为团队目标的实现而努力。

(5)增强学生的责任心、奉献意识及协作意识。

3.操作规则

(1)活动开始之前,老师可以先与学员做一些互动游戏,目的是鼓舞学生的士气以及增强学生的信心。

(2)可以拿出原有案例,如某团队在操作过程中动力绳圈摇了多少次,以增强学员的荣誉感和勇争第一的决心。

(3)需要反问学员的目标是多少次,以起到激励作用,大多数团队会说得很高,因为都想创造佳绩,突破纪录。

(4)项目开始之后,学生开始摇动绳子时需配上激情的音乐,以调动学生的情绪;同时,最好有一名队员在绳圈中挥舞队旗,寓意战斗当中的战士必须坚守信仰。

(五)冰海沉船

1.项目介绍

该项目唯一的工具为泡沫垫。该项目主要考验队员之间要有统一的目标,整体默契配合。学生通过参与该项目可以了解在紧急情况下如何合作以及如何有效地利用有限资源。泡沫垫被当作"浮冰",比赛开始时,所有人开始登上"浮冰",在开始前进时所有人都不能着地(见图11-4),每人每着地一次加时 5 秒(或规定秒数);如果全程都有人着地,则不计成绩;全部队员通过终点线后计时结束。按照每队所用时间排列名次,用时最短的队伍获胜。

图 11-4　冰海沉船部分活动场景

2. 培训目标

(1)使学生对资源进行合理配置,提高组织分工、策划及配合能力。

(2)培养学生的奉献和敬业精神。

(3)培养学生在合理监督机制下的执行力。

(4)提高学生的合作意识,注意细节的把握。

3. 操作规则

该项目旨在让学生体会当每个人的生死面临巨大考验时,如何借用有限资源求得生存。首先,设定"泰坦尼克号"的场景:假设"泰坦尼克号"即将沉没,船上的乘客(学生)须在"泰坦尼克号"的音乐结束之前利用仅有的求生工具——"浮冰",逃离到一个"小岛"上。其次,布置游戏场景,即将长绳在空地上摆成一个岛屿形状,在另一边摆上 4 个长凳,用另外的绳子作为起点。学员先用 10 分钟时间讨论和试验。出发时,每一个人必须从长凳的背上跨过(就如同从船上的船舷栏杆上跨过),踏上"浮冰"。在逃离过程中,队员身体的任何部位都不能与"海面"——地面接触。自离开"泰坦尼克号"起,在整个的逃离过程中,每块"浮冰"都要被踩过,否则该"浮冰"将被取掉。全部队员到达"小岛"之后,并且所有"浮冰"被收集到小岛上,游戏即完成。

(六)达·芬奇密码

1. 项目介绍

市场变化莫测,商场风云迭起。谁能在千变万化的市场中占据一席之地？如何打造一支高效的执行团队？如何培养团队领导者的领导力？达·芬奇密码拓展项目是模拟在变化的市场情景下,参与团队进行从信息收集到科学决策再到坚决执行的过程。该项目主要考验一个团队领导者的领导力,也考验团队的执行能力。

2. 培训目标

(1)学会处理局部与整体的关系。

（2）认识分工与协作、岗位与责任的重要性。

（3）重视部门权限的划分与细化。

（4）理解组织结构对于整体目标实现的重要性。

3. 操作规则

项目一开始，各团队的队长到老师处领取任务，队长向队员传达任务和规则。在项目正式操作期间，队长将作为观察者在操作区。团队成员轮流持球依次前往操作区域，按照每一轮任务的不同，将正确的卡片按顺序全部翻出，用时最短的团队胜出。达·芬奇密码拓展项目部分活动场景见图11-5。

图11-5　达·芬奇密码拓展项目部分活动场景

在活动过程中，若队员翻错卡片，则由工作人员将卡片重新摆放成面朝下的形式。翻牌过程中，卡片按照开始时的摆放顺序，不得打乱。队员未按轮流顺序操作、操作队员未持球、未持球队员超出起点线均暂停5秒，5秒后继续操作。

（七）流程管理——珠行万里

1. 项目介绍

这是一个团队竞争项目：所有队员一字排开，手持接力棒，在保证小球不掉落的情况下从老师指定的位置运送至终点。珠行万里项目部分活动场景见图11-6。小球在运动的过程中，只能前进，不能停止或倒退，不能脱离管道控制。小球只能在管道内运行，不能脱离至地面或接触身体部位。小球通过该队设置的管道时，该队不能离开自己的位置，小球通过后才可离开。队员所持管道在接到球体后，只能上下移动，不可左右横向移动。同时，必须将小球安全送到指定的目标处，并且必须在规定的时间内完成。

2. 培训目标

（1）学会遇到困难时通过有效沟通及时解决问题。

（2）体会明确的分工和良好的协作是打造高效团队的关键。

（3）加深对执行力的理解，对团队目标的执着。

3. 操作规则及注意事项

（1）所有参赛队员的手禁止触碰到小球。

（2）选出一名放小球的队友，他只能在起点线释放小球，不能超过起点线放小球。

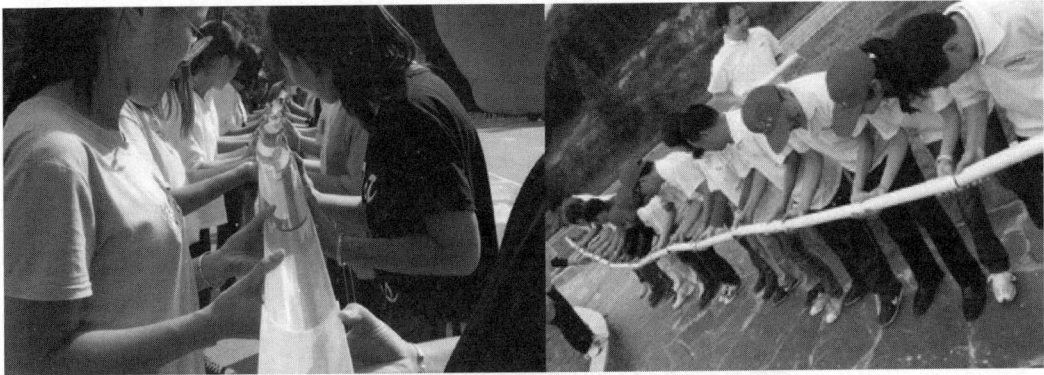

图 11-6　珠行万里部分活动场景

（3）一次只允许放一颗小球。

（4）如果小球掉地，只能允许放小球的那个人将其捡起，同时回到起点线重新放球。

（5）参赛队员每人只能拿一根 PVC 管。

（6）运球时，每位队友交替进行，不允许堵住 PVC 管管尾和管头进行跑动。

（7）在运送小球时，禁止队员拿着 PVC 管挥舞，因为 PVC 管两边都是尖的，以免发生安全事故。

4. 安全注意事项

（1）在比赛之前，队长组织大家将身上的硬质物品取下，并且将鞋带、裤腿挽好，以防在跑动过程中绊倒。

（2）在跑动时，各小组统一方向跑动；跑动过程中，将 PVC 管槽紧贴自己的大腿外侧。特别注意的是，当球成功进入目标桶那一瞬间，严禁挥舞 PVC 管槽。

（八）"鼓"舞人生

1. 项目介绍

"鼓"舞人生是拓展训练中的一个团队合作项目。在小组间的对抗中，靠一两个人的努力是远远不够的，只有借助全队成员的共同努力才能取得不错的成绩。项目挑战失败后，要集体受罚，这种形式也能促进在困难中的学生相互帮助、团结一心，有效地培养学生的集体主义精神。

该项目的任务首先是利用所给材料制作出一面靠绳子牵拉的鼓，然后每个队员都牵拉着其中一条绳子，通过绳子控制鼓面来颠球，并至少完成颠球 100 次的目标（见图 11-7）。如果是较大团队的比赛，除固定基本目标外，各小队之间应形成竞赛关系。

"鼓"舞人生活动重在使学生体会到团队合作的重要性，培养学生的团队意识，因此在游戏结束之后，应特别安排学生在一起进行交流分享。在分享过程中，学生都要积极发表自己对团队协作的感受。此项活动可以使参与活动的学生加深对团队的理解，增强彼此间的友谊和团队的凝聚力。

2. 培训目标

（1）培养全体学员取长补短、团结协作完成共同目标的能力。

（2）培养学员不怕挫折、不断进取、争创佳绩的意识。

（3）感受互相鼓励对完成任务的积极作用。

图 11-7 "鼓"舞人生部分活动场景

（4）懂得先做后说比纸上谈兵更重要。

3. 操作规则

（1）每人牵拉一根鼓上的绳子，如果人多绳少可以轮流替换，如果人少绳多可以让某些队员牵拉 2 根。

（2）颠球时，学员必须握住绳头 30 厘米以内的地方，绳头有把手时只能握住把手。

（3）颠球开始后，鼓不得落地，球飞离鼓面后，不得将鼓摔落在地上，放下要慢。

（4）每组学员的最低纪录的数量根据鼓面的大小来定，一般以 100 个为佳。

（5）球颠起的高度不低于鼓面 20 厘米，否则此球不计数或从头开始。

（6）颠球过程中要注意安全，拓展老师叫停时必须停止；因场地原因停止，可以根据情况而定是否累加。

（7）安全要求需讲解清楚，确保队员的安全。

（8）拓展老师可以将球放在鼓面上，也可以由队员选派一名或随机安排放球的队员。

（9）队员在屡次受挫后注意提醒他们要加强协作，不要将不良情绪发泄在鼓上。

（10）不断关注球的同时，也要关心自己的脚下和身边的队友。

（11）从颠起第一个球开始，球不得落在地上，否则从零开始计数。

4. 注意事项

（1）必须保证所有的绳子都有队员牵拉，防止绳子落在地上绊倒队员。

（2）要有足够大的平坦场地，确保场地上没有石头、木棍等硬物。

（3）队员应穿运动鞋参加颠球活动。

（4）不要将鼓重摔在地上，如果出现某团队将鼓重摔在地上的情况，则全体队员都将接受一定的惩罚。

第二节 海报及 Logo 设计大赛

海报及 Logo 设计大赛是企业展示自己风采的机会，并且可以为企业赢得更多的利润及企业信用，树立良好的企业形象。团队成员在大赛筹备期间可以充分发挥创新能力，为团队出谋划策，提升团队凝聚力。企业通过这种活动展示，可以加强企业间的认识与了解，增进企业间的联系与沟通。

一、活动思路

模拟实训过程中,企业需要设计一份企业宣传海报。参与实训的学生在老师提供的统一格式的绘图纸上,根据自己的想法及理念为企业设计制作宣传海报。企业宣传海报是企业展示经营理念及产品特色的重要窗口。企业的宣传海报也体现了团队成员的智慧,是团队成员辛苦工作的成果。海报及 Logo 设计大赛的目的是使学生通过参加比赛重视企业宣传,了解 Logo 设计的基本要求,对宣传海报的作用及制作规则有更清晰的认识。

二、活动流程

海报及 Logo 设计大赛一般安排在第一轮经营期间,时间由老师根据企业经营的情况确定后,由海报及 Logo 设计大赛的组织方确定具体的比赛时间。

(一)公布海报及 Logo 设计大赛的策划方案

老师将海报及 Logo 设计大赛的活动安排交由市场监督管理局(或其他政务服务机构)组织实施。市场监督管理局的学生负责根据老师的要求撰写海报及 Logo 设计大赛的策划方案,并提交给老师,然后根据老师的修改建议进一步修改完善,最终公布海报及 Logo 设计大赛的策划方案。

海报及 Logo 设计大赛策划方案示例见二维码 11-1。

二维码 11-1 海报及 Logo 设计大赛策划方案示例

(二)组建大赛评委会

由市场监督管理局工作人员组织模拟实训中的服务机构,如市场监督管理局、税务局、会计师事务所等工作人员组成大赛评委会,由大赛评委会根据海报及 Logo 大赛评分标准进行打分。为了保证评比结果的客观公正,评委成员需要由不同班级、专业、机构的学生组成。

(三)组织企业报名

各参赛企业向市场监督管理局报名参赛,并提交参赛材料。企业需安排制作参赛 PPT,并安排讲解员对参赛 PPT 内容进行讲解。注意,企业要根据大赛评分表做好讲解准备。

(四)开展海报及 Logo 设计大赛

根据公布的海报及 Logo 设计大赛比赛时间,市场监督管理局提前做好比赛会场布置,如安排好各参赛企业的座位、评委的座位等,并安排好大赛主持人,做好大赛中各类节目安排工作。比赛结束后,由市场监督管理局组织进行大赛结果的统计。

(五)公布大赛结果并发放奖励

根据大赛统计结果,制作大赛排名及奖励表,将评比结果及奖励情况公布后,老师从系统后台发放比赛奖励。

第三节　招投标活动

招投标活动的公开、公平、公正、诚实信用原则是每个参与招标投标的人都应该遵守的重要原则。模拟实训中,招投标中心负责组织开展招投标业务。学生通过参与招投标中心组织的招投标业务,学习撰写招标书和投标书,并了解招投标组织过程,锻炼自己的写作能力和组织能力。投标企业可以通过招投标业务让其他企业了解本企业的实力,提升企业形象。

一、活动思路

一般在每轮经营中安排1~2次招投标活动。由招投标中心负责组织企业参与招标和投标,在招投标过程中,企业可以借此机会展示企业的运营情况,让招标方了解企业,如展示企业的发展概况、产品性能与特点、投标价格、前景等。学生可以在招投标活动中理解和体验招投标的流程与规则,同时还可以对企业的经营进行反思,调整经营策略。

二、活动流程

招投标活动一般由老师根据企业运营情况安排在每一轮运营的第三季度及(或)第五季度,并根据每轮运营的情况适当调整具体招投标时间。

(一)撰写招标书

老师指导招投标中心的学生组织开展招投标业务,由招投标中心发布进行招投标业务的具体要求及时间。

参与招投标活动的企业撰写招标书,应根据企业的产品类型、数量等,细化招标内容。招标书的撰写可以参考各类资料,尤其要参考投标评分标准,然后由老师审核并提出修改建议,修改完善后再公布用于招标。

(二)制造企业撰写投标书

招投标中心发布招标公告后,应向各制造企业发送投标邀请,制造企业收到邀请后,在内部设立投标小组,然后撰写投标书。投标书中应包括企业基本运营情况的介绍、企业的生产能力、团队情况及产品报价。制造企业需要制作投标展示的PPT,并安排合适的人员参与投标书讲解。

(三)组建评标委员会

由招投标中心人员组织模拟实训中的服务机构,如市场监督管理局、税务局、会计师事务所等工作人员组成评标委员会,根据投标评分标准进行评标。招投标中心在组建评标委员会时,应保证评标结果的公平、公正。

(四)开标和定标

招投标中心人员根据公布的招投标活动时间,提前做好准备工作,如进行会场布置和安排,以及安排招投标主持人等。在投标过程中,各企业按组织顺序进行企业展示,评标委员会开启投标文件,并在企业展示过程中提出疑问,由企业现场回答。评标委员会根据投标文件内容及企业展示进行打分,然后由招投标中心组织统计各企业的得分,并公布中标企业。招投标活动的整个过程接受企业的监督。

（五）中标结果公示和订单发放

招标结果公布后，规定一个公示期，公示期过后，招投标中心将整个招投标活动撰写成书面报告，存档保存。老师根据招标书内容为中标企业发放订单。

第四节　点钞比赛

为了丰富模拟实训的形式，提升学生的学习体验，提高模拟实训的教学效果，在实训过程中，商业银行还会负责组织开展点钞比赛。

一、活动思路

点钞是银行柜员上岗前必学的一项基本技能，也是日常生活中必不可少的重要环节。在模拟实训中举办点钞比赛可以帮助学生进一步了解银行工作知识，培养学生的动手能力，为学生增加专业技能学习机会。学生在模拟实训空闲时间进行点钞练习，不仅能提高课堂效果，还能够提升课堂的多样性。同时，点钞比赛的胜出者能够为企业赢得一定的注资，学生通过参加活动可以提升团队意识和奉献精神。

二、活动策划

（一）撰写点钞比赛活动策划方案

老师安排商业银行的学生组织开展点钞比赛，并安排商业银行的学生撰写点钞比赛策划方案。商业银行的学生根据老师的建议，对策划方案进行修改。策划方案需考虑点钞比赛的组织难度及时间安排，合理设计比赛过程及评分方法。策划方案确定后，商业银行人员公布点钞比赛活动方案。

点钞比赛活动策划方案示例见二维码 11-2。

二维码 11-2　点钞比赛活动策划方案示例

另外，商业银行还应制定点钞比赛应急预案（示例见图 11-8）及比赛材料清单（示例见表 11-1）。

点钞大赛应急预案

1. 本次比赛共需要 5 名裁判。

2. 为了防止在中途出现混乱,安排工作人员在门口和上场选手等待处维持秩序,以防止混乱。

3. 如裁判在工作中出现失误或不当,参赛人员可提出申请,要求重新点钞。如对自己的成绩有异议,可申请要求查看计分单。

4. 参赛人员没有到场的,由后向前替补,以确保比赛的顺利进行。

5. 点钞卷容易出现遗失、损坏的情况,应提前准备好替补品。

6. 点销开始前,应认真检查点钞卷是否齐全,甘油是否放在桌子上,扎把条是否数量充足。

7. 提前检查并设置好计时器,以免计时器出现故障。

图 11-8 点钞大赛应急预案示例

表 11-1 "××银行杯"银行技能大赛材料清单

名 称	单价	数量	合计	备注
点钞券				
乒乓球				
硬卡纸				
甘油盒				
甘 油				

(二)组织企业报名

组织企业向商业银行填报参赛人员数,形成参赛人员名单。

(三)组建点钞评委

由商业银行组织政务服务机构的人员组成点钞评委,主要负责对比赛结果进行记录,以及清点比赛人员的点钞情况。

(四)组织进行点钞比赛

商业银行在点钞比赛前做好赛前准备,提前布置好会场,做好点钞券的清点和差额设计;准备好点钞机、扎钞机、成绩记录表、比赛分组安排表等;组织分组进行比赛,并记录比赛成绩。

(五)公布比赛结果及奖励

根据点钞记录表情况进行比赛结果统计并公示。老师根据最终结果,从系统后台向获奖企业给予注资。

参考文献

[1] 毕继东.创业设计与实验:企业经营仿真综合实验[M].北京:清华大学出版社,2016.

[2] 卢奇,秦艳梅,郭馨梅,等.经济管理综合实验[M].北京:高等教育出版社,2015.

[3] 陈文昌.企业财务报表分析[M].北京:中国人民大学出版社,2011.

[4] 新道教育研究院.中国经管实践教学发展报告(2015):实验实训篇[M].北京:清华大学出版社,2015.

[5] 夏远强.企业管理 ERP 沙盘模拟教程[M].北京:电子工业出版社,2007.

[6] 朱传华.企业与工商局、税务局、银行业务模拟实训教程[M].北京:清华大学出版社,2008.

[7] 董平军.创业实验:企业经营决策[M].北京:北京大学出版社,2005.

[8] 朱科蓉,王彤,刘守合.跨专业综合实践课程的探索[J].实验技术与管理,2014,31(09):209-211.

[9] 刘飞燕,黄培伦,管青,等.经管类大规模跨专业综合仿真实习实践研究[J].实验室研究与探索,2017,36(07):278-282.

[10] 艾建勇,陈瑛.职业道德与职业素养[M].重庆:重庆大学出版社,2011.

[11] 黄淑芬.教学管理与教学方法改革研究(2007)[M].北京:对外经济贸易大学出版社,2007.

[12] 周柏祥.企业管理决策模拟[M].北京:化学工业出版社,2012.

[13] 张永智,罗勇.创业综合模拟实训教程[M].成都:西南财经大学出版社,2012.

[14] 张宗益,陈晓慧.创业管理的理论与实践[M].北京:北京大学出版社,2007.

[15] 刘柏,尹铁岩.企业竞争模拟实验教程[M].长春:吉林大学出版社,2008.

参考文献